AN DER SPREE

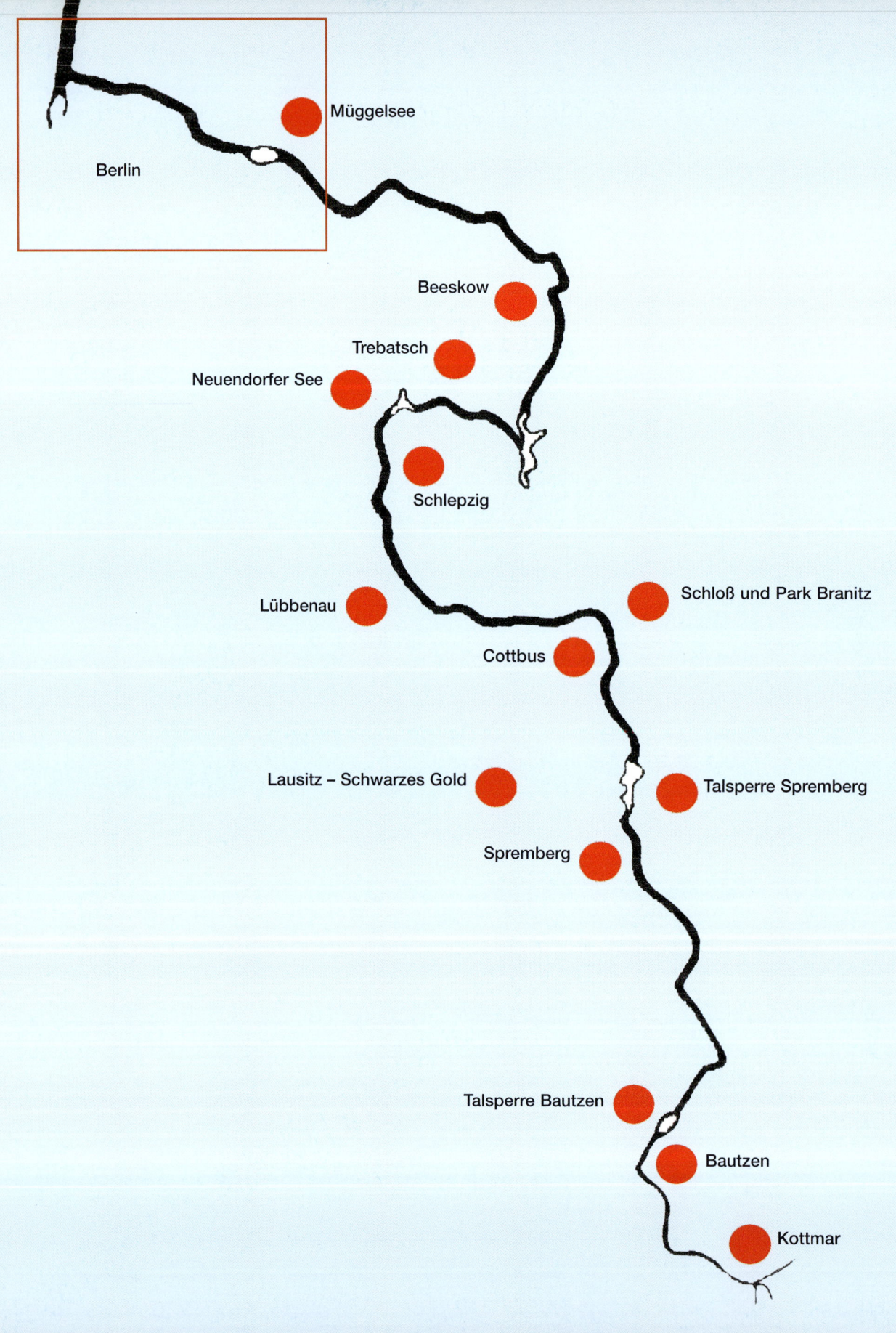

Müggelsee

Berlin

Beeskow

Trebatsch

Neuendorfer See

Schlepzig

Lübbenau

Schloß und Park Branitz

Cottbus

Lausitz – Schwarzes Gold

Talsperre Spremberg

Spremberg

Talsperre Bautzen

Bautzen

Kottmar

Gerd Conradt

AN DER SPREE

Der Fluss

Die Menschen

In Zusammenarbeit mit
Hedwig Korte

: TRANSIT

INHALT

Blick vom »Treptower« in Richtung Westen, Treptow

Alles ist in Bewegung und alles, was existiert, benötigt ein Gegenüber. Der Fluss – das Bett, den Berg, das Meer. Während wir auf fließendes Wasser schauen, sehen wir als Spiegelungen ziehende Wolken – Himmelsflüsse. Sie kommen vom Meer und bringen das Wasser zurück an seinen Ausgangsort, füllen die Quellen. Fluss, Meer, Wolke – ein ewiger Kreislauf?

Das Buch wirbt für die Spree. Da, wo heute die deutsche Hauptstadt steht und die Spree in die Havel mündet und dort, wo sie entspringt, in der Oberlausitz, im Quellgebiet am Berg Kottmar, war vor fünfzehntausend Jahren das ganze Land mit Eis bedeckt.

Alles Leben hängt mit dem Wasser zusammen – die Siedlungsgeschichte der Menschen ist bestimmt von ihrer Nähe zu Seen und Flüssen. Erste Hinweise auf menschliche Siedlungen an der Spree stammen aus der Steinzeit, sind zehntausend Jahre alt. Die Stadt Bautzen am Oberlauf der Spree ist mehr als eintausend Jahre alt, Berlin in der Ebene keine achthundert Jahre – beide Städte, wie auch Spremberg, Cottbus, Lübbenau, Lübben, Beeskow, Fürstenwalde und alle anderen über siebzig weiteren Kleinstädte, Dörfer, Siedlungen und Gehöfte existieren, weil es den Fluss Spree gibt.

Stolz nennt sich Berlin Spree-Athen, ein von Erdmann Wirckers in einem Gedicht zum Lobe Friedrich I. erstmals erwähnter Begriff: »Die Fürsten wollen selbst in deine Schule gehen, drum hastu auch für Sie ein Spree-Athen gebaut.« Doch Umfragen haben ergeben: achtzig Prozent der Berliner wissen nicht, wo ihr Fluss entspringt, wo seine, ihre Quelle ist. Und wenn man die Spree in Berlin anschaut, muss man feststellen, dass sie mehr Wasserstraße ist als Fluss. Eingezwängt in ein preußisches Korsett aus Stein, ist es ihr nicht möglich, ihre wahre Schönheit zu entfalten. Die Geschichte Berlins beginnt am Mühlendamm, dort, wo einst ein Damm die Städte Berlin und Cölln verband, sich in früheren Zeiten vielfältiges, buntes Leben abspielte. Heute ist dort eine achtspurige Autorennbahn, befindet sich das bis zur Unkenntlichkeit verschandelte alte Zentrum Berlins.

Als einer, der vor fünfzig Jahren nach Berlin zugewandert ist, habe ich erst nach dem Fall der Mauer, dem Ende der Teilung der Stadt, dem Ende der Teilung Deutschlands begonnen, mich mit dem Fluss zu befassen, von dessen Wasser ich in all den Jahren gelebt habe.

Flüsse sind Tränken, Energiequellen, Wasserstraßen, erfrischen mit ihrer andauernden Beweglichkeit Geist und Seele, sind von magischer Anziehungskraft. Gemalt, besungen, beschrieben – umgestaltet, gestaut ist ihre Lebendigkeit ewigwährende Herausforderung und beglückende Erfrischung.

Der erste Fluss in meinem Leben war ein Bach. Kanalisiert floss er unsichtbar rauschend durch die nach ihm benannte Thüringer Kleinstadt Großbreitenbach. Am Ortsende, im Böhlnertal, liegen zwei Mühlen, deren Räder angetrieben worden sind mit Wasser aus dem Breitenbach – gestaut in kleinen Seen. Dort im Tal entwickelte der Bach besonders zur Schneeschmelze und nach heftigen Regenfällen eine enorme Kraft, stürzte tobend schäumend um die reichlich im Flussbett vorhandenen Steine, sprang von einem zum anderen Ufer, überrannte in den Bach gestürzte Bäume, riss Äste und alles, was er bekommen konnte, mit sich. Oft stand ich auf dem kleinen Deich des Staubeckens und sah dem für mein Kinderherz gewaltigen Treiben des Breitenbachs zu. Als ich eines Tages davon hörte, ein Junge sei bei dem Versuch, Wasser in ein Glas zu schöpfen, in das er von der Wiese als Geburtstagsgeschenk für seine Mutter gepflückte Blumen gesteckt hatte, in den Fluss gefallen und erst Stunden später einige hundert Meter weiter tot aufgefunden worden – hielt ich mich fortan von meinem Kindheitsfluss fern.

Vom Thüringer Wald zogen wir in die Stadt Erfurt – deren Name sich auch aus dem Namen des Flusses, an dessen Ufern sie liegt, ableitet: Die Stadt an der Gerafurt.

Wir wohnten ganz in der Nähe der Gera, nicht weit entfernt von der Stelle, wo ein großes Wehr ihr Wasser staut und Wasser für den Flutgraben abgezweigt wird. Auf dem Weg in die Stadt musste ich über eine Brücke gehen, von der ich direkt auf das Staubecken und das riesige Rad einer Mühle schauen konnte, die mit dem Wasser vom Flutgraben angetrieben wurde. Das Wasser rauschte, stürzte mit großem Getöse über ein System verschiedener Zu- und Ableitungsrinnen, auf das ich jedesmal mit verhaltener Neugier starrte, bereit, bei drohender Gefahr meinen Gang zu beschleunigen. Die Überquerung der Brücke empfand ich stets aufs Neue als – nicht unerwünschte – Herausforderung. Oft hatte ich Angst, von einem Wassergeist in die Tiefe gezogen zu werden. Dem Tanzen von Holzstücken sah ich lange zu oder einem Ball, der tagelang im kreisenden Wasser gefangen war.

Der Flutgraben speiste eine Badeanstalt von besonderer Schönheit, die mit ihrer Strandarchitektur – mit Limo, Würsten und Süßigkeiten zum Paradies meiner Jugend wurde. Hier lernten meine Geschwister und ich schwimmen, an der Angel, dann mit Schwimmkorken. Ich erwarb mein Frei- und Fahrtenschwimmerzeugnis und beobachtete neugierig die neckischen Spiele der Verliebten auf ihren Deckenlagern. Gelegentlich waren die Fußballstars von Turbine Erfurt zu sehen, deren Ballkünste ich mit stockendem Atem verfolgte. Das Eßbachbad – das Sylt meiner Kindheit.

Den Wechsel nach Berlin-West vollzog ich in Absprache mit meinen Eltern und mit Unterstützung der evangelischen Kirche. Getauft wurde ich 1941 von Pastor Eckard Brix in Schwiebus, heute Swiebodzin, mit Wasser aus der Warta, einem Nebenfluss der Oder. Pfarrer Brix betreute nach dem Krieg eine Pfarrstelle in Köpenick – durch ihn habe ich die Spree dort kennengelernt.

Nach stürmischen, erkenntnisreichen, schmerzlichen Jahren um 1968 bin ich am Anfang der achtziger Jahre aus der geistigen Enge der »Linken«, dem hohlen Wirtschaftswunder, den stumpfen antikommunistischen Parolen der Frontstadt, dem »Schaufenster des freien Westens« – auf der Suche nach wahrer »Meisterschaft« nach Asien aufgebrochen. Dort sah ich Armut und Reichtum von unermesslichem Ausmaß, erlebte Flüsse von gigantischer Größe, ich riskierte einen Blick nach »innen«, begann zu verstehen, dass alles nicht nur ein Gegenüber hat und braucht, dass es neben den Himmelsrichtungen Nord, Süd, Ost, West, den Verkehrsregeln links, rechts – auch ein Innen und Außen gibt, der Ton »Om«, »das Vollkommene«, gab neue Orientierung. Hermann Hesses indische Dichtung »Siddhartha« vom nach höherer Erkenntnis suchenden Brahmanen-Sohn und seiner Begegnung mit dem Fährmann verzauberte mich. »Das ist ein sehr schöner Fluß, ich liebe ihn über alles. Oft habe ich ihm zugehört, oft in seine Augen gesehen, und immer habe ich von ihm gelernt. Man kann viel von einem Fluß lernen« ... sagt der Fährmann ... »Auch das habe ich vom Flusse gelernt: alles kommt wieder!«

Eines Tages, auf dem Wasser, in einem Ruderboot bei Caputh, kam mir die Idee: Mach einen Film über die Spree! Nachforschungen in entsprechenden Archiven ergaben, es gibt noch keinen Film, der die Spree von der Quelle bis zur Mündung zeigt. Ich liebe nicht nur das Wort Intuition, sondern auch das, was es besagt: unmittelbare gefühlsmäßige Erkenntnis. Nachdem der »Auftrag« klar war, begann ich mit der Arbeit – fing an, mich mit dem Fluss vertraut zu machen. Ich recherchierte – reiste, traf Menschen, stellte Fragen, sammelte Antworten und Dokumente, fotografierte – für eine Biographie, ein Porträt der Spree.

Das Ergebnis dieser Suche liegt hier vor als Buch. »An der Spree« enthält Geschichten von Menschen, die – durch ihre Arbeit, ihr alltägliches Leben, durch Erinnerungen – eng mit dem Fluss verbunden sind. Authentische Gespräche geben Einblick. Baudenwirt, Ortschronist, Bürgermeister, Fotograf, Innenarchitektin, Sorbistin, Talsperrenmeister, Kanusportler, Dichter-Nichte, Bergmann, Olympiasiegerin, Stadtsoziologe, der Mann unter der Weide, Unternehmer, Fischer, Wanderruderer, Leichhardtforscher, Limnologe, Olympiasieger, Geschäftsführer, Landschaftsarchitekt, Filmregisseur, Stadthistoriker, Schauspieler-Sohn, Sängerin, Fontane-Forscher und Generaldirektor – ein Kaleidoskop unterschiedlicher Biografien und Lebenswelten entlang dem blauen Band der Spree.

Die Anzahl der Geschichten ist eine Anzahlung auf ein Versprechen – der Spree ein Gesicht zu geben. Die Auswahl der Geschichten ist bestimmt von Ort, Thema, Tätigkeit – der vielgestaltigen Nähe zur Spree. Die Flusschronisten wurden gesucht, sind zugefallen, kamen als Empfehlungen. Familienbilder, Dokumente, Ansichten vom Fluss in Stadt und Land, von Pflanzen und Tieren, aus Folklore und Kunst ergänzen die Gespräche, ergeben ein buntes Spreebild.

In dieser Buchcollage kann der Leser, die Leserin mit dem »Augenschmaus« dort beginnen, wo er, sie das Buch aufschlägt. Das Buch kann flussab, von der Quelle bis zur Mündung, oder flussauf gelesen werden, mit der persönlichen Entdeckungsreise kann bei jeder Geschichte begonnen werden – der Lesefluss trägt zu überraschenden Zielen.

Bei aller Unterschiedlichkeit haben die Gespräche einen ähnlichen Rahmen. Meist beginnen sie mit der Frage: Was ist Ihre erste Erinnerung an die Spree? Spielplatz, Ort des Schwimmenlernens, Sportplatz, Abenteuer, Treffpunkt, Heimat – Ruhepunkt – lauten die Antworten. Was verstehen Sie unter Fortschritt? ist häufig die letzte Frage. Fortschreiten, Erneuerung durch Bewegung, Denken an den Nachwuchs, Verbindung von Wirtschaft mit Naturschutz, Luxus, Neugier werden hier genannt.

Die Spree fließt im Oberlauf auf 115 Kilometern durch den Freistaat Sachsen, auf den restlichen 283 Kilometern durchfließt sie die Länder Brandenburg und Berlin. Vierzig Jahre gehörte die Spree, abzüglich von zwanzig Kilometern in Berlin-West, zur DDR. Das Buch präsentiert auch DDR-Geschichte, berichtet von Ausbildungsgängen im Sozialismus, Beruf und Freizeit – von Hobbys und Grenzgeschichten. Die Spree als verschlossenes Tor, als Berlinerin ohne Herkunft – die das Eiland Berlin-West unkontrolliert passieren konnte.

»An der Spree« benennt Probleme, zeigt Skurriles, feiert Neues.

Die Spree ist der mit den größten wasserwirtschaftlichen Problemen behaftete Fluss in Deutschland – das hat die Recherche ergeben. Jahrzehnte hindurch wurde Grundwasser, das störende Sümpfungswasser aus den riesigen Braunkohlegruben der Lausitz, in die Spree gepumpt. Sie führte dreimal so viel Wasser, als es ihrem natürlichen Charakter entsprach.

Seitdem die Braunkohleförderung zurückgefahren wurde, fehlt das Wasser – die Wasserfülle, an die sich der Flusslauf mit Flussbett und Fluss-Sohle gewöhnt hatte. Gleichzeitig wird von der Spree eine besondere Leistung erwartet. Die leerstehenden und verlassenen »Restlöcher« sollen mit Wasser aufgefüllt werden, eine »faszinierende Wasserlandschaft« mit untereinander verbundenen Seen soll in der Lausitz entstehen, deren Größe die der Mecklenburgischen Seenplatte übertreffen wird. Als wichtigster Wasserlieferant für dieses einmalige Landschaftsprojekt ist die Spree vorgesehen.

Von dieser gewaltigen Anforderung an den Fluss sind alle Anrainer und Nutzer betroffen. Besonders das sich in unmittelbarer Nähe zu den Ruinenlandschaften der Braunkohlewüsten befindliche Biosphärenreservat Spreewald sorgt sich von Saison zu Saison mehr um das für seine Existenz notwendige Wasser. Klimaveränderungen, wie sie aktuelle Daten prognostizieren, können zu einer zusätzlichen Bedrohung für die von Natur aus regenarme, trockene, sandige Lausitz und die sie tränkende Spree werden. Gefordert ist kritische Wachsamkeit – ein mutiger Blick für das Ganze.

Wenige Kilometer entfernt vom UNESCO-geschützen Reservat Spreewald ist während der letzten Monate in den leerstehenden Hallen des gescheiterten utopischen Cargolifter-Projektes eine künstliche Tropenlandschaft aufgebaut worden, Tropical Islands. Unter dem Dach dieser größten freitragenden Halle der Welt präsentieren die Islands-Manager Sand, Wärme, Wasser – Palmenwälder zum Entspannen. Skurril, diese beiden Landschaften nebeneinander zu erleben, zwei Seiten der gleichen Medaille.

Faustpfand für eine gesicherte Zukunft der Spreewälder ist die durch den Film »Good bye Lenin!« weltbekannt gewordene Spreewälder Gurke, die schon ein anderer Künstler, Theodor Fontane, im Band »Spreeland« seiner »Wanderungen durch die Mark Brandenburg« würdigt. Die sauren Gurken aus dem Spreewald hatten es Fontane dermaßen angetan, dass es sich noch Jahrzehnte nach seinem Besuch bei den Gondolieren im »märkischen Venedig« jährlich ein Fässchen von dem vitaminhaltigen Gemüse nach Berlin schicken ließ. Gurkenliebhaber haben es heute einfacher, »Get One!« heißt die Alternative zum süßen Riegel – eine echte Spreewälder Gurke in der trendgerechten Weißblech-Dose.

»An der Spree« macht aufmerksam auf eine attraktive »Fitness-Tour«, die »Kreisumfahrt«, einen vier bis fünf Tage dauernden »Ruderrundkurs«. Eingeweihten ist diese Strecke unmittelbar vor den Toren der Hauptstadt bekannt. Sie verläuft, von einigen Schleusen unterbrochen, vom Müggelsee über den Seddinsee und die Dahme, von dort Richtung Süden nach Märkisch Buchholz, weiter über den Neuendorfer See, Werder, Kossenblatt, den Schwielochsee, den Glower See nach Beeskow – von dort geht es in Richtung Norden zurück über Neubrück, Drahendorf, die alte Spree, den Oder-Spree-Kanal, die Schleuse Fürstenwalde, die Müggelspree zum Müggelsee. Der neugierige Wanderruderer kann an jeder Stelle des Kreises mit der Erkundung dieser landschaftlich abwechslungsreichen Strecke beginnen.

Ein Fachbuch nicht nur für Experten, sondern für alle, denen das Wohl der Spree am Herzen liegt, ist »Die Spree«, Band 10 der Schriftenreihe »Limnologie aktuell«. Limnologen sind Süßwasserspezialisten – in Zusammenarbeit mit vielen anderen wissenschaftlichen Disziplinen erforschen sie »ganzheitlich und detailgenau« »die vielen Facetten« des Lebensraumes Spree. Auf Grundlage einer von der Europäischen Union erlassenen Wasserrahmenrichtlinie wird derzeit an einem Referenzbild für eine naturnahe Spree gearbeitet, dessen Umsetzung bis zum Jahr 2020 erfolgen und den Fluss in einen »guten ökologischen Zustand« überführen soll.

Mit dem Bau des Badeschiffs »Spreebrücke« ist es dem Veranstaltungsort »arena« im östlichen Stadtteil Treptow gelungen, nicht nur einen weiteren Kultort für das spezielle Lebensgefühl der Berliner zu schaffen, sondern die »arena« setzt mit dieser Schöpfung ein unübersehbar positives Signal für die Spree: Baden in der Stadtspree als Zukunftsvision kann Wirklichkeit werden.

Als Berliner bin ich es gewohnt, meine Stadt als Mittelpunkt der Welt zu empfinden, mit meinen Gedanken weit in die Ferne zu schweifen – mit dem Flieger in exotische Länder zu reisen. Den Namen Humboldt kennt jeder, doch wer hat schon von Ludwig Leichhardt, dem »Humboldt Australiens« gehört? Mit einem Museum erinnert die an einer der romantischsten Strecken der Spree gelegene »Leichhardt-Gemeinde Trebatsch« an ihren auf dem fünften Kontinenten so bekannten, in seiner Heimat fast vergessenen Sohn, den mutigen Australienforscher.

Von den Spreequellen aus betrachtet, ist Berlin weit entfernt – fast vergessen scheint die Region der Oberlausitz im Länderdreieck Deutschland, Polen, Tschechien. Wer im Besitz der richtigen Spreequelle ist, darüber streiten drei Gemeinden am Ausläufer des Zittauer Gebirges: Ebersbach, Neugersdorf und Walddorf mit der Quelle am Kottmar. Welche Quelle die wahre ist, wer kann es

beurteilen? Ist es diejenige, die am weitesten vom Meer entfernt liegt? Diejenige, die das meiste Wasser führt? Quellen umgibt eine besondere Aura, sie sind Wanderziele, Pilgerorte.

Meinen Vorstellungen eines würdigen Anfangs des Flusses, an dessen Ufern ich seit Jahrzehnten lebe, entspricht die mitten in einem farbenprächtigen Mischwald an einem steilen Hang gelegene Quelle am Kottmar. Erschrocken war ich beim ersten Besuch über das die Quelle einfassende Denkmal, die kühle Verbindung von Tod und Geburt. Zur Erinnerung an die Gefallenen der Region aus dem Ersten Weltkrieg gestiftet vom Heimatverband Lusatia, schauen aus dem Phonolitgestein der Einfassungsmauer zwei markante Männerköpfe unter ihren Stahlhelmen auf die Spreequelle, so als ob sie dem Fluss ihr Andenken mit auf den Weg nach Berlin geben wollten …

Obwohl die Spree vielfach besungen, gemalt, beschrieben worden ist und häufig als Kulisse für Filme diente, findet sich wenig, was zusammenhängend über ihr langes Leben Auskunft gibt. Ein Buch ist exzellent, war hilfreich beim Aufspüren von Zusammenhängen, bietet Details in poetischer Form. Wer wie ich etwas über die Geburtsurkunde der Spree erfahren möchte, findet dazu ausführliche Angaben bei Heinz Götze in »398 Kilometer Spree«.

Die Wenden nannten den Fluss Sprowo, die Böhmen Spro, die Oberwenden Rieza, die Lateiner Suevus. Urkundlich wird die Spree erstmals 1237 als Zsprea erwähnt, spätere Forschungen leiten den Namen von Srjipawa (Sorbenfluss) ab. Nach anderen Quellen könnte der Name Spree auch im germanischen Sprew – spritzen, sprühen, sprudeln – seinen Ursprung haben. Heutige Reiseführer berichten von einer Sage: Zur Verteidigung seiner Stadt Budissin, dem heutigen Bautzen, fertigte der Riese Sprejnik Pfeile und Bogen an. Um seine Waffen zu testen, schoss er einige Pfeile in Richtung des Oberlausitzer Berglandes ab, wo sie später von Menschen geborgen wurden. Beim Ausgraben der großen Geschosse stießen sie an mehreren Stellen auf Wasser, das sich in Bächen zu einem Fluss vereinigte. Fortan nannten die Einheimischen den Fluss zu Ehren des Riesen Spree.

Mitten in Berlin, auf der Spreeinsel, steht auf einer großen Anzahl von tief in den »moorähnlichen Kolk« getriebenen Holz- und Stahlrohrpfählen ein Ensemble von Museen. Als verheißungsvoller Ort bietet die Museumsinsel zeitlosen Genuss. Das Bodemuseum, am Zusammenfluss von Spree und Kupfergraben, gleicht dem Bug eines Dampfers, bereit, den Hafen Berlin zu verlassen – über Havel und Elbe, vorbei an der Hansestadt Hamburg hinaus aufs offene Meer. Eine »Arche Noah« der Kunst - dieses Ensemble von »Architekturcollage, Tempel, Pantheon, Schloss und Aula«.

Die Wiege Berlins stand am Mühlendamm, an der Spitze der Spreeinsel, da, wo heute Hochhäuser Marke DDR an den Baustil des »Arbeiter- und Bauernstaates« erinnern. Wer heute über die Gestaltung des alten Schlossplatzes, des zentralen Platzes von Berlin, nachdenkt, wo zu diesem Zeitpunkt noch der ausgehöhlte Palast der Republik steht, sollte das gesamte historisch gewachsene Architektur-Ensemble der Insel im Blick haben und bei der Planung berücksichtigen. Dieses Spree-Eiland bietet die Chance, einen Ort zu gestalten, der deutsche Geschichte in ihrer Gebrochenheit sichtbar macht – ausstellt.

Mit im Boot in Caputh saß Hedwig Korte. Nicht erst seit dieser Zeit schwimmt sie an meiner Seite mit durch die Wolken, Wellen, Höhen und Tiefen dieses Projektes, der Erstellung einer Spree-Biographie. Sie kennt jedes Wort in dem Buch, zusammen haben wir sie alle gefunden, ausgegraben – sie hat mein für die Spree erträumtes Bild gerahmt, mich aufgerichtet gegen vielfaches Desinteresse derer, die vorgeben am Wohl von Spree-Athen zu arbeiten und doch nur an ihre Pensionen und Diäten, Umsätze und Bilanzen denken.

Flüsse symbolisieren den Strom der Zeit, werden verglichen mit Lebensläufen – stehen für Urbilder. Sie werden als Adern der Welt bezeichnet. Jeder kennt die uralte Weisheit: Man kann nicht zweimal in denselben Fluss steigen – es ist jedesmal ein anderer.

Narcissus erblickte im stillen Wasser sein Spiegelbild – entdeckte sein ICH. Im antiken Mythos steht dieses Bild für den Beginn des Bewusstseins seiner selbst. Lebte der Jüngling vorher im Einklang mit der Natur, sonderte er sich durch dieses Erlebnis ab und vereinsamte. Der aufgeklärte Narziss kennt sich – er sieht im Wasser sein Selbst und die Welt.

»An der Spree« berührt Fragen nach unserer Herkunft und unseren Wurzeln. Es regt an zum Nachdenken, welche Bedeutung Fluss im Leben jedes einzelnen Lesers hat. Trotz der Entwicklung eines ganzheitlichen (Umwelt-)Bewusstseins fehlt dem global denkenden und handelnden Menschen oftmals der Bezug zu seiner unmittelbaren Umgebung. Indem wir die Frage stellen, was gut ist für den Fluss, beinhaltet die Antwort auch, was gut ist für uns. Das Buch will Neugier wecken, auch Reiseführer sein – es regt an, die eigene Heimat zu erschließen, Kostbarkeiten, die ein Fluss bereit hält, kennenzulernen. Die Spree – eine alte Dame? Oder eine sich immer wieder neu erfindende junge Frau? In ihr haben sich Geschichten aus fünfzehntausend Jahren gespiegelt, den Durst ungezählter Menschen, Tiere und Pflanzen hat sie gestillt.

Der Blick auf den Fluss, an dem zu leben man das einzigartige Vergnügen und die Ehre hat, verändert sich. Während Sie, liebe Leserin und lieber Leser, den fließenden Buchstaben folgend lesen, eilen die Tropfen der Spree von der Quelle zur Mündung und weiter zum Meer. Von dort fliegen sie, mal sanft, mal stürmisch, als Cirrus-, Cumulus-, Stratus-, Nimbostratus-Wolken – verkleidet als nebliger Hauch, vom Wind getrieben – zurück zum Ursprungsort. Als »Niederschlag« fallen sie zurück auf die Erde, küssen, erneuern den Fluss. Ein eigenwilliger, nicht zu kontrollierender, in seinem Wechselspiel die Menschen beglückender Kreislauf.

DIE SPREE ENTSPRINGT AM KOTTMAR

Der Berg Kottmar, 583 Meter hoch, dicht bewaldet, ist voller Geheimnisse – in alten Zeiten ein »Urwald mit unfruchtbarem Gestein«, heute ein Wanderparadies. Wenn der Wind durch die Baumspitzen weht, am frühen Morgen leichte Nebel aus dem feuchten Unterholz aufsteigen, es überall knackt und knistert, erwachen die Zwerge und Elfen zum Tanz. Der Sage nach soll der einstige Vulkan aus dem Tertiär voller Wasser sein – eines Tages wird der »Kupper«, wie ihn der Volksmund nennt, mit einem lauten Knall zerplatzen und die ganze Oberlausitz überschwemmen. Wasserreich ist der Berg, aus dem die Spree entspringt.

Für die Bedeutung des Namens Kottmar gibt es mehrere Erklärungen. Allen gemeinsam ist, dass es sich bei diesem Berg um einen »uraltheiligen Boden« handelt, der sowohl den Kelten als auch Germanen, Slawen und Deutschen als Kultstätte, Wallfahrts- oder Tempelort diente. Von Alters her schätzten es die Götter, in Hainen, Wäldern oder auf Bergkuppen verehrt zu werden. »Dieses Land war durchweg ein Tempel und die Germanen wallten durch die Säulenhallen seiner heiligen Haine und knieten an den granitnen Altären seiner Berge«, steht im Sagenbuch der Lausitz geschrieben.

Himmelsbrücke in Sohland

13

»Khotamer« nannten die Slawen den Berg – Heimat der »Zauberin Mara«. Die Deutschen sagten: »Chotamar« – das bedeutet Gattin-Besitztum, Frauensitz, Frauenberg – Sitz der Himmelskönigin. Eine andere Erklärung bezieht sich auf »Godemar«. »God« ist Wodan, der oberste Gott der Germanen, der »Feueräugige«, alles Verbrennende, der Gott des Himmels und der Sonne. »Wuodan« ist auch das alles durchdringende Element der Luft, die allwaltende schöpferische Kraft. Dass es sich beim Kottmar um eine alte germanische Kultstätte handelt, belegen Fundstücke, die den Germanen zugeschrieben werden.

Dreißig- bis fünfzigtausend Menschen kommen jährlich, um die Spreequelle zu besuchen, berichtet Frieder Heinrich, Gebirgsbaudenwirt auf dem Kottmar. Seit der Wende betreibt er die traditionsreiche Gastwirtschaft und ist gleichzeitig Pächter und Wächter des 583 Meter hohen Kottmarturms, von dessen Plattform man weit ins Lausitzer und Zittauer Land sehen kann.

»Grau in Grau« war das Wetter am Tag der feierlichen Eröffnung des vom Gebirgsverein Lusatia im September 1882 erbauten Turmes. »Auf dem Plateau angelangt, bot sich nun den Festteilnehmern der schöne Bau in seiner Erhabenheit dar, und rings herrschte eine Stimme der Bewunderung über das wohlgelungene Werk. 16 Meter hoch erhebt sich der massive Turm, von hohen Bogenfenstern durchbrochen, geschmückt in der Mitte mit einer eisernen Galerie und von einer geschmackvollen Brüstung gekrönt, in den blauen Äther«, schreibt der Chronist. »Der architektonisch formvollendete, zierlich

und doch solide gebaute Turm dürfte unter seinesgleichen im Sachsenlande einen der ersten Plätze einnehmen und wird seinem Erbauer, dem Herrn Architekt Weise aus Eibau zur höchsten Zier gereichen.«

Am Nordhang des Berges befindet sich seit 1930 eine Matten-Sprungschanze, die im Sommer und Winter genutzt werden kann. Der Korbmacher Hans-Jürgen Heinrich aus Obercunnersdorf – Heimat der »Umgebindehäuser« – und seine Söhne sind oft über den Schanzentisch »gegangen«, segelten glücklich vom Gipfel ihres Heimatberges ins Tal. Skispringen hat im Zittauer Gebirge, zu dem der Kottmar gehört, eine lange Tradition. Der »Ski-Club Kottmar« ist einer der aktivsten – ganzjährig wird trainiert, werden Wettkämpfe mit Volksfestcharakter ausgetragen.

Gefeiert wird in der Oberlausitz oft und gern. Woher das kommt, weiß Frank Münnich, er kennt sich in der Geschichte seiner Heimat gut aus. Das schon zu DDR-Zeiten als »staatlich anerkannter Erholungsort« von vielen Urlaubern besuchte Walddorf am Fuße des Kottmar bildet seit 1996 eine Gemeinde mit Eibau. Als begeisterter Oberlausitzer fühlt sich Frank Münnich auch für die Spree verantwortlich, bringt sie bundesweit ins Gespräch. »Spreequelltaufe«, »Spreelauf« und »Mundartabende« hat er mit ins Leben gerufen – der »Eibauer-Bierzug« hat sich zu einem der größten Volksfeste Sachsens entwickelt. Den Fehden, welches die eigentliche Spreequelle sei, kann er Positives abgewinnen. Konkurrenz belebt das Geschäft – könnte sein Motto lauten.

Eibauer-Bierzug

EIN ECHTER FAMILIENBETRIEB
Gespräch mit Frieder Heinrich

Wie sind Sie zum Baudenwirt geworden?
In der Gastronomie ist unsere Familie seit Jahren verwurzelt. Als große Kinder haben wir in der Amselfallbaude in der Sächsischen Schweiz viele Jahre geholfen, dieses Ausflugslokal gehörte Freunden von unseren Eltern. Dort ist es ähnlich wie hier. Es ging früh los, da war richtig Betrieb und abends war es beizeiten wieder vorbei. Das sind die Anfänge gewesen. Mein Vater hat in der Baude meine Mutter kennengelernt und ist hier viele Jahre – Sommer wie Winter – eingekehrt. Er kannte noch den Wirt Engemann, Otto. Der hat die Baude bis 1958 privat geführt. Als sie in einen VEB übergegangen war, hat er dort als Angestellter weitergearbeitet. 1990 ist die Baude an die Treuhand abgegeben worden. Wir haben uns beworben und nach längeren Verhandlungen – es gab mehrere Bewerber – 1992 den Zuschlag gekriegt.

Stammen Sie aus dieser Gegend?
Wir sind echte Obercunnersdorfer. Ein Ort am Fuße des Kottmar. Mein Vater ist ein Obercunnersdorfer Original. Korbmacher ist er dort – jetzt macht er auch Ortsführungen. Ich habe sechs Geschwister. Meine Schwester hat eine Ausbildung zum Koch gemacht, ist Küchenmeisterin geworden. Wir haben immer gesponnen, eine Gaststätte zu eröffnen. Einer meiner Brüder betreibt heute das Hotel Schützenhaus in Obercunnersdorf und ich bin hier der Baudenwirt. Ich führe das Haus mit meiner Frau. Es ist ein echter Familienbetrieb, zwei meiner Brüder sind

am Unternehmen finanziell beteiligt – engagieren sich auf ihre Weise. Einer hat unsere Website entwickelt und betreut sie: www.kottmarbergbaude.de

Welche Erinnerungen haben Sie an die Baude in der DDR-Zeit?
Die Rustikalität war in der DDR verlorengegangen, die Wände des Gastraums waren leer, nur der Hirschkopf hing dort, wie schon zu meines Vaters Zeiten. Die Holzwände waren tapeziert. Wir haben das Holz wieder freigelegt. Die Decke in der Baude hat in den fünfziger Jahren der berühmte Oberlausitzer Heimatmaler Max Langer aus Nieder-Oderwitz gestaltet. Es ist die einzige Deckenmalerei, die er hinterlassen hat. Wir arbeiten daran, die Baude so herzurichten und zu erhalten, wie sie früher war, auch wenn wir Kompromisse mit der Moderne machen. Die Baude gibt es seit 1882. Besucher aus den westlichen Ländern sagen: Das

Deckengemälde in der Kottmarbaude

ist ja herrlich, dass das noch so urig ist. Von diesen ursprünglichen Oberlausitzer Bergbauden gibt es nicht mehr viele. Das Hypermoderne kann man auch in der Stadt finden.

Was sind ihre ersten Erinnerungen an die Spree – die Spreequelle?
Wir sind eine Skifahrerfamilie und haben auf dem Kottmar viel trainiert. Im Winter sind wir Ski gefahren, im Sommer haben wir Crossläufe und Stockanstiege gemacht. Mit unseren Trainern sind wir im Wald unterwegs

gewesen und oft an der Quelle vorbeigekommen. Im Sommer haben wir uns erfrischt – nass gespritzt. Selten getrunken.

Wir sind Nordisch-Kombinierte gewesen, Langlauf und Skispringen. Mein Vater war Weihespringer auf der Kottmar-Schanze. 1968 ist er als einer der ersten über den Schanzentisch gegangen.

Skispringen ist ein super Sport, ein großartiges Gefühl, wenn man durch die Luft fliegt. Aber bei meinem siebenjährigen Jungen habe ich keinen richtigen Schneid mehr, ihn beim Skispringen mitmachen zu lassen, auch wenn die Schanze vor der Haustür steht. Ich habe gute, aber auch verdammt viel schlechte Erfahrungen beim Skispringen gemacht. Stürze, Verletzungen – mit dreißig Jahren körperliche Probleme. Mein Sohn soll nicht mehr springen. Skispringen ist teuer und ge-

Frieder Heinrich, 1975

In der Kottmar-Klause

fährlich, man kann es nicht halbherzig machen. Wer sich in der Jugend seine Gesundheit ruiniert – was will der später machen? Wir sind Profis im Langlauf. Das will ich meinem Jungen nahebringen. Zu DDR-Zeiten war die Gegend hier eine Kaderschmiede für Sportler, und dabei sind einige kaputt gegangen.

Wie war Ihre Ausbildung?

Ich bin zu DDR-Zeiten zur Schule gegangen, Jungpionier, Thälmann-Pionier, FDJ. In Dresden habe ich Korbmacher gelernt und anschließend ein halbes Jahr bei meinem Meister gearbeitet – dann kam die Wende.

Wie haben Sie die Wendezeit erlebt?

Es war eine schwierige Zeit. Viele Leute aus Dresden gingen in den Westen oder hatten einen Ausreiseantrag gestellt. Auch Handwerker, die mit meinem Meister befreundet waren, Skat gespielt hatten. Ich wusste, mit meinem Korbmacherberuf kann ich im Westen nichts werden. Bis Ende September 1989 habe ich in Dresden gearbeitet. Das war die Zeit, als dort die Unruhen anfingen. Der Hauptbahnhof, über den ich jeden Tag ging, wurde demoliert. Pflastersteine wurden aus den Straßen gerissen, Straßenbahnen umgestürzt, es gab Schlägereien. Ich war heilfroh, dass ich zurück nach Obercunnersdorf gehen und bei meinem Vater arbeiten konnte.

An den Kundenaufträgen merkten wir, dass es zu Ende ging. Die DDR-Privatkunden brachen alle weg. Wir hatten geflochtene Kinderwagen für die ZEKIWA, Zeitzer Kinderwagenwerke, hergestellt. Alles war Export, zuerst für die BRD, später für die Russen. Wir haben viele Modelle entwickelt, mein Vater hat da voll mitgearbeitet. Heute ist der Westen mit billigen Korbwaren überflutet, aus Polen, Portugal – jetzt auch aus China. Als deutscher Korbmacher muss ich für das Material mehr bezahlen, als der fertige Stuhl aus dem Ausland kostet.

Der Korbmacherberuf ist hart. Die Weide muss geflochten werden. Mein Vater hat heute noch eine eigene Weidenkultur. Er ist 65 und Obermeister. Es wäre schade, wenn dieser Beruf in Deutschland aussterben würde. Zu meiner Ausbildungszeit waren wir vierzig Lehrlinge. Die Berufsschule war in Aalbeck auf Usedom. Mein großer Bruder arbeitet heute noch als Korbmachermeister in einer Behindertenwerkstatt in Nürnberg.

Trotz allem bin ich froh, dass wir ein Deutschland sind.

Wie ist das Leben auf der Baude?

Ich bin der Bergwirt hier oben. Bergwirt ist, wer auf dem Berggipfel jahrelang Sommer und Winter übersteht. Ich muss viel selber machen, Holzhacken, Fensterstreichen, Dachdecken, Autoreparieren … Das Haus ist alt. Wir haben Personalprobleme. Es gibt wenige, die arbeiten können und wollen, bei Tag und Nacht, Wind und Wetter. Ich erinnere mich an den Winter 1995/96, da hatten wir täglich Nebel mit fünf bis sechs Grad minus, die Bäume wurden immer schwerer, der Nebel gefror zu Eis, überall krachte es. Die Baumwipfel brachen ab und schlugen wie Granaten ein, so schwer waren sie, wir verstärkten das Baudendach mit Kanthölzern. Kurz vor Weihnachten brach die Stromleitung zusammen, das Wasser fror uns ein. Wegen der Ware mussten wir runter. Ich mit der Motorsäge vorneweg, um die Straße freizusägen, meine Frau mit dem Geländewagen hinterher. Wir hatten noch Weihnachtsfeiern anstehen und ein ausverkauftes Silvesterfest. Da kam Tauwetter und man brachte uns ein Notstromaggregat.

Gibt es hier viele Tiere?

Wir haben zwei Hunde, das sind Familienmitglieder, zwei Bergziegen – für die Kinder. Es gibt viele Wildschweine. Durch die Überdüngung der Felder und Wälder waren sie weggeblieben. Ich habe das Gefühl, die Bäume sind grüner geworden. Der ganze Wald hat sich erholt. Es gibt wieder viele Singvögel, Hasen, Rehe – auch herrliche Rehböcke mit schönen Geweihen.

Sprechen sie mit dem Berg?

Ja, ich bedanke mich manchmal – für schönes Wetter, für alles, was gelungen ist. Manchmal fluche ich auch. Jetzt haben wir zehn Jahre überlebt und da haben wir uns schon das eine oder andere »Rechtl« verdient.

Wenn es einen Kottmargeist gäbe, wie würden Sie den beschreiben?

Groß und bärtig – ähnlich wie Rübezahl. Groß! Der Kottmar ist ein eindrucksvoller Berg, ein Teil des Oberlausitzer Massivs, einer der größten Berge im Mittellausitzer Bergland.

Wo bekommen Sie Ihr Wasser her?

Bis 1945 brachte ein Wasserträger das Wasser auf den Berg. Ein Schulterholz mit zwei Wassereimern – Spreewasser. In den siebziger Jahren wurde direkt neben der Spreequelle ein Brunnen gebohrt. Ich nehme an, das ist die Wasserader der Spree. Von dort ziehen wir unser Trinkwasser – per Pumpe. Der Kottmar hat viel Wasser, bei Gewitter schlägt der Blitz auch mal in das Sicherungssystem der Pumpe ein. Die Blitze laufen in den Wasserleitungen.

Wem gehört der Aussichtsturm auf dem Berg?

Der Turm wurde vom Lusatia-Gebirgsverband gebaut.

Als Oberlausitzer Kulturdenkmal ist er ein markanter Punkt für die Gegend. Der Turm befindet sich momentan in unserem Besitz. Er kostet uns Geld, leider haben wir noch nie Fördermittel für seinen Erhalt bekommen. Der Turm ist eine Attraktion, doch die Spreequelle bringt die meisten Menschen an den Berg.

Was sind das für Menschen?

Über den 583 Meter hohen Kottmargipfel geht der Lausitzer Bergweg. Das ist ein Wander-highlight – ein Kleinod unter den Wanderfreunden, ähnlich wie der Rennsteig im Thüringer Wald. Alle Wanderer gehen an der Spreequelle vorbei. Auch viele Radfahrer kommen über den wunderschönen Spreeradwanderweg, der von der Quelle bis zur Mündung nach Berlin verläuft. Es ist aber noch zu ruhig. Einheimische könnten zahlreicher kommen, aber dazu ist es hier wirtschaftlich zu dünne geworden. Die Älteren haben ihren Garten. Zu DDR-Zeiten war das anders. Wegen der Betriebsferienheime und durch den FDGB gab es in dieser Gebirgsgegend immer viele Gäste. Die heutigen Besucher befassen sich

wieder mehr mit der Quelle – mehr und mehr Berliner reisen ins Quellgebiet.

Seit einiger Zeit bietet der Fremdenverkehrsverband eine besondere Attraktion an, die Spreequelltaufe: Der Sagenzwerg Gerbod tauft die Besucher mit frischem Quellwasser und jeder Täufling bekommt eine Urkunde. »Im Reiche Gerbods behüteten viele Elfen den Wasserreichtum des Kottmar. Sie neckten den Zwerg mit ihrem Gesang, doch Gerbods Gelächter vertrieb sie für

immer. Erbost warf dieser seinen Speer nach Südwesten, der bohrte sich in den Boden und brachte eine neue Quelle hervor«, berichtet die Sage.

Denken Sie manchmal daran, wo die Spree hinfließt, an Berlin, die Hauptstadt …?

Zu DDR Zeiten waren wir das Tal der Ahnungslosen, in Berlin – bei Honecker und seinen Experten – war vieles anders, da gab es Bananen, das Kulturelle. In Berlin wurde gebaut, und Leipzig ist eingefallen.

Nach der Wende bin ich mit der ganzen Familie in völlig überfüllten Zügen nach Berlin gefahren, wir haben uns die Kaufhäuser angesehen. 1993 waren wir zum Genesis-Konzert, eine Verbindung zu unserer Jugend.

Ich bin kein Stadtmensch. Ich habe zu wenig Zeit, um mal für drei Tage nach Berlin zu fahren.

Die Spreequelle ist eingefasst mit einem Ehrenmal für die Gefallenen aus dem Ersten Weltkrieg. Was empfinden Sie, wenn Sie dieses Denkmal sehen?

Dieses Ehrenmal für die Gefallenen aus der Oberlausitz,

die ihr Leben im Ersten Weltkrieg gelassen haben, hat mich schon immer beeindruckt. Es ist ein passender Rahmen, um gefallene Soldaten zu ehren und seine Trauer zu zeigen. Die Quelle eines Flusses ist ein Anziehungspunkt für viele Menschen, an dem man auf das Drama der Kriege hinweisen kann. Das Ehrenmal wurde vom Gebirgsverein Lusatia, der auch den Aussichtsturm gebaut hat, errichtet. Jedes Kriegerdenkmal ist eine denkwürdige Angelegenheit. Krieg ist sicher das Schlimmste, was man erleben kann.

Wenn Sie einen Wunsch beim Berggeist offen hätten?

Jeder Berliner sollte wenigstens einmal in seinem Leben die Spreequelle besuchen.

»Herzlich willkommen im Denkmalsort Obercunners-dorf«, so begrüßt Hans-Jürgen Heinrich, Vater von Frieder Heinrich, dem Bergbaudenwirt auf dem Kottmar, seine Gäste. Im stark ausgeprägten Oberlausitzer Dialekt – das »R« quirlt im hinteren Kehlkopf, als ob es nicht aus dem Mund heraus wollte – berichtet er stolz über seinen Heimatort. »Obercunnersdorf mit seinem einzigartigen Ensemble von 262 gut erhaltenen Umgebindehäusern wurde 1984 unter Denkmalschutz gestellt. Das Umgebindehaus ist eine Symbiose aus der einfachen Holzblockstube mit Flachdach, wie es die slawische Urbevölkerung gebaut hat, und dem Fachwerkbau deutscher Siedler aus Franken, Thüringen und Hessen.« Nach der Begrüßung betreten die Gäste das »Schunkelhaus«, eines der ältesten und sicher auch skurrilsten Häuser im Ort. Direkt am Cunnersdorfer Wasser gebaut, einem Flüsschen, das am Kottmar entspringt und hinter Bautzen in die Spree mündet, wirkt es von außen wie ein Puppenhaus und bietet innen reichlich Platz zum Wohnen für eine ganze Familie.

»Das Geniale und weltweit Einmalige an dieser Bauweise basiert auf der Erkenntnis, dass Holz beim Austrocknen sein Volumen unterschiedlich stark verliert und zwar quer zur Faserrichtung fünfzehnmal stärker als längs zur Faser«, erklärt Herr Heinrich sachkundig weiter. »Eine Blockwand aus waagerecht aufeinanderfolgenden Bohlen verliert also im Laufe der Jahre beträchtlich an Höhe. Um diesen Schrumpfungsprozess abzufangen, wurde eine Stützkonstruktion entwickelt, das »Umgebinde«, welches aus senkrechten, waagerechten und schrägen Hölzern besteht, die den Druck von Dach und Obergeschoss abfedern.«

Auf seine ersten Erinnerungen an die Spree angesprochen, sprudelt es aus Herrn Heinrich heraus, so als ob sein »Oberlausitzer Granitkopf« die Quelle selbst wäre. »An Festtagen wie Ostern oder Pfingsten stiegen wir mit unseren Eltern zum Berg Kottmar hinauf. An der Spreequelle besuchten wir das Ehrenmal der für »König und Vaterland« Gefallenen aus dem Ersten Weltkrieg. Nach dem Zweiten Weltkrieg boten Gipfel und Baude ein Bild des Grauens. Alles war zerstört. Im Krieg war dort oben das Militär stationiert gewesen, vom Aussichtsturm hatte man Freund und Feind beobachtet, besonders die

weit über Sachsen ausgedehnten Fliegerangriffe. Der Kottmar war ein Gebiet mit hoher militärischer Konzentration gewesen.

Hans-Jürgen Heinrich ist Korbmachermeister – mit ei-

gener Werkstatt. Zu DDR-Zeiten lief das Geschäft gut, jetzt ist er Rentner und führt nur noch Aufträge auf Bestellung aus – am liebsten Sonderanfertigungen, zur Zeit einen großen Heukorb für Pferdefutter. Sachkundig und begeistert fungiert er in seiner Freizeit als Ortsführer: »Der Kottmar ist eine Wasserscheide. Acht Quellen entspringen dem Berg, vier fließen zur Nordsee und vier zur Ostsee. Die namhafteste ist die Spreequelle. Unter den Gemeinden Walddorf, Neugersdorf und Ebersbach gibt es Streit, wo die einzig wahre Spreequelle liegt. Die Walddorfer Quelle am Kottmar ist die geografisch am höchsten gelegene – das wird schon auf alten Landkarten so dargestellt. Ich bin der Meinung, alle Quellen haben ihre Berechtigung und tragen dazu bei, dass aus der Spree ein kräftiger Fluss wird.«

BAUTZEN

Hoch über der Spree auf einem Felssporn aus Granit erhebt sich die Festungsstadt Bautzen. Fünfzehn Türme zählt die Silhouette der tausendjährigen Altstadt, Stein gewordene Geschichte. Wegen der Reichhaltigkeit ihrer altertümlichen Bauten auch das »sächsische Nürnberg« genannt, zeugt die seit der Wende in vielen Teilen restaurierte Stadt im neuen Glanz von ihrer historischen Bedeutung als Handwerks-, Handels- und Machtzentrum.

Die »Alte Wasserkunst«, das 48 Meter hohe Wahrzeichen der Stadt, transportierte schon im Mittelalter das lebensnotwendige Nass bergauf in die Brunnen und Zisternen der Stadt. Als technisches Denkmal kündet der dicke, runde Turm von hohem naturwissenschaftlichem Sachverstand, gleichzeitig war er Schutzschild gegen die vielen Angreifer der Stadt. Obwohl die um 999 entstandene Landwarte, die Ortenburg, als uneinnehmbar galt, sahen Spree und Stadt in den folgenden Jahrhunderten Krieger aus vielen Ländern und Herrscherhäusern: Sachsen, Böhmen, Franzosen, Schweden, Ungarn, Russen ...

Für den Fotografen Rudolf Hartmetz ist Bautzen Herausforderung und neue Heimat. Mit Stativ und Großbildkamera schafft er – in guter Handwerkstradition –

Die alte Wasserkunst und die Michaeliskirche in Bautzen

Bilder hoher Qualität von den städtebaulichen Meisterwerken Bautzens, der vielgestaltigen Landschaft der Lausitz und deren Baudenkmälern.

Als »Civitas Budusin« wurde Bautzen 1002 erstmals urkundlich erwähnt, Budyšin nennen die Sorben die Stadt, die seit Jahrhunderten Hort und Hochburg ihrer Kultur ist. Im Sorbischen Institut forscht Dr. Susanne Hose über die Geschichte dieses Volkes, sammelt Dokumente, berät, publiziert und stellt dort richtig, wo sorbisches Leben vereinfacht als Folkloretradition auf Ostereiermalen, Osterreiter, Hahnenrupfen und Trachten reduziert wird.

Bautzen und die Spree, das ist ein besonderes Verhältnis. Fließen in der Regel Flüsse mitten durch eine Stadt, die – wie Berlin – rechts und links an ihren Ufern wächst, strömt die Spree um Bautzen herum, netzt die Füße der Stadt, während diese aus schwindelnder Höhe auf sie herabblickt. Und doch gäbe es Bautzen ohne die Spree nicht, so wenig wie Berlin ohne die Spree. Als Schutzschild, Arbeitstier und Tränke war sie zu allen Zeiten für die Bautzener da.

Nach der Eiszeit vor fünfzehntausend Jahren kämpfte sich die Spree bei Bautzen durch Schotterplatten und Granit, grub dabei ein tiefes Tal, das heute zwischen Stadt und Protschenberg liegt. Von dessen Ausläufern spannt sich – weit ausladend und in gefährlicher Höhe – die Friedensbrücke über die Spree, ein modernes Wahrzeichen der Stadt. Von der wie ein Viadukt anmutenden Brücke hat man einen besonderen Blick auf das Panorama von Bautzen. An Momente der Angst erinnert sich die gebürtige Bautzenerin Ute Fritzsch, wenn sie an das Überqueren der Brücke in ihrer Kindheit denkt. Obwohl in der Bautzener Ostvorstadt aufgewachsen, prägten Erlebnisse und Erfahrungen mit der Spree die Jugend der heutigen Innenarchitektin.

In früheren Jahren trat die Spree nach der Schneeschmelze und bei starken Regenfällen im Sommer häufig über die Ufer; diese Hochwasser verursachten beträchtliche Schäden. Als in der Lausitz in den sechziger Jahren im Rahmen des Kohle- und Energieprogramms der DDR mit dem Bau von Kraftwerken begonnen wurde, ergaben Messungen, dass die Spree das zur Kühlung der Kraftwerke notwendige Wasser nur bei Hochwasser in ausreichender Menge liefern konnte. Um den Bedarf zu decken, wurde von 1968 bis 1975 eine Talsperre errichtet, die das Hochwasser speichert und bei Bedarf abgibt. Der Talsperrenmeister Reinhard Tölzer ist seit 1967 dabei. Mit einem Fassungsvermögen von 45 Millionen Kubikmetern und einer Wasserfläche von sechshundert Hektar ist der Bautzener Stausee die größte der insgesamt drei Talsperren am Fluss.

Wer außerhalb von Bautzen an die Stadt denkt, erinnert sich zuerst an das »Gelbe Elend« und speziell an das Sonderlager Bautzen II, den »Stasi-Knast« des Ministeriums für Staatssicherheit der DDR. Politische Gegner des DDR-Regimes wie Walter Janka, Erich Loest, Heinz Brandt, Rudolf Bahro und viele andere wurden dort jahrelang in strenger Einzelhaft und in speziellen Arrestzellen gefangen gehalten. 1993 wurde Bautzen II geschlossen und zu einer Gedenkstätte für die Opfer politischer Gewaltherrschaft in den Bautzener Gefängnissen umgebaut. Nachts, wenn es ruhig war, konnten die Gefangenen in Bautzen I am Karnickelberg das Gurgeln und Gluckern der an den Mauern vorbeifließenden Spree hören.

*Bautzen,
Spreewehr unter
der alten Wasser-
kunst,
September 1992*

*Wenn Sie diese Fotografie se-
hen, woran erinnern Sie sich?*
Ich war neu in Bautzen und empfand die Spree als von
der Stadt getrennt. Diesem Trend wollte ich entgegen-
wirken, ich suchte nach Möglichkeiten, den Fluss bildhaft werden zu lassen. Es ist ein Bild ohne Worte, zu dem
jeder sich seinen Vers machen kann. Die wenigsten erkennen, dass es in Bautzen ist. Es zeigt das große Wehr
unterhalb der Wasserkunst. Die Spiegelung der Friedensbrücke unterstreicht das Imaginäre, das Fiktive. Das
geteilte Bild weist im Gegensatz von ruhigem und be-
wegtem Wasser auf die Ambivalenz unseres Daseins.
*Erinnern Sie sich noch an den Moment, als Sie das Bild ge-
macht haben?*
Es war an einem Sommermorgen, zwischen neun und
zehn Uhr. An dem Standpunkt habe ich lange gebastelt.
Um das Wehr als Linie senkrecht im Bild zu haben, gab
ich akrobatische Übungen auf der Stadtmauer ab. Ich arbeite mit Stativ und einer besonderen Kamera, der Plaubel, Format 6X9.
Hier in dem Buch sehen Sie dasselbe Motiv im Spätherbst, fast Winter. Diese Fotografie soll die Stadt vorstellen, ihr Bedeutung geben. Es ist eine Adaption der alten Stadtansicht, die es hundertfach auf Postkarten gibt.
Und wenn man ein Bilderbuch über die Stadt macht,
kommt man daran nicht vorbei.
Haben Sie eine besondere Beziehung zur Spree?
Ich bin nicht mit Spreewasser getauft. Die Spree ist in
dieser Region ein interessantes Flüsschen. Ich bedaure,
dass die Stadt von ihrem Gewässer wenig Notiz nimmt.
Bei einer am Fluss gebauten Stadt könnte man es sich
anders vorstellen. Meine Beziehungen zu diesem Flüsschen sind in erster Linie formal-ästhetischer Natur. Ich
finde die Spree schön und will sie in meine Kunst mit
einbeziehen, zumal sie sich hier in Bautzen so unterschiedlich darstellt. Mit einem gewaltigen Bogen umfließt der Fluss die Stadt, bestimmt ihre Kontur. Die alten Wehre deuten auf die industrielle Nutzung hin, von
dieser Kraft des Wassers wird heute keinerlei Notiz genommen. Als Arbeitstier wird die Spree nicht mehr gebraucht. Meine Fotografien sollen Sinnbilder sein, sie

zeigen nicht nur die Spree, sie sind auch für unser Dasein exemplarisch. Sie stehen nicht nur für Bautzen, sie
bringen auch unsere, meine Befindlichkeit zum Ausdruck.
Haben Sie Streifzüge mit der Kamera gemacht?
Mehr in die südliche Richtung. Nach Norden ist es durch
den Stausee banal geworden. Im Süden fließt die Spree
noch im ursprünglichen Bett und bildet eine gewaltige
Skala: ein Felstal, in dem sie sich entlang windet und einem Gebirgsbach ähnlich sieht.
*Hier ist eine schöne Fotografie vom Tal zu sehen, Granitblöcke
liegen im Wasser. Plaubel und Stativ sind immer dabei?*
Dort ist es beschwerlich, ein bewegtes Gelände an dem
Fluss. Mit meinen Geräten komme ich erst, wenn ich
den idealen Standort erkundet habe – und weiß, es gibt
nur diesen.
Wie oft haben Sie dieses Motiv schon gesehen?
Häufig – bei allen möglichen Beleuchtungen und Jahreszeiten. Wenn ich der Meinung bin, heute ist ein guter
Tag, dann gehe ich dorthin und wenn es doch nicht der
gute Tag ist, gehe ich wieder nach Hause – komme später wieder.

Wie würden Sie Ihre Tätigkeit beschreiben?

Die besten Bedingungen für ein Bild muss man Stück um Stück erobern. Sich herantasten. Das ist es vielleicht, was uns alte Kerle auszeichnet, anders erscheinen lässt, dass wir nicht mit einer schnellen Kamera angerannt kommen, ein Bild machen und glauben, »das« Bild wäre dabei entstanden. Berufsethos könnte man das nennen, so optimal wie möglich zu arbeiten.

Beruf, da höre ich das Wort Ruf – sprechen die Dinge zu Ihnen?

Unbedingt. Ich arbeite lange an einem Thema und habe eine Liste, auf der bestimmte Motive stehen, die ich noch nicht gepackt habe. Diese Liste der unbewältigten Dinge schleppe ich immer im Unterbewusstsein mit mir herum. Ich arbeite sie Stück um Stück ab, damit ich irgendwann sagen kann – das war's, mehr kann ich nicht. Dieser Befreiungsschlag muss kommen.

Noch ein wunderschönes Motiv.

Das ist die Himmelsbrücke im Oberland – da, wo die Spree noch ganz klein ist. Es ist eine uralte Fußgängerbrücke, die den Leuten von jenseits der Spree den sonntäglichen Kirchgang mit trockenen Füßen ermöglichte.

Ihre erste Erinnerung an die Spree?

Die gewaltigen Schleusenanlagen bei Eisenhüttenstadt – das ist am Oder-Spree-Kanal. Eine Erinnerung an das Kinderferienlager 1953. In Berlin, als Fotograf an der Bauakademie, hatte ich ständig mit dem Fluss zu tun. Im Archiv der Deutschen Bauakademie muss es viele Spreefotos von mir geben.

Haben Sie eine spezielle Beziehung zu Häusern?

Zum Gebauten. Ich bin zur Bauakademie gegangen, nachdem ich den Aufbau des Erdölverarbeitungsbetriebs in Schwedt dokumentiert hatte – im Grunde bin ich seit vierzig Jahren auf dem Bau.

Bautzen und das Bautzener Land – ist das für Sie auch eine Baustelle?

Die Objekte, die ich in der Oberlausitz betreut habe, sind Baustellen unterschiedlichster Art. Alles das, was nach 1990 hier passiert, ist eine gewaltige Baustelle. Veränderungen gibt es vor allem an Gebäuden, auch in der Landschaft drücken sie sich aus.

Als Baustelle im übertragenen Sinn verstehe ich in diesem Zusammenhang auch die Veränderungen der gesellschaftlichen, sozialen, kulturellen Bedingungen, in der das Individuum, die Menschen um mich herum seit der politischen Wende leben oder leben müssen.

Ihre letzte größere Baustelle hat indirekt auch mit der Spree zu tun.

Ich hatte den Auftrag, die Sanierung der Gebäude im Schlosspark Muskau zu dokumentieren. Der Fürst-Pückler-Park, bereits zu DDR-Zeiten nationales Kulturgut, war gut gepflegt, aber die Gebäude befanden sich in einem dermaßen desolaten Zustand, dass es höchste Zeit war, nicht nur behäbig zu reparieren – die Dinge mussten generell in Ordnung gebracht werden.

Wie kam es zur intensiven Beschäftigung mit der Person Pücklers?

Ich hatte Zweifel, ob die Art und Weise der Rekonstruktion des Schlosses den Vorstellungen Pücklers entsprach und geriet immer stärker in den Sog dieser faszinierend vielseitigen Persönlichkeit. Der Fürst wurde im Muskauer Schloss geboren – er war Oberlausitzer. Als Standesherr hatte er großen Einfluss auf die Politik seines Landes.

Muskau liegt an der Neiße, Branitz an der Spree.

Wasser war für Pückler ein wichtiges Moment bei der Gestaltung seiner Gärten. Er hat Abhandlungen mit technologischen Vorschriften geschrieben, wie man Kanäle gräbt und Inseln in Teiche setzt.

Er war Landschaftsgestalter?

Nicht im Sinne des Landschaftsverschönerungsvereins, den die preußischen Könige initiiert haben – ein Beispiel ist die Pfaueninsel in Berlin. Die englischen Gärten beeindruckten ihn stärker als die romantischen Schwärmereien der preußischen Königinnen.

Was war Pücklers Motiv für die Anlage solcher Parks?

Die unmittelbare Umgebung des Schlosses bezeichnet er als Fortsetzung des Wohnraumes, seines Wohnraumes. Obwohl die Parks in Muskau und Branitz für jeden offen waren, hörte am »pleasure ground« die Öffentlichkeit auf. Pückler wollte dieses vergrößerte Wohnzimmer als sein privates Refugium schützen, einen Ort der inneren Einkehr schaffen, an dem er klar denken konnte. Er war ein politischer Mensch, der ständig Ärger mit der Obrigkeit hatte, und brauchte einen Freiraum, eine Möglichkeit – ich will nicht sagen, um zu meditieren, das wäre zu spirituell, um überlegen zu können, wie die Welt funktionieren müsste.

Er glaubte an eine demokratische Ordnung. Die englischen Landschaftsgärten sind für ihn Ausdruck der Befreiung vom barocken, feudalistischen Mief in jeglicher Beziehung. Pücklers Gestaltungswille und -kraft lassen sich als Gestus der Aufklärung verstehen für das damals beispielhafte Modell einer Staatsform mit bürgerlicher Verfassung, der konstitutionellen Monarchie.

Pückler war mit Heine aufs Engste befreundet in einer Zeit, als der Dichter in Deutschland »persona non grata« war. Da fährt ein deutscher Fürst ständig nach Paris und trifft sich mit Heine. Das war für die Obrigkeit undenkbar. Pückler steht für Haltung.

Er ist viel gereist …?

England, Italien, immer wieder Frankreich, Marokko, die afrikanische Nordküste, Ägypten, den Nil aufwärts, Alexandrien, Griechenland, zurück über Kleinasien, Konstantinopel, auf der Donau nach Wien. Er hat das genossen – war Jahre lang unterwegs.

Es gibt Fotografien aus Branitz, die stark gestaltete Natur zeigen …

Natur zu gestalten, war seine Absicht. Es ist eigenwillig, sein Denken in Form eines Parkes zu manifestieren, der zwanzig, dreißig, fünfzig Jahre weiterwächst.

Ich habe diese Fotografie gemacht, um Pückler zu zeigen, was aus seinen Ideen geworden ist. Ich denke, er wäre ganz zufrieden – nicht nur mit seinen Gärten.

Theodor Fontane war ein Schriftsteller, der sich für seine Heimat interessiert und auch über die Spree geschrieben hat. Kann man Ihre Tätigkeit mit der Fontanes vergleichen? Sind Sie eher ein Pückler oder ein Fontane?

Zu Fontane habe ich eine große Affinität, ich schätze die Genauigkeit, mit der er das Land und besonders die Leute beschreibt. Diese Akribie hat er bei der Zeitung gelernt, er war ja Journalist. Seine literarische Sprache ist auch mehr als hundert Jahre später akzeptabel. Fontane und Pückler waren verschieden, sie kamen aus unterschiedlichen sozialen Verhältnissen, was ihre Entwicklung beeinflusste. Fontane war ein Hasenfuß. Erst mit über sechzig machte er sich von der Lohnarbeit bei der eher konservativen Kreuz-Zeitung frei. Pücklers Haltung ist mir näher. Sein Mut zum Risiko, den Fontane in seinem ganzen Leben nie aufbrachte, macht ihn für mich interessanter.

Fontanes Frau hatte familiäre Bindungen an Beeskow. Erinnern Sie sich noch daran, wie Ihre Beeskower Bilder entstanden sind?

Die Spree ist dort sehr schön. Beeskow entstand, weil der Fluss Schutz bot. Die Burg in dieser sumpfigen Gegend sicherte die »Hohe Straße« nach Frankfurt/Oder. Es war die Burg der Lebuser Bischöfe, die damals auch mit dem Schwert umzugehen wussten. Das Buch über Beeskow

ist kurz nach der Wende entstanden. Es gibt dazu eine schöne Geschichte: Wir wussten zwar, wie Aal geschrieben wird, aber nicht wie ein Aal aussieht – obwohl dieser Fisch in Beeskow und Umgebung tonnenweise gefangen wird. Alle Aale wurden geräuchert und nach West-Berlin verkauft. Die Beeskower lebten von diesem Export – ohne je eine harte Mark zu sehen. An dem Tag, als ich diese beiden Bilder gemacht habe, kaufte ich abends einen großen Aal, den haben wir auf dem Heimweg an einem Kanal verspeist – mit einer Flasche Wein.

Was hat die Wende mit Ihrem Blick gemacht?

Wir haben uns in der DDR wie Insulaner gefühlt und so gedacht – mein Blick war gebremst. Das merke ich im Nachhinein deutlich. Meine Fotobücher kann ich nur machen, weil ich jetzt auch in Palermo und Athen fotografiere. Für das Menschsein ist es wichtig, dass wir sehen, wie anderswo gelebt wird. Um eine Relation zum eigenen Leben, zur eigenen Gesellschaft zu finden. Ich genieße diese Freiheit. Endlich.

Was ist für Sie Fortschritt?

Zur Zeit der deutschen Aufklärung im frühen 19. Jahrhundert ging man für den Fortschritt auf die Barrikaden. Fortschritt im Hinblick auf politische, soziale und kulturelle Veränderungen. Fortschritt bedeutet für mich Fortschreiten, den Drang und die Lust, Neues dazuzulernen, ohne dass das Lernen zwanghaft wird. Erfahrung wird nur der machen, der Erfahrung sucht.

Sind sie Lausitzer?

Nein, Europäer.

Spreetal oberhalb von Bautzen, bei Grubschütz

Gespräch mit Susanne Hose

Als Wissenschaftlerin befassen Sie sich mit Sprache, Kultur und Tradition des sorbischen Volkes. Sind die Sorben wegen der Spree in der Lausitz?

Die Spree hat eine enge Beziehung zu den Sorben, die Sorben haben eine enge Beziehung zur Spree. Im Zuge der Völkerwanderung im 6./7. Jahrhundert sind etwa zwanzig sorbische Stämme aus ihrer Urheimat nördlich der Karpaten eingewandert und haben auch die Lausitz bevölkert. Die Surbi, Namensgeber der jetzigen Minderheit der Sorben, lebten nach Angaben der Chronisten in der Gegend von Leipzig. In der heutigen Niederlausitz siedelten sich die Lusizer an – die Lausitzer, in der Oberlausitz die Milzener. Deswegen wurde dieses Land sehr lange der Milzener-Gau genannt.

Sind die Milzener die ersten Siedler hier gewesen?

Vorher lebten hier germanische Stämme, die jedoch bereits Jahrhunderte zuvor das Land verlassen hatten. Die slawischen Siedler stießen vermutlich auf eine Restbevölkerung. Es wurden jedoch keine Hinweise gefunden, dass diese in erbitterten Kämpfen von den einwandernden Milzenern unterworfen worden wäre. Offensichtlich wurde sie einfach assimiliert. Es ist nicht sicher, ob der Name Spree einen slawischen Ursprung hat oder die germanische Bezeichnung eingesorbischt worden ist. Auf Sorbisch heißt der Fluss Sprjewja. Der Wortstamm kann auch germanisch sein: Spree von »sprew«, spritzen, sprühen, sprudeln – spreuen, fließen.

Ist die Spree auch im Sorbischen weiblich?

Sprjewja – »A« ist eine weibliche Endung. Sie ist eine Dame. Die Neiße heißt Nysa – auch eine Dame, die Elbe, Łobjo, ist sächlich. Viele Orte haben sich nach der Spree benannt – Neusalza-Spremberg, Spreewiese, Spreewitz. Ein »-itz« am Ende des Ortsnamens weist übrigens auf eine slawische Siedlung hin – Purschwitz, Malschwitz, Neschwitz oder etwa Chemnitz.

Historische Ansicht der Stadt Bautzen, 19. Jahrhundert

Gibt es einen Unterschied zwischen Wenden und Sorben?

Es sind zwei Bezeichnungen für ein und dasselbe Volk. Den Namen Sorben gab sich das Volk selbst, von Surbi abgeleitet, obersorbisch Serbja und Serby niedersorbisch. Die Germanen nannten die angrenzenden slawischen Stämme Veneter, was schließlich zu Wenden wurde. In der Niederlausitz ist »Wende« und »wendisch« gebräuchlicher als in der Oberlausitz.

Bei Lüneburg gibt es das Wendland …

Das war eine der elbslawischen Siedlungen. Gleich nach der Wende haben wir Mitarbeiter vom Sorbischen Institut eine Exkursion dorthin unternommen und uns die

Rundlingsdörfer bei Lüchow angeschaut, Siedlungsformen, die wir auch hier vorfinden – wenn auch nicht in so klarer Form erhalten wie im Wendland.

Was ist das Charakteristische an einem Sorben?

Es ist sein Bekenntnis zum Sorbentum – so lautet die offizielle Antwort. Es gibt keine Vorschriften, man braucht keinen Ahnenpass und muss die Sprache nicht mit der Muttermilch aufgesogen haben. Jedoch für viele spielt die Sprache die entscheidende Rolle. Sie ist das wichtigste Kulturgut, das ethnische Identität stiftet und daher besonders beachtet wird.

In vielen Familien der Oberlausitz wird Sorbisch von den Eltern an die Kinder weitergegeben. In der Niederlausitz sind das weniger. In den meisten Elternhäusern

wird ausschließlich Deutsch gesprochen. Manchmal beherrscht nur noch eine Großmutter das heimische Idiom. Daher wurden Programme entwickelt, um den Kindern die Sprache wieder beizubringen, indem sie in ein sorbischsprachiges Milieu quasi eingetaucht werden. In vielen Kindergärten und Schulen wird sorbisch gesprochen. Das hat Zukunft.

Sind Sie Sorbin?

Nein – aber an einer sorbischen Institution gehört es sich natürlich, dass man der Sprache mächtig ist. Es gibt Menschen, mit denen bin ich gewohnt, ausschließlich sorbisch zu sprechen, da muss ich nicht lange überlegen. Manchmal ist es eigenartig, wenn ich mit jemandem, mit dem ich früher deutsch gesprochen habe, plötzlich sorbisch sprechen soll, wie mit meiner Schwiegermutter, die aus sorbischen Verhältnissen stammt. Mein Mann ist, wenn Sie so wollen, Halbsorbe.

Mein Vater ist in Berlin geboren und mit seinen Eltern nach Bautzen gezogen, meine Mutter kommt aus Schlesien. Hier in Bautzen haben sie sich kennengelernt. Sie schickten mich auf die Sorbische Schule. Diese galt als weniger politisch. Hier wurde die sorbische Tradition gepflegt, Lieder gesungen, Tänze aufgeführt – da blieb wenig Zeit für die anderen Themen an Pioniernachmittagen. In den A-Klassen lernten die Muttersprachler. Ich nahm an der so genannten B-Klasse teil, wo ich Sorbisch als erste Fremdsprache lernte. Das führte ich auf der Sorbischen Erweiterten Oberschule in Bautzen fort.

Zu dieser Schule gehörte ein Internat, wo die Kinder aus den umliegenden, meist katholischen Dörfern zusammenkamen. Wenn als Pflichtveranstaltung unten am Schwarzen Brett stand: »Schwarzer Kanal, mit Karl Eduard von Schnitzler, Montagabend 21:30 Uhr«, oder »Aktuelle Kamera«, musste das zwar von allen angeschaut werden, ernstgenommen wurde es nicht.

Irgendein findiger Bursche hatte einmal dem Chemiezeug seines Vaters einen Stempel mit dem Gift-Zeichen entnommen und den Totenschädel auf die Ankündigungen am Schwarzen Brett geknallt. Eigentlich Grund genug für eine Schulentlassung – doch man wurde des Schülers nie habhaft. Dieses Nichtmitgehen war unter

den Katholiken besonders verbreitet, unter den Sorben wiederum mehr als unter den deutschen Mitschülern, wenngleich nicht alle Sorben in der Opposition waren. Durch die eigene Sprache und Kultur konnte man sich jedoch abgrenzen. Für mich war das interessant, es hatte etwas Besonderes, genug Anreiz für mich, die Sprache zu lernen. Nach dem Abitur ging ich zum Sorabistikstudium nach Leipzig. Diese Stadt hat für die Sorben Tradition, denn sie beherbergte seit dem frühen 18. Jahrhundert die Wendische Predigergesellschaft, die bis heute im Studentenverein »Sorabia« fortlebt. Ich war sehr glücklich über meinen Platz im sorbischen Internat. Dort war die Verkehrssprache Sorbisch, und da konnte ich es richtig lernen.

Gehen Ihre Kinder auf eine sorbische Schule? Sprechen Sie mit ihnen Sorbisch?

Laura ist auf die Sorbische Grundschule gegangen, Vincent auf die Sorbische Mittelschule. Jetzt gibt es eine evangelische Schule unweit von Bautzen, die unsere Tochter besucht. Dort lernt sie Russisch. Ich habe es nicht durchgehalten, mit meinen Kindern von Anfang an sorbisch zu sprechen. Es ist meine Berufssprache, nicht meine Muttersprache. Von meiner eigenen Mutter kannte ich deutsche Lieder und Kleinkindergeschichten – mit dem Singen und Erzählen habe ich es so gemacht wie sie. Im Scherz werfen mir meine Kinder das manchmal vor. Da die Grammatik im Sorbischen ähnlich ist, würde ihnen das Russischlernen leichter fallen.

Ist Sorbisch eine slawische Sprache?

Ja, es ist aber als eine westslawische Sprache eher mit Polnisch und Tschechisch verwandt als mit einer ostslawischen Sprache wie Russisch. Was die Sache einerseits schwierig macht, andererseits aber auch einen besonderen Reichtum darstellt, ist, dass die Sorben in zwei verschiedenen Schriftsprachen miteinander kommunizieren: Obersorbisch in der Oberlausitz und Niedersorbisch in der Niederlausitz. Das hängt mit der Übersetzung religiöser Texte nach der Reformation zusammen. Es gab zwei Fassungen vom Neuen Testament – eine in einem niedersorbischen und eine in einem obersorbischen Dialekt. Auf dieser Grundlage entwickelten sich schließlich die beiden Schriftsprachen. Später erschienen dann die Zeitungen und alles Gedruckte in der Sprache der jeweiligen Region. Alle Versuche einer Vereinheitlichung sind gescheitert, man hätte eine neue Kunstsprache erfinden müssen, eine Mischung aus beiden.

Sorbisch-katholische Oster-prozession

Susanne Hose als Zehnjährige in der Schleifer Mädchentracht

Wie viele Sorben leben in Deutschland?

Vor knapp zwanzig Jahren gab es eine empirische Untersuchung, die vor allem nach der Kulturrezeption fragte. Per Hochrechnung ermittelte man, dass etwa fünfzig- bis sechzigtausend Sorben in der Lausitz leben – in der Niederlausitz und in der Oberlausitz. Diese Zahlen sind mit Vorsicht zu behandeln. Viele Menschen sahen sich zum ersten Mal mit der Frage konfrontiert, wie sie sich ethnisch identifizieren. »Ich spreche sorbisch, aber bin ich deswegen Sorbe? – Ich spreche die Sprache kaum, nehme aber am Kulturleben teil und pflege besondere Bräuche, bin ich deswegen ein Deutscher?« Man bedenke bei solchen Fragen, dass die Sorben deutsche Staatsbürger sind und es Situationen gibt, in denen der deutsche Pass eine größere Rolle als die sorbische Großmutter spielt. Zwischen Staatszugehörigkeit und ethnischer Identität unterscheidet die Wissenschaft. – Was interessiert das den Spreewaldfischer oder die Bäuerin aus Ralbitz? Von den Sorben hat man immer verlangt sich festzulegen – man ist entweder Sorbe oder Deutscher. Von den Zahlen hängt jedoch oft die Finanzierung verschiedener Projekte ab. Eine politisch sicherlich schwierige Angelegenheit.

In einer Veröffentlichung haben Sie sich gegen eine Beschränkung der sorbischen Kultur auf die Folklore ausgesprochen.

Die Folklore ist nicht geringzuschätzen, doch ab dem 19. Jahrhundert hat sich auch eine artifizielle Kultur entwickelt, in der Musik, der Bildenden Kunst und besonders in der Literatur. Ich erinnere an Kito Lorenc, Jurij Brezan oder Jan Buk. Neben der bäuerlichen Folklore-Kultur besteht eine Hochkultur, eine bürgerliche Kultur letztendlich. Mir geht es um eine erweiterte Auffassung von sorbischer Kultur, ohne werten zu wollen. Das Bild

Beim Federn-schleißen

der Sorben in den Medien beschränkt sich auf die Volkstümlichkeit. Jedes Jahr zu Ostern sieht man im Fernsehen Männer, die auf dem Rücken geschmückter Pferde mit bunten Schleifen am Hintern über die Felder reiten. Und Frauen in bestickten Trachten bemalen kunstvoll Ostereier. Sicher, diese Bräuche sind Ausdruck alter Traditionen und hoher Volkskunst. Doch es genügt nicht, nur diesen Strang zu bedienen.

Haben die Bräuche einen religiösen Ursprung?

Brauchtum hat meist einen religiösen Ursprung. Oftmals liegen vorchristliche Rituale zugrunde, die die Kirche dann entsprechend ummäntelt und unter ihren Vorzeichen weiter gepflegt hat. Das Osterreiten ist ein katholischer Brauch. Die Sorben sind mehrheitlich evangelisch

und es gibt eine starke Gruppe, die keiner Konfession angehört. Nur etwa ein Drittel der Sorben sind Katholiken. In den katholischen Dörfern macht das Brauchtum mehr auf sich aufmerksam, darum entsteht leicht der Eindruck, die Sorben wären alle katholisch.

Besitzen Sie eine sorbische Tracht? Haben Sie die je getragen?

Als Kind habe ich ganz stolz die Schleifer Tracht getragen. Es war die Schulchortracht, in der wir aufgetreten sind. Die Trachten unterscheiden sich sehr. Eine katholische Sorbin trägt eine schwarze Haube, auf die eine schwarze Seidenschleife mit langen Bändern nach unten gesteckt wird, einen weiten langen Rock mit einer Schürze und im Winter mit einer längeren Jacke darüber. Alles in gedeckten Tönen gehalten und aus gutem Stoff. In der katholischen Region zwischen Kamenz und Bautzen waren die Bedingungen für die Landwirt-

schaft besser als in Richtung Hoyerswerda. Hier haben Großbauern gelebt, die sich eine etwas kostspieligere Tracht leisten konnten. Die Braut trug üppige Spitzen und eine mehrreihige Talerkette, wer sich's leisten konnte, auch zwei übereinander. Über den Zusammenhang von Rocklänge und Katholizismus gibt es Vermutungen, aber keinen Nachweis.

Die Hoyerswerdaer und die Schleifer Tracht dagegen sind bäuerlich und bunt. Die Schleifer Haube hat hinten einen festen Boden, der Rock ist plissiert und meist grün, darüber blaue Schürzen. Kleine Kinder – egal ob Junge oder Mädchen – trugen rote Kleidchen. Bautzener bemerkten bei einem unserer Chorauftritte besorgt: »Mein Gott, ihr habt ja eure Piffpaff-Schleife hinten vergessen – oder verloren.« Sie waren an das Bild der katholischen Sorbinnen in der Stadt gewöhnt. Doch die Schleifer Haube ist schleifenlos.

Die Spreewälder Sorbinnen mit der großen Haube trugen unter ihrem Rock handgewebtes Leinen. Darüber schmückten sie sich mit reichbestickten Seidenstoffen und Spitzen aus der Cottbuser Textilindustrie. Wo weniger Tuch gekauft werden konnte, wurden die Stoffe am eigenen Webstuhl gefertigt, dafür aber meist kunstvoll per Hand verziert. Trachten hatten eine soziale Funktion, man erkannte zum Beispiel, aus welcher Region eine Frau stammte, ob sie ledig, verheiratet oder verwitwet war.

Die Trachten trägt man heute nur an Festtagen?
Überwiegend, doch man trifft vereinzelt auch im Alltag Trachtenträgerinnen. In der Nähe vom Kloster Marienstern sieht man ältere Frauen in der knöchellangen katholischen Tracht, aber auch in den Dörfern um Hoyerswerda, Schleife oder Cottbus tragen die Älteren ihre Trachten. Die sorbischen Männer erkannte man früher an ihrem langen Mantel mit silbernen Knöpfen. Im 19. Jahrhundert legten sie ihn ab, vor allem sobald sie in die Industrie gingen.

Die Osterreiter sind mit Gehrock und Zylinder festlich bekleidet. Das ist nichts typisch Sorbisches. Einen Gehrock trägt auch der Hochzeitsbitter – das ist der Mann, der alles in die Wege leitet, die Gäste einlädt, die Zeremonie gestaltet und durch die Hochzeit führt, ein Moderator – modern ausgedrückt. An seinem Zylinder ist oben ein großes besticktes Tuch mit einem Kranz befestigt, bestickte Bänder schmücken auch seinen Zeremonienstab.

Gibt es sorbische Lieder oder Sprichwörter, in denen die Spree vorkommt?
Lieder über die Spree kenne ich leider nicht. In Sprichwörtern, die ja immer etwas zu verallgemeinern suchen, ist vom Fluss, der viele kleine Bächlein auffrisst, die Rede – »Jena rěka wjele rěčkow spóžera.« Die Spree ist hier der größte Fluss, der am meisten Aufsehen erregt, deswegen ist sie sicher oft gemeint. Es gibt aber auch welche, in denen sie direkt genannt ist. »Štóž je Łobjo přepłuwał, njeboji so Sprjewje« – Wer die Elbe durchschwommen hat, fürchtet sich nicht vor der Spree, oder »Sprjewja so mući, hdyž Lubata mutna do njeje běži« – Die Spree wird trübe, wenn das Löbauer Wasser trüb in sie mündet.

Katholische Sorbinnen in Arbeits- und Ausgangstracht, Wittichenau

Schleifer Tracht

Ihre erste Erinnerung an die Spree?
Spaziergänge allein mit meinem Vater – ich bin ein Einzelkind. Meine Mutter wollte am Sonnabend bzw. am Sonntagvormittag bei der Hausarbeit ihre Ruhe haben. Sie lief nicht allzu gerne und komplimentierte uns nach draußen. Wir hatten unsere Wege – im Winter durch die Stadt, dabei erzählte er mir alles über Bautzen. Ich bin hier geboren. Mein Vater ist mit drei, vier Jahren nach Bautzen gekommen. Seine »wilden« Jahre hat er an der Spree verbracht – mit dem Bauen von Kähnen zum Beispiel. Damals gab es den Stausee nördlich von Bautzen noch nicht, und wir fuhren durch die Dörfer bis nach Niedergurig, dort ist eine wunderbare Teichlandschaft, von der Spree gespeist. Als Kind fiel ich jedes Mal in einen der Teiche, es war immer ein großes Theater und

mein Vater hatte niemals eine zweite Hose für mich dabei. Von unseren Streifzügen brachten wir Blumen oder Pilze mit nach Hause.

Unterwegs erzählte mir mein Vater von den Wassergeistern, vom Wassermann und von den Irrlichtern, die Wanderer vom Weg fortlocken. Als kleines Mädchen beeindruckten mich die Geschichten sehr.

Für mich befand sich das Reich des Wassermanns dort bei Niedergurig. Die Dörfer waren oft bloß durch Pfade zwischen den Teichen verbunden. Und ab und zu zog der Wassermann jemanden nach unten. Am bekanntesten ist die Geschichte von der Klixer Hebamme, die der Wassermann zur Hilfe holte, als seine Frau in den Wehen lag. Die Hebamme stieg hinab und machte ihre Sache gut. Als Belohnung drückte der Wassermann ihr eine Spindel in die Hand, die ständig einen Goldfaden produzierte. Aber sie durfte niemandem davon erzählen, sonst würde die Spindel ihren Dienst versagen. Der Goldfaden bescherte ihr großen Reichtum, bis sie sich einmal verplapperte. Da war das Ende des Fadens schnell erreicht – aus war es mit dem Reichtum.

Nur in wenigen Sagen ist der Wassermann schrecklich und böse, eigentlich ist er ein liebenswerter Geist. Die Kinder des Wassermanns gehen zum Tanz in die Dörfer, und man kann sie nur an ihrem nassen Rocksaum erkennen. Ansonsten verhalten sie sich wie Menschenkinder, tanzen und jubeln. Schlimm wird es, wenn sie jemanden kennenlernen und mit in ihr Reich nehmen.

Mein Vater kannte sich gut aus mit den Wassergeistern. Er war Schlossermeister, stand von früh bis abends in seiner Werkstatt und empfand es als ungemein schön, an der Luft zu sein. Er ging immer die gleichen Wege und manchmal erwische ich mich dabei, dass ich heute, wenn ich mal für eine Stunde raus will, auch wieder die gleichen Wege gehe, um zu sehen, wie sich's verändert. Ein Weg, den ich besonders liebe, führt an der Spree entlang – stromaufwärts von Bautzen nach Grubschütz, einem kleinen Ort westlich der Stadt. Es gibt dort zwei einladende Gasthäuser, von Sorbinnen geführt. Unten an der Spree liegt das »Spreetal«, von der Tochter bewirtschaftet, das »Landhotel« weiter oben leitet die Mutter. Beide führen eine vorzügliche Küche, bodenständig und gut. Eine Pension gehört auch dazu.

Was zeichnet die sorbische Küche aus?

Es ist eine einfache vollwertige bäuerliche Küche. Kartoffeln mit Quark und Leinöl sind ein bekanntes Gericht.

Feiner ist das Hochzeitsessen, das gab's früher nur selten. Es beginnt mit einer schmackhaften, fetthaltigen Eierstandsuppe, im Anschluss daran wird Rindfleisch mit Meerrettich serviert. Der Meerrettich muss in einem Monat mit »R« geerntet und gerieben werden, damit er ordentlich scharf ist. Dazu gibt es Brot. Bei einer Hochzeit würde sich jetzt erst das normale Essen anschließen, Braten mit Klößen, Kartoffeln und so weiter … doch in den Gasthäusern ist meist schon nach Rindfleisch mit Meerrettich Schluss. Ein empfehlenswertes sorbisches Restaurant in Bautzen ist das »Wjelbik«.

Hier in der Lausitz wird auch guter Kuchen gebacken, blecheweise – kakaohaltiger, schwarzer Streuselkuchen, Mandelkuchen, nicht zu verwechseln mit Bienenstich, sondern aus sehr dünnem Hefeteig mit viel Butter und geriebenen Mandeln als Belag. Zur Kirmes laden die Familien Gäste ein und tischen ordentlich auf.

Denken Sie bei Ihren Spaziergängen am Stausee daran, dass dort früher Dörfer standen?

Als Kind habe ich das Verschwinden der Dörfer vor dem Fluten des Stausees kaum mitgekriegt. Ich kannte niemanden, der aus so einem Dorf ausziehen musste. Doch als ich mich dann berufsbedingt mit der Umsiedlung im Lausitzer Braunkohlenrevier beschäftigte, musste ich plötzlich auch an die Leute aus den »Stauseedörfern« denken. Ich erfuhr, wie schwierig es für Menschen ist, ihr Dorf aufzugeben und wegzuziehen.

Als vor ein paar Jahren der Stausee wegen der defekten Staumauer abgelassen werden musste, kamen plötzlich die Grundmauern der überspülten Häuser wieder zum Vorschein. Wir liefen darüber hinweg und hatten das Gefühl, in die Biographien der früheren Bewohner einzudringen – dort lagen teilweise noch alte Schuhe. Zu dieser Zeit habe ich Brigitte Reimann gelesen, eine Schriftstellerin, die lange in Hoyerswerda lebte und Kritisches zu den Verhältnissen in den Plattenbausiedlungen und Mißstände dieser sogenannten sozialistischen Wohnstadt aussprach.

Hoyerswerda war ganz anders geplant, als es sich letztlich entwickelt hat. Es sollte das kulturelle Zentrum der Lausitz werden. Davon übrig geblieben ist der sozialistische Wohnungsbau mit Schulbauten, Kulturhaus und verschiedenen Kaufhäusern, vom Errichten von Museen war bald keine Rede mehr. Auch das sorbische Kulturleben sollte in Hoyerswerda zusammengebracht und neu installiert werden. Was aber unter anderem wegen dem

Unterschied zwischen Ober- und Niedersorbisch zum Scheitern verurteilt war.

In Filmdokumenten über die Spree sind die Sorben gut vertreten – sowohl im Nationalsozialismus als auch in der DDR.
Bei den Nazis ließ man die Sorben zu offiziellen politischen Anlässen auftreten und funktionalisierte sie im Sinne der Propaganda um. Sie waren deutsche Staatsbürger, und es gab natürlich auch unter den Sorben Anhänger des Nationalsozialismus. Doch man verbot ihre Sprache. Kein Buch, keine Zeitung durften mehr in Sorbisch erscheinen. Geistliche oder Lehrer, die dagegen kämpften, versetzte man aus der Lausitz in andere Gemeinden oder Schulen. Für eine Regierung ist es immer schwierig, wenn ein Volk eine eigene Sprache spricht, eigenes Nationalbewusstsein entwickelt. Eine hundertprozentige Kontrolle entfällt.

In der DDR bekamen die Sorben zum allerersten Mal in der Geschichte ihre eigenen Institutionen – ein Museum, ein Forschungsinstitut, einen Verlag, das Nationalensemble nach sowjetischem Vorbild. In der ersten Zeit hieß es: Die Lausitz wird zweisprachig. Ende der sechziger Jahre wurde daraus: Die Lausitz wird sozialistisch.

Die Sorben wurden in die Propaganda einbezogen. Wilhelm Pieck, der Staatspräsident der DDR, hatte bei seinen Auftritten in der Lausitz immer eine Sorbin mit Brot und Salz an seiner Seite. Heute ist es noch genauso. Wenn man sich in der Minderheitenpolitik positiv darstellen will, holt man eine Sorbin mit Brot und Salz. Dabei ist es in den Familien kaum Brauch, Gäste mit Brot und Salz zu begrüßen, dem Besuch setzt man zum herzlichen Willkommen – Wutrobnje witajće k nam! – lieber ein Stückel Kuchen vor.

Wie haben Sie den Tag der Wende erlebt?
Wir waren im Taumel unfassbarer Freude. Wir hatten doch im »Tal der Ahnungslosen« gelebt, hier wurde ARD mit »Außer Raum Dresden« übersetzt. Westfernsehen gab's nicht. Doch Anfang Oktober hatten mein Mann und ich zum ersten Mal eine Urlaubsreise über das Institut vermittelt bekommen. Wir waren an der Ostsee und konnten dort die Worte Genschers in der Prager Botschaft, in die sich viele DDR-Bürger geflüchtet hatten, verfolgen. Seitdem war für uns klar, es würde etwas passieren. Die DDR feierte ihren 40. Jahrestag, und die Menschen flohen aus ihr. Wir überlegten ständig, ob wir uns dem anschließen oder bleiben sollten. Bald gab es auch Montagsdemos und Lichterketten in Bautzen. Un-

ser fünfjähriger Sohn spielte im Kindergarten »Demonstration«. Die Kleinen bastelten Plakate und riefen im Chor »Schließt euch an, wir brauchen jeden Mann«.

Am 4. November, als die große Demonstration in Berlin stattfand, haben wir vor der Kiste gehockt und geheult – nicht aus Trauer, sondern aus Erleichterung. Und als die Mauer fiel jubelten wir. Als ich morgens ins Institut zur Arbeit kam, begegnete mir mein Kollege mit dem gleichen euphorischen Gesichtsausdruck – wir fielen uns in die Arme. Den ganzen Tag haben wir gefeiert, gearbeitet wurde nicht. Die Wende empfanden wir als Befreiung und ich fühle noch heute so. Viele Dinge haben die Menschen hier anders erwartet, doch Ostalgie liegt mir und meiner Familie fern.

Leinölverkäufer aus Sellesen bei Spremberg im blauen Leinwandrock, um 1900

Was bedeutet für Sie Fortschritt?
Kann ich die Spree mit einfließen lassen? Im Märchen und in der Mythologie symbolisiert der Fluss Dauer im Wechsel. Er ist beständig und fließt doch. Genau das wäre für mich Fortschritt: etwas entwickelt sich, geht voran, aber nicht beliebig, sondern gewissermaßen in konservativer Gangart – man weiß, wo man hingehört, hat seine Sprache, ein Gefühl von Heimat. Das ist es auch, was ich mir für die Sorben wünsche, dass sie sich mit ihren Traditionen, ohne starr darauf zu beharren, in diesem Fließen entwickeln können. Beständigkeit im Wechsel, wobstajnosć w změnje – ich spreche selten von Fortschritt, eher von Entwicklung.

Brìzan sagt in seinem Roman »Krabat oder Die Verwandlung der Welt« im ersten Kapitel: »Das Wasser der Weltmeere wäre ein anderes, nähme es nicht auch das Wasser der Satkula auf« – das Wasser eines Bachs. Das könnte man gut auf die Spree münzen: Das Wasser der Weltmeere wäre ein anderes, würde es nicht auch das Wasser der Spree aufnehmen.

Warum interessiert ein kleines Volk wie die Sorben in dem großen kulturellen Angebot, mit dem wir täglich konfrontiert werden? Ich sage mir: Die Weltbevölkerung wäre eine andere, wenn es die Sorben nicht gäbe. Jedes Volk trägt in seiner Besonderheit zum kulturellen Reichtum der Welt bei.

Ihre erste Erinnerung an die Spree?

Das ist das Spreebad im Sommer, der Weg durch die Wallanlagen herunter ins Spreetal. Der schmale Spazierweg zwischen Felswand und Fluss mit der Deckenrolle unterm Arm in einem Rudel von Kindern. Die Hitze und die Wiese mit den hohen Bäumen – das war für mich die Spree. Das Bad bestand aus vier Becken, die vom Fluss abgezweigt waren. Dort habe ich Schwimmen gelernt. Am Wochenende, wenn keine Schule war, blieben wir den ganzen Tag. Immer dabei ein Glas mit Kartoffelsalat.

Im Spreebad, 1965

Die nächste markante Spreebegegnung war Hasso in Niedergurig, ein Junggeselle mit großem Verständnis für junge Leute, eine Instanz für uns, die vaterlose Generation. Seine Wohnung im Nebengebäude vom abgebrannten Schloss mit großen dunklen Möbelstücken angefüllt, zu viel für den vorhandenen Platz, das war ein traumhaftes Refugium. Er war Fischwirt. Die Karpfenzucht in unserer Region ist bekannt, und wir durften beim Abfischen oder bei den Impfaktionen helfen.

Mit Hasso beim Abfischen der Karpfen, 1966

Die Gutsgebäude stehen auf einer Spreeinsel. Hinter dem Haus liegt hoch über der Spree ein parkähnlicher Garten, direkt an einem Wehr. Dort begegnete uns gelegentlich brodelnd und schäumend die »Decke Molly«. Wie überall liegen auch hier die Fabriken im Oberland am Fluss, dem einstigen Energiespender. Für die Textilbranche günstig zum Spülen und für portionierte heimliche Entsorgung. Die »Decke Molly« war eine besonders kuschelige weiche Decke aus leichtem aufgebauschtem Ge-

webe, das gründliche Spülung brauchte und flussabwärts, besonders am Wehr, die Spree zum Schäumen brachte. Große Schaumfetzen flogen durch die Luft, als stünden wir in der Brandung am Meer.

Sie sind Bautzenerin?

Meine Eltern kamen 1928 aus dem Rheinland hierher. Mein Vater hatte in Marburg Medizin studiert und in Bautzen gab es eine freie Praxis. Sie schauten auf der Landkarte nach, wo Bautzen liegt. Dann zogen sie hierher.

Nach ein paar Jahren kauften sie das Haus in der Ostvorstadt, mit dem schönen großen Garten. Dort bin ich 1941 als jüngstes von vier Kindern geboren. Mein Vater ist im Krieg gefallen. Ich habe keine Erinnerung an ihn. Für mich existiert er nur in den Geschichten, die meine Mutter so wunderbar erzählen konnte. Sie ist lebenslang in diesem Haus geblieben, wir betrachten Haus und Garten als unsere Heimat, nicht diese Stadt. Meine Mutter spornte meine Schwester und mich an, einen Beruf zu erlernen: »Der Beruf ist eure Aussteuer, nur das kann ich euch mit auf den Weg geben.« Zum Studium verließen wir beide die Stadt. Doch hier bei der Mutter in Haus und Garten blieb für uns und unsere Kinder das Nest, das Kindheitsparadies, hier war unsere Insel.

Vor 14 Jahren bin ich mit dem Fotografen Rudolf Hartmetz wieder hierher zurückgekehrt. Er hat über Bautzen und die Oberlausitz prächtige Bilderbände gemacht, ich habe als Innenarchitektin historischen Innenräumen der alten Stadt zu neuem Glanz verholfen, das mit der Insel ist aber bis heute geblieben.

Zurück zur Spree – als Schulmädchen ging ich zum Geigenunterricht über die schwindelerregend hohe Friedensbrücke, tief unter mir die Spree. Ab und zu stürzen sich Selbstmörder von dieser Brücke in die Tiefe, heute noch. Wenn ich als Kind die Brücke überquerte, gruselte es mich, ich schaute absichtlich nicht hinunter.

Man kann sagen, damals hielt ich es unbewusst, heute bewusst mit Hermann Fürst Pückler, der die Zukunftsangst mit folgendem Satz vertreibt: »... selbst Befürchtungen eines drohenden wahren Unglücks sollte man immer mit Gewalt verbannen, denn warum sich mit Sorgen quälen über das, was kommen kann und doch vielleicht nie kömmt.«

Bei unseren Spaziergängen sind wir gern auf dem Protschenberg gegenüber vom Schloss herumgeklettert. Von dort oben wirkt es, als schwämmen die »Unterm Schloß« liegenden Häuser mit der Spree um den Burgberg herum. Sie versinken mit der Spree tief in diesem Felsental. Wenn in früheren Zeiten der Feind anrückte, packten die Bewohner dieser Gegend ihre Habseligkeiten unter den Arm und suchten Schutz oben in der Ortenburg.

Der sorbische Dichter Kito Lorenz spricht in einem Gedicht auf dem Protschenberg stehend die Stadt Bautzen an: »Wie du mich haben willst, Budissin

sehe ich dich nicht, hörst du mich nicht,

du drüben, ich hüben,

mitten der Abgrund.«

Noch ein Erinnerungsbild zum großen Wehr am Fuß der Alten Wasserkunst. Die Kinder, die dort wohnten, legten sich im heißen Sommer aufs Wehr, um sie herum strudelte das Wasser. Sie mussten sich stark machen, um nicht heruntergespült zu werden. Das fand ich sehr beeindruckend. Hinein traute ich mich nicht, die Köllsche Großmutter sagte: »Du bist eine Bangbüchs.«

Wie würden Sie die Spree charakterisieren?

Die Spree ist wie ein kleiner Wirbelwind, sehr eifrig. Wenn ich ihr Rauschen höre, wird sie real für mich. Dieses Flüsschen hat sich im großen Bogen tief in den Fels gegraben. Der Rhein in Köln, auch die prächtige Elbe in Dresden, die Moldau in Prag gehören zur Stadt – diese breiten Flüsse, sie scheinen straßengleich wie helle himmelspiegelnde Bänder Teil der Stadt zu sein. Die Spree fließt tief unten um die Stadt herum. Jedoch dieser kleine aufgeregte Fluss umfließt an drei Seiten das Felsplateau, ein geschützter Platz für die erste Ansiedlung und später für die Ortenburg.

Ist die Spree für Sie weiblich?

Nein, in Bautzen ist die Spree ein kleines pulsierendes Ding, wie ein quirliges Kind. In Berlin wohnten wir am Spittelmarkt in der Nähe der Spree an der Gertrauden-Brücke. Dort ist es vorbei mit dem lustigen Kindsein. Die Berliner Spree ist eingemauert, ein Kanal, besser Kanälchen, also wieder sächlich. Meine drei Kinder sind in Berlin geboren, denen erzählte ich: »Wenn jemand in Bautzen in die Spree spuckt, kommt das nach geraumer Zeit hier in Berlin bei uns an.« Das konnten sie sich nicht vorstellen. Aber mit solchen Phantastereien lebt es sich gut, man kann nie früh genug damit beginnen.

Haben Sie einen Lieblingsplatz an der Spree?

Die großen von der Spree umspülten Steine hinter der engen Gasse am Fuß der Schlosswasserkunst. Ehemals sicher ein Waschplatz. Als Kind war ich nicht dort. Heute gehört dieser Platz zum Stadtspaziergang, wir gehen oft hierher, mit Gästen – immer. Jetzt entdecke ich die Stadt neu. Vieles ist wieder hergerichtet worden. Manches hätte man anders machen können, doch im Großen und Ganzen freue ich mich über die Rettung dieser schönen alten Stadt.

War Ihnen die Bedeutung der »Alten Wasserkunst« bereits in Ihrer Jugend bewusst?

In meiner Kinderzeit herrschte im Sommer oft Wassernot, in der Innenstadt standen Wagen mit Wassertonnen. Die Stadt verfügte schon im 17. Jahrhundert über eine zentrale Wasserversorgung. Als Kind wusste ich, dass diese Türme wichtig für die Wasserversorgung gewesen waren, wenn ich auch die technischen Zusammenhänge nicht durchschaute. Im Stadtmuseum bewunderten wir die langen hölzernen Wasserröhren, in denen sauberes Wasser von weither zur Stadt geleitet wurde. Die Spree war der Energiegeber für das Pumpsystem der Wassertürme, der Neuen und der Schlosswasserkunst und der Alten Wasserkunst, die mit ihrer einwilligen Form das Stadtbild prägt.

Hier einige Bilder, das Hexenhaus, das einzige alte Holzhaus Bautzens, am Fuß der Alten Wasserkunst. Alte Stiche und Postkarten gibt es von Bautzen wie von jeder Stadt, »Bettücher auf der Leine«, unten am Fluss in der Wäscherei. Ganz in der Nähe ist die alte Furt, später die Brücke der alten Dresdner Straße – die Friedensbrücke hat sie ersetzt.

Historische Darstellung, Wäscherei an der Spree

Und dort unten wurde gefischt?

Im Mittelalter gab es sechsundzwanzig privilegierte Spreefischer. Die Fische verkauften sie in der Stadt. Die Bezeichnungen Fischergasse und Fischerpforte erzählen uns heute von dem einstigen Gewerbe an der Spree. Das Fanggebiet war in Abschnitte eingeteilt, die in jedem Jahr gewechselt wurden, weil manche Gründe fischreicher waren. Erst wenn ein Fischer gestorben war, durfte sich ein neuer niederlassen. Die Fischerwitwen waren begehrt, wer eine eroberte, bekam die Rechte des Verstorbenen.

Was hat Ihnen Ihre Mutter beruflich mit auf den Weg gegeben?

Ich hatte künstlerische Ambitionen und ein gewisses Maß an handwerklichem Geschick, – »aus Relikten alter Verlängerungskabel konnte ich intakte Elektroschnuren herstellen!« Dazu die warnenden Worte meines großen Bruders: »Bitte nicht Malerei, das ist eine brotlose Kunst ... es gibt jetzt etwas Neues in der angewandten Kunst«, Formgestaltung hieß das Zauberwort. Nach dem Abitur und der bestandenen Aufnahmeprüfung an der Kunsthochschule in Berlin-Weißensee musste ich noch einen Facharbeiterbrief vorweisen. Als junges Mädchen fand ich es grauenhaft, eine Lehre als Werkzeugschlosser in der LOWA, dem Bautzener Waggonbau. Jetzt bin ich froh darüber, es war neben dem Handwerk auch eine Lebensschule für mich. Die Fabrik liegt am Spreeufer ne-

Abfischen, 1999

ben dem Spreebad. So fuhr ich zwei Jahre morgens kurz vor sechs Uhr bei Wind und Wetter mit dem Fahrrad den Spazierweg zum Spreebad entlang.

Wie haben Sie die Wende erlebt?

Wir lebten in Frankfurt an der Oder, als die unglaubliche Nachricht vom Mauerfall kam. Auf der Landstraße fuhren wir nach Berlin. Aus allen Seitenstraßen kamen Autos. Alle fuhren nach Berlin, die Schlange wurde lang und länger. Wir stellten kurz nach dem Grenzübergang in West-Berlin unser Auto ab und ließen uns mit dem Doppelstockbus durch die überfüllten Straßen fahren. Am Ku'Damm sahen wir auf die Menschenmassen, Kopf an Kopf wie Erbsen ausgeschüttet, langsam bahnte sich der Bus den Weg durch die Menschenmenge hindurch. Es war Wahnsinn, diese Stadtbesichtigung werde ich nicht vergessen. Ich empfand den Umbruch als etwas

Unglaubliches, ich wusste, es ist gut für meine Kinder. Was es mir persönlich bringen würde, wusste ich damals noch nicht.

Was ist für Sie Fortschritt?

Wünschenswerter Fortschritt wäre meiner Meinung nach ein Zugewinn für Geist und Seele, nicht nur der materielle Zuwachs. Keine Frage, den braucht man auch, sonst geht das Leben nicht weiter. Aber das Leben darauf zu reduzieren, bringt Dummheit, Leere und Armut, der tägliche Medienhorror ist das Ergebnis davon. Der eigentliche Fortschritt beginnt in Kopf und Herz.

EIN STAUSEE IST EIN UNIKAT
Gespräch mit Reinhard Tölzer

Sind Talsperren Ihre Leidenschaft? Mit Talsperren beschäftige ich mich seit 1967. Angefangen habe ich an der Talsperre Quitzdorf. Die Talsperre Bautzen ist 1972 in Probestau gegangen und seit 1977 in Betrieb.

Wie hat sich der Bau der Talsperre auf den Flussverlauf ausgewirkt?

Eine Talsperre ist eine Geschiebefalle. Jeder Fluss transportiert entsprechend der Wassermenge, die er führt, und der Schleppkraft, die sich in Folge seines Gefälles aufbaut, Geschiebe. Um zu verhindern, dass der Stausee damit angefüllt wird, wurde die Vorsperre errichtet. In den über 25 Jahren seit ihrer Inbetriebnahme hat die Vorsperre hundert Prozent funktioniert und zirka 350.000 Kubikmeter Geschiebe aufgenommen. Sechzig bis siebzig Prozent davon wurden in den letzten Jahren bei der Generalinstandsetzung ausgebaggert.

Ist das Geschiebe Bestandteil eines natürlichen Flusses?

Das Geschiebe besteht aus den Abbaumaterialien der Gebirge. Ein Fluss ist im natürlichen Gleichgewicht, wenn er die Geschiebemenge transportiert, die seiner Schleppkraft entspricht.

Das Wasser hat durch sein Gefälle und seine Menge eine bestimmte Schleppkraft, die durch Aufnahme und Transport von Geschiebe befriedigt wird. Wenn nicht genügend vorhanden ist, der Fluss geschiebehungrig ist, nimmt er, was er kriegen kann. Das gehört zu seiner Natur. Durch Befestigen des Flussbetts mit Beton wird das Gleichgewicht gestört, der Fluss kann nichts mitnehmen und versucht seine Kraft zu befriedigen, indem er an unbefestigten Stellen neues Geschiebe aufnimmt. Kaum ein Fluss befindet sich heute noch in seinem natürlichen Zustand.

Was muss beim Bau eines Staudamms berücksichtigt werden?

Talsperren werden z.B. für den Hochwasserschutz, die Versorgung mit Trink- und Brauchwasser, die Niedrigwasseraufhöhung in Flussläufen und die Energiegewinnung gebaut. Mit hydrologischen Untersuchungen des gesamten Flussgebietes wird nachgewiesen, dass die Zweckbestimmung erfüllt werden kann.

Eine Baustelle für das Absperrbauwerk muss gefunden werden und ebenso wie das Terrain, das überstaut werden soll, auf ihre Eignung untersucht werden. Besonders wichtig – der Baugrund. Undichte Stellen, wo das Wasser auslaufen könnte, müssen gefunden und baulich gesichert werden. Eine Baustelle wird eingerichtet, Straßen werden gebaut, Energie- und Wasserversorgung hergestellt, Unterkünfte für die Arbeiter geschaffen. Dann wird

Probestau an der Talsperre Bautzen, 1974

der Stauraum freigeräumt, dabei müssen z.B. archäologische Fundstätten und ökologisch Wertvolles gesichert werden. Das Bauwerk selbst ist zu planen, zu bauen und mit Überwachungseinrichtungen zu versehen, um mögliche Veränderungen festzustellen. Man muss Sicherheit haben, dass der Damm allen Belastungen standhält.

Der ganze Damm ist aus Kies geschüttet, rolliges Material, keine Betonmauer. In so weiten Tälern wird man wegen der ungünstigen Gründung keine Mauer errichtet. Ein Damm hat eine breitere Auflage, der Druck verteilt sich auf eine größere Fläche.

Ursprünglich sollte aus Österreich ein Bauverfahren zur Abdichtung des Untergrundes importiert werden. Das wurde geprüft, erwies sich aber als für uns nicht bezahlbar. Wir entwickelten eine eigene Methode, wirkten bei der Konstruktion der Geräte mit – es gab fast keine

Hochwasser auf der Baustelle, Pfingsten 1972

Trennung zwischen Auftraggeber und Auftragnehmer. Das ganze Verfahren wurde an der Talsperre Quitzdorf getestet, meine erste Arbeit dort, eine bombige Aufgabe für einen jungen Mann.

Das war dann ein sozialistisches Kollektiv, hatte es einen Namen?

Es hieß Oberbauleitung Talsperren, wir waren dreißig bis 35 Leute und sind mehrfach als sozialistisches Kollektiv ausgezeichnet geworden. Eine interessante Zeit. Baufehler sind passiert. Wasser lief durch, wo es nicht durchlaufen sollte, Prüfungen waren nicht erfolgreich. Die Staatssicherheit behielt uns im Auge. Das Bauwerk musste fertig werden – letztlich hat alles geklappt.

Ein Fahrrad wird millionenfach gebaut, aber ein Stausee ist ein Unikat. Man muss testen, ob es gelungen ist. Das geschieht im Probestau. Das Wasser wird bis zu einer bestimmten Marke eingelassen, nach zwei bis drei Monaten Prüfzeit mit Kontrollen und Messungen werden die Ergebnisse ausgewertet, bevor man mit dem Einlassen fortfährt.

Ich habe gehört, dass Orte überspült worden sind.

Zwei Ortschaften mussten ausgesiedelt werden: Nimschütz und Malsitz … Sie wurden erdbodengleich abgerissen. Beim Absenken der Talsperre für die Grundinstandsetzung kamen die Grundrisse der alten Dörfer wieder ans Tageslicht: Grundmauern der Häuser, Umfriedungsmauern, Grabsteine, alte Straßen und Brücken über die Spree. Besonders für die ehemaligen Dorfbewohner war das interessant. Zur Osterzeit liefen sie wie Ameisen auf den alten Straßen zu den ehemaligen Orten. Von meinem Büro aus erinnerte es mich an den Pyramidenbau im alten Ägypten.

Erst sah der Talsperrenboden aus wie eine Wüste, vier Wochen später spross das erste Grün und zur Jahresmitte war ein dichter Urwald mit bis zu drei Meter hohen

Weiden entstanden. Auch Weidenstubben – seit 25 Jahren im Wasser – fingen an zu grünen. Wir befürchteten, beim Einstau könnte die faulende Grünmasse der Wasserqualität schaden, und mähten alles ab.

Was geschah mit den Fischen, als der Stausee abgelassen wurde?

Ein Institut an der TU Dresden überwacht ständig unseren Fischbestand. Es hatte hochgerechnet, was für eine Biomasse an Fischen im See sein müsste. Das Ergebnis war gewaltig. Wir hatten im Herbst auch beeindruckende Karpfenschwärme vorbeiziehen sehen.

Was also tun? Alle Angler mussten ran, es gab keine Fangbeschränkungen mehr. Je weiter wir abgelassen haben, desto größer wurde der Fraßdruck – kein Haken blieb ohne Biss. Riesenfische waren dabei. In der Zeit wurde in Bautzen und Umgebung viel Fisch gegessen. Am Ende standen noch etwa hundert Hektar unter Wasser, ein Fünftel der ursprünglichen Wasserfläche, in dem ein erheblicher Grundbestand an Fischen erhalten blieb.

Hatten Sie nach der Wende Angst um Ihre Talsperre?

Talsperren bleiben und um die Sicherheit zu gewährleisten, muss immer jemand da sein, der sich um sie kümmert. Um meinen Arbeitsplatz hatte ich keine Angst.

Die Wende hat neue Aufgaben gebracht. Früher waren wir als Talsperrenmeisterei nur für die Speicher zuständig, heute gehören zu unserem Arbeitsbereich alle grossen Fließgewässer, z.B. Neiße, Spree, Schöps, Schwarze Elster, Wesenitz, Pulsnitz und wichtige Nebenflüsse. Mein Einzugsgebiet ist ganz Ostsachsen bis zur Grenze von Brandenburg.

Kennen sie andere Abschnitte der Spree?

Natürlich. 1962 habe ich in Berlin ein Praktikum gemacht. Die Spree war nicht sehr sauber, trübe, mit Fettaugen. Was will man erwarten, wenn die Spree durch so dicht besiedeltes Gebiet geht. Ein junger Mitarbeiter des Institutes sprang jeden Mittag zu einem Bad in die Spree, das fand ich mutig.

Im Gegensatz dazu steht die Spreewaldidylle. Wo der Mensch wenig Einfluss genommen hat, da ist das Wasser sauber, die Natur intakt. Wenn ich so etwas sehe, freue ich mich.

SPREMBERG

Die auf einer Schwemmsandinsel zwischen Hauptspree und Kleiner Spree entstandene »Perle der Lausitz« verdankt dem Fluss Existenz und Namen. Seit dem frühen Mittelalter schützte »die am Hochufer gelegene Burg«, Spreeburg – Spremberg, den für mehrere Handelsstraßen strategisch wichtigen Spreeübergang. Die »Zuckerstrasse« erinnert noch heute an diese Zeit, als so bedeutende Persönlichkeiten wie Kaiser Karl IV. oder August der Starke

auf ihren Reisen zwischen Prag und Frankfurt (Oder), Dresden und Warschau in Spremberg pausierten.

Für den Uhrmachermeister und begeisterten Kanusportler Carsten Handrick gleicht die Spree einer Uhr: »Der Fluss fließt immer, Tag und Nacht, zu allen Festen und Feiertagen – 24 Stunden am Tag.« »Hautnah« – aus der Bootsperspektive – kennt er den Fluss. Als Uhrmacher gehört seine Liebe historischen Großuhren, Turm-

Spree bei Cottbus

uhren, wie z.B. der auf dem Erwin-Strittmatter-Gymnasium, die bereits von seinem Großvater und seinem Vater gewartet und repariert worden ist.

Für einen weiten Blick ins hügelige Spreetal sorgte bereits der Urgroßvater. Mit seiner Baufirma errichtete er 1903 auf dem Georgenberg den 23 Meter hohen »Bismarckturm«, eines der Wahrzeichen der Stadt. Dorthin führt vom um 1600 auf Eichenpfählen erbauten Schloss – die »Himmelsleiter«.

Das »Schwarze Gold«, die Braunkohle der Lausitz, sorgte dafür, dass sich aus der 1200 erstmals erwähnten deutschen Kolonisationsstadt »Sprewenberg« im 19. Jahrhundert eine Stadt mit Glas-, Textil- und Energieindustrie entwickelte. 1856 eröffnete die erste Tuchfabrik, ihre Webstühle wurden angetrieben von Dampfmaschinen, befeuert mit Kohle aus den reichlich vorhandenen Braunkohleflözen. Fast hundert Jahre später baute die DDR-Regierung vor den Toren Sprembergs im Zuge der sozialistischen Planwirtschaft das größte Braunkohlenveredlungskombinat in Europa – die »Schwarze Pumpe« nimmt 1955 ihren Betrieb auf. Tausende Menschen zogen in die Lausitz, die »sozialistische Musterstadt« Hoyerswerda entstand 15 Kilometer Spree stromauf; eine große Anzahl Dörfer mussten den gierigen Riesenbaggern weichen. Gut dokumentiert wird die Geschichte des Landkreises Spree-Neiße im Niederlausitzer Heimatmuseum im Schloss Spremberg.

Zur Versorgung der gigantischen Kraftwerksanlagen wurde die Wasserregulierung der Spree neu geplant. Zehn Kilometer stromab von Spremberg weihte der »Arbeiter- und Bauernstaat« 1965 ein acht Kilometer langes und zwei Kilometer breites Staubecken ein. Neben der Bereitstellung von Kühlwasser diente dieser künstliche See auch dem Hochwasserschutz, von dem besonders der Spreewald profitierte. Der neue Stausee, der zu den dreißig größten in Mitteleuropa gehört, ist heute das »Urlaubsparadies Talsperre Spremberg«.

»Grodk ist von besonderer Besonderheit, es ist der Mittelpunkt des Deutschen Reiches«, schreibt der Schriftsteller Erwin Strittmatter in seinem autobiografischen Roman »Der Laden« über seine Geburtstadt Spremberg. Grodk ist sorbisch und heißt »kleines Städtchen«. Ein neuer Gedenkstein mit Reichsadler erinnert an die historische Besonderheit. »Mein Geburtshaus war nach dem zweiten Weltkrieg eine Ruine. Es stand einer Granate im Wege, die eine Tuchfabrik zertrümmern sollte. Grodk im Tal der Spree war zur Festung erklärt worden …« Nicht nur Strittmatters Geburtshaus wurde zerstört, sondern siebzig Prozent der Stadt lagen im April 1945 in Schutt und Asche. Die deutsche Wehrmacht hatte die Sprengung der Spreebrücken angeordnet und die Rote Armee nahm die »Festung Spremberg« unter schweren Beschuß. Was noch nicht zerstört war, steckten die Fremdarbeiter vor der Rückkehr in ihre Heimat aus Rache in Brand. Wenige Häuser lassen heute noch etwas vom mittelalterlichen Spremberg erahnen.

Aufgewachsen ist Strittmatter im nahen Bohsdorf am Felixsee. Dort erinnert ein Museum im elterlichen »Laden« an den weltberühmten Schriftsteller, den Halbsorben, dessen Werk in 44 Sprachen übersetzt worden ist. seine Nichte Ranghild Pannusch gehört zum fünfköpfigen Team um den Ortschronisten Klaus-Dieter Nikolaus, welches das »Erwin Strittmatter Museum« betreut. Einhundert Kilometer von der Kottmar-Quelle entfernt, hat die Spree in Spremberg 380 Meter an Höhe verloren – darum ist es verwunderlich, dass ausgerechnet im eher flachen und seichten Spremberger Spreewasser die Wildwasser-Kanustrecke angelegt wurde, ein Austragungsort für nationale Meisterschaften der DDR. Wenn das natürliche Wasser für die wilden Wettfahrten am »Weißen Wehr« nicht reichte, wurde kurzfristig die Talsperre Bautzen geöffnet, deren Wasserlieferung für die notwendigen Stromschnellen sorgte.

DIE SPREE HAUTNAH
Gespräch mit Carsten Handrick

Ihre ersten Erinnerungen an die Spree?

Meine Erinnerungen an die Spree sind mit dem Kanusport verbunden. Auch mein Vater ist hier in Spremberg Kanusportler. Unser Bootshaus hat eine über achtzigjährige Vereinsgeschichte. Wenn ich als Kind ins Bootshaus gegangen bin, brauchte ich mich zu Hause nicht abzumelden. Mit zwölf Jahren habe ich angefangen, Kanu-Rennsport zu trainieren. Mein Vater hat mich nicht gezwungen. Zu DDR-Zeiten kamen die Trainer auf der Suche nach Talenten in die Schulen und sagten: Komm doch mal gucken. Da hat es mich gepackt, und seit meinem zwölften Lebensjahr bin ich dem Kanusport voller Begeisterung treu. Viele Jahre habe ich auf der Spree trainiert und kenne sie wie meine Westentasche. Aus der Perspektive vom Boot – nicht vom Ufer. Die Spree hautnah, da man als Kanusportler auch mal hineingeworfen wird, baden geht – gewollt und ungewollt.

Was bedeutet für Sie das Vereinsleben?

Das Schöne an unserem Verein ist über den reinen Sportcharakter hinaus auch der kulturelle Bereich. Mein Vater war stets für die Kultur zuständig. Er spielt Akkordeon und hat ein Lied über das Spremberger Bootshaus komponiert, das im Verein regelmäßig gesungen wird: Im Bootshaus brennt noch Licht.

Unser Verein heißt »Sportgemeinschaft Einheit«. Nach der Wende haben wir uns lange beraten und es wurde einstimmig beschlossen, den Namen Einheit beizubehalten – denn in unserem Verein gibt es eine Einheit von Sport, Kultur, Geselligkeit. Ich finde den Namen bis heute gut. Man muss nicht alles ändern, weil Honecker nicht mehr regiert. In unserem Bootshaus werden Kinder und Jugendliche gut aufgenommen. Es gibt attraktive Ferienaktivitäten. So schaffen wir uns einen fundierten Nachwuchs.

Mit 14 Jahren habe ich mit der Kanutouristik angefangen und kenne meinen Heimatfluss durchgängig von Friedersdorf bis Erkner. Früher bin ich aktiv Kanu-Rennsport gefahren – auf dem Stausee geradeaus. Dort haben wir ein zweites Bootshaus. Ich fahre auch aktiv Wildwasser.

Hat für Sie die Spree eine Persönlichkeit?

Jeder Fluss hat eine Persönlichkeit. Wir sollten die Flüsse achten. Ein Fluss ist etwas Besonderes. Die Kraft des Wassers ist bedeutend. Spremberg gäbe es ohne die Spree nicht. Im Deutschen Kaiserreich 1872 galt Spremberg als der geographische Mittelpunkt. Zu DDR-Zeiten wurde das verheimlicht. Jetzt gibt es wieder einen Gedenkstein.

Ich kenne die Spree bei allen Jahreszeiten und bei allen Wasserständen. Ich freue mich immer, wenn ich zum Wasser – aufs Wasser gehe.

Wildwasserfahrt, Engadin 2001

Vereinshaus Sportgemeinschaft Einheit

Wie sieht die Spree in Ihrer »Westentasche« aus?

Oberhalb von Bautzen hat sie einen leichten Gebirgscharakter, da kann man sie nur nach heftigen Regenfällen befahren, wenn der Fluss schnell stark ansteigt. Zweimal habe ich erst Teilabschnitte oberhalb des Bautzener Stausees befahren können. So schnell wie das Wasser kommt, so schnell geht es auch wieder. Es ist ein Glücksfall. Man muss flexibel sein, um das Abenteuer zu erleben. Einmal oberhalb von Bautzen gewesen zu sein, ist für Kanusportler etwas ganz Besonderes. Ein Amateur kann bei diesem Wildwassercharakter nicht fahren. Genaue Kenntnis der jeweiligen Pegelstände ist wichtig.

Zu DDR-Zeiten haben wir uns telefonisch informiert. Wir hatten uns private Pegeltelefone eingerichtet bei Menschen, die am Fluss wohnten, z.B. Schleusenwärtern, die uns über den Wasserstand der Spree Auskunft gaben. Aber nicht alle waren hilfsbereit oder in der Lage, den Pegel richtig einzuschätzen. Einen Anwohner habe ich gebeten: Gucken Sie sich bitte den Stein da unten an, der ist für mich wichtig. Wenn ich Sie anrufe, muss ich wissen, ob er überspült ist oder nicht. So haben wir uns zu DDR-Zeiten über die Runden geholfen. Heute nutzen wir das Internet.

Wichtig ist, dass man als Kanufahrer weiß, was man kann. Für den einen kann eine kleine Sohlschwelle, die harmlos aussieht, gefährlich sein, für den Könner ist es ein Spaß,  Ob ich nun ein künstliches Wehr befahren will oder eine Blockstrecke, die sich aus mehreren Sohlschwellen zusammensetzt – so etwas gibt es in der Nähe von Schirgiswalde, wo der Fluss ein relativ starkes Gefälle hat, muss ich mit meinem Erfahrungsschatz vorher die Sache vom Ufer aus anschauen und entscheiden, ob ich es riskieren kann. Manchmal ist es besser, das Boot um die Wehre zu tragen. Bei einem Wehr, das ich gestern mit dem Boot bewältigt habe, kann heute bei verändertem Wasserstand die Situation vollständig anders sein. Flussbeschreibungen in Büchern liefern nur Anhaltspunkte – wichtig ist die aktuelle Situation.

Die Spree bei Spremberg ist meist harmlos. In diesem Jahr bin ich im Januar bei Hochwasser darauf gefahren, da hatte die Spree siebzig Kubikmeter pro Sekunde – zehnmal so viel wie im Sommer. Da kann die Spree sogar bei uns gefährlich werden.

Wie ändert die Spree unterhalb von Bautzen ihren Charakter?

Ab Niedergurig – ungefähr einen Kilometer hinter der Staumauer – wird sie im Frühjahr für den Kanusport befahrbar. Seit 25 Jahren nutzen wir diese Strecke zu unserer traditionellen Osterfahrt. Ich war immer dabei. Zu DDR-Zeiten ging sie am Ostersonntag bis nach Cottbus, seitdem der Ostermontag auch für uns ein Feiertag ist, geht die Fahrt weiter bis nach Burg im Spreewald. Diese 127 Kilometer bewältigen wir in vier Tagen – eine sportliche Herausforderung!

Hinter dem Spreewald wird die Spree zu einem großen Wiesenfluss, touristisch erschlossen mit Motorbooten und kleinen Yachten. Ein ruhiger Fluss ohne Hindernisse, ohne Stromschnellen. Sie durchfließt den Neuendorfer See und den Schwielochsee. Ab Fürstenwalde verläuft der Oder-Spree-Kanal, von dem an der Großen Tränke die Müggelspree abzweigt. Auf ihr wird es wieder gemütlicher, da die Berufsschiffahrt wegfällt. Aber wegen des privaten Motorbootsverkehrs ist es nicht so friedlich wie hier oben bei uns.

Wie erleben Sie den Spreewald?

Der Spreewald ist ein Netz von Fließen, ein großes Labyrinth. Ich zähle mich zu den wenigen Glücklichen, die den Spreewald ohne Karte befahren können. Wir meiden die Hauptstrecken des Tourismus und fahren dahin, wo wir unsere Ruhe haben, die Natur in ihrer Ursprünglichkeit erleben.

Wenn es kalt ist, fahren wir mit der ganzen Familie in den Spreewald. Dass die Fließe zufrieren, ist ein seltenes Phänomen. Man kann mit den Schlittschuhen noch schneller vorwärtskommen als mit dem Kanu. Man ist nicht nur schneller, sondern auch höher. Im Boot sitze ich auf der Höhe des Wasserspiegels, beim Schlittschuhfahren stehe ich auf der Wasseroberfläche. Das ermöglicht einen ungewöhnlichen Blick auf den Spreewald.

Zu DDR-Zeiten fror der Fluss im Spreewald selten zu. Aus den Kraftwerken wurde viel warmes Wasser eingeleitet. Das war für die Natur nicht gut. Seitdem die Kraftwerke abgeschaltet wurden, gibt es im Winter auch wieder Eis.

Ich habe von einer Eierfahrt-Tradition gehört ...

Unsere Eierfahrten haben nichts mit Ostern zu tun, sie finden meistens am ersten Samstag im Jahr statt. Auf verschiedenen Streckenabschnitten überbringen Paddler die Neujahrsgrüße vom Spremberger Kanuverein an die Stammlokale, als Dankeschön bekommen wir eine Mandel Eier, das sind 15 Stück. Die »Mandel« ist eine alte

Maßeinheit. Die rohen Eier symbolisieren Fruchtbarkeit und sportliche Erfolge im neuen Jahr. Wir pflegen diese Tradition seit über achtzig Jahren.

Sie sind Uhrmacher von Beruf …

Mein Großvater hat 1920 in Spremberg eine Uhrmacherwerkstatt gegründet. Mein Vater und ich setzen die Tradition fort. Ich hatte immer eine besondere Liebe zu Großuhren – besonders Turmuhren. Je größer eine Uhr ist, desto mehr fasziniert sie mich. Ich repariere und restauriere fast ausschließlich historische Großuhren, wie z.B. Regulatoren, Standuhren – und bin selbst Besitzer einer Turmuhr.

Sie kennen die Spreeregion also auch aus der Sicht der Turmuhren? Selbstverständlich. Ein Highlight ist die Uhr vom Spremberger Gymnasium, die hat mein Großvater schon repariert; wir haben sie seit über fünfzig Jahren in Pflege. Mein Urgroßvater ist auch aus Spremberg, er hatte eine Baufirma, die 1903 den Bismarckturm in Spremberg errichtet hat. Vom Turm hat man einen schönen Blick ins Spreetal.

Man sagt, das Wasser steht für Zeit, für Ewigkeit. Was bedeutet für Sie Zeit?

Das Wichtigste ist Pünktlichkeit. Ich teile die Zeit sehr genau ein. Bei uns wird pünktlich gemeinsam gefrühstückt, pünktlich um halb sieben Abendbrot gegessen. Wir gehen pünktlich um 22 Uhr ins Bett, auch am Sonnabend und Sonntag. Ich gehöre zu den wenigen, die kein Fernsehen haben. Als Kind hörte ich meinen Vater sagen: Wenn der Uhrmacher um 9 Uhr seinen Laden aufmacht, dann machen die anderen ihren Laden auch auf. Alle haben sich nach dem Uhrmacher gerichtet.

Der Fluss, fließt immer, Tag und Nacht, zu allen Festen und Feiertagen – wie eine Uhr … die läuft auch immer, 24 Stunden am Tag. Es gibt sicher Zusammenhänge zwischen meinem Beruf und der Liebe zum Wasser.

Wie haben Sie die Wendezeit erlebt?

Damals war ich 22 Jahre. Wenn mein Vater nicht die alteingesessene Firma gehabt, sondern ich in einem VEB-Betrieb gearbeitet hätte, wäre ich vielleicht über Prag abgehauen. Ein guter Freund ist in den Westen gegangen, hat sofort Arbeit gefunden, viel Geld verdient – ich konnte und wollte meinen Vater und das Geschäft nicht im Stich lassen. Ich habe tiefe Wurzeln in Spremberg.

Und als die Wende da war?

Das war eine große Freude. Wir konnten an vernünftiges Bootsmaterial herankommen. Jetzt stand uns Europa offen. Nach der Währungsunion sind wir mit dem Trabant und unseren Booten nach Österreich gefahren. Ich habe mir sofort für viel Geld ein neues Boot gekauft – das ist immer noch im Verein. Im Laufe der Jahre haben wir uns an verschiedene Flüsse herangetastet. Die Kanuten sind eine große Familie. Ost und West sind vereint. Die Spree kannte ich nur bis zum Müggelsee. Seit 2002 haben wir die Möglichkeit einmal im Jahr durch Berlin zu paddeln. Der Landeskanuverband Berlin organisiert zusammen mit der Wasserschutzpolizei eine Paddelboot-Tour durch die Innenstadt. Normalerweise ist dort die Durchfahrt für uns gesperrt. In der Innenstadt hat die Spree hohe gemauerte Ufer und die Unfallgefahr ist groß. In diesem Mai waren wir vierhundert Sportsfreunde, die diese Chance genutzt haben. Das war ganz toll. Das schönste Erlebnis war die Oberbaumbrücke. Zu DDR-Zeiten kannte ich das nicht. Am Treptower Park war Schluss.

Berlinfahrt 2003

Der Schriftsteller Erwin Strittmatter wird 1912 in Spremberg, sorbisch Grodk, geboren. Seine Großeltern mütterlicherseits sind Sorben und betreiben einen kleinen Flaschenbier- und Gemüseladen an der Spree: »Als meine Großeltern noch ›An der Mühlen Nummero 1‹ wohnten, stand ich zuweilen auf der Mühlenbrücke; unter mir war das Wehr, und das Spreewasser stürzte einige Meter in die Tiefe. Feiner Wasserstaub hüllte mich ein, und das fallende Wasser lockte und wollte mich hinunterziehen, und ich mußte Willen aufbringen, damit ich der Ermunterung widerstand«, schreibt Strittmatter im zweiten Teil seiner Trilogie »Der Laden« über den frühen Ort seiner Kindheit.

Als Vater Heinrich in den Krieg muss, zieht die Mutter mit den drei Kindern zu den Schwiegereltern nach Graustein. Großvater Jurischka ist Schneider und betreibt zusätzlich an der alten Handels- und Kriegsstraße nach Schlesien eine Gastwirtschaft mit »Fremdenzimmern zum Ausspannen«. Im Nebenhaus eröffnet Strittmatters Mutter, die ebenfalls das Schneiderhandwerk erlernt hat, einen kleinen »Kolonialwarenladen«. Als der Krieg aus ist und Vater Heinrich 1919 wieder nach Graustein zurückkommt, beschließt die Familie, sich auf eigene Füße zu stellen, und zieht ins nahegelegene Bohsdorf. An der Dorfstraße erwerben sie einen Kotten: Wohnhaus, Bäckerei und Laden, dazu einen kleinen Bauernhof und ein wenig mageres Land.

Das preußische Bohsdorf, »Bossdom« wie es Strittmatter im »Laden« nennt, ist damals, am Anfang der Weimarer Zeit, für den aufgeweckten und klugen Erwin ein anregender Spielplatz. Vater Heinrich steht in der Backstube, Mutter Lenchen verkauft das Brot im eigenen Geschäft, in dem sie ein reichhaltiges Sortiment weiterer Waren anbietet. Zum Dorf gehört ein Gutshof, dessen Besitzerin im »Laden« einkauft und dabei gern in »Vobachs Modezeitungen fürs deutsche Haus« blättert, auch der

Verwalter, die Tagelöhner, Knechte, Mägde, Kutscher, Hofhandwerker, einige Bauernfamilien und besonders die »Schichtler« aus der Braunkohle- und Tuchindustrie bringen bares Geld in den »Laden«. Familie Strittmatter

gehört bald zu den »besseren Leuten« im Dorf. »Die Welt der drei kleinen Läden prägt das Kind Erwin Strittmatter. Es spielt mit den geheimnisvollen Dingen aus der Erwachsenenwelt, es lernt, mit dem Pfennig umzugehen, es versteht, daß der ganze bunte Reichtum in den Regalen nicht wirklicher Reichtum ist«, schreibt Günter Drommer in seiner Biografie über den Schriftsteller.

Erwin besucht die einklassige Volksschule in Bohsdorf und geht ab 1924 für fünf Jahre auf das Realgymnasium in seiner Geburtsstadt Spremberg. Mit mehr als 12.000 Einwohnern ist Spremberg Kreisstadt mit Landratsamt, Gericht, Bank, Krankenhaus, Gasanstalt, Brauerei, Schlachthaus und einer kleinen sorbischen Gemeinde. »Am Montagmorgen gehe ich aufrecht und stolzmacherisch mit meiner Aktentasche an der Spree entlang zur ›hohen Schule‹, ich, der angehende Advokat meines Großvaters«, heißt es wieder im »Laden« über Erwins Schulstart auf dem Spremberger Gymnasium, das heute seinen Namen trägt. »Linker Hand fließt die Spree. Ich sehe sie nicht, ich rieche sie; der Nebel, der aus ihr aufsteigt, stinkt nach Fabrikabwässern. Dem Gymnasium gegenüber liegt der Pfortenplatz. Unsere Krachschläger nennen ihn ›Plattenfurz‹ und halten sich für geistreich. Gymnasium und Pfortenplatz sind durch die Spree ge-

Abb. rechts: Laden der Großeltern in Spremberg, um 1918

trennt. Eine schmale Brücke verbindet das rechte mit dem linken Spreeufer. Die Brücke wird der Tiedesteg genannt. Es dürfen nur Fußgänger über den Tiedesteg, Radfahrer müssen absteigen. ›Damit niemand een Studienrat in Ursch fährt‹, sagte Frede Worreschk. Über die anderen Spreebrücken der Stadt werden Tuche, Maschinen, Getreide – eben Lasten aller Art befördert. Über den Tiedesteg wird Wissen geschleppt, es sitzt in den Studienräten.«

Dem hoffnungsvollen Anfang steht ein abruptes Ende gegenüber. »Am Ende des zweiten ›Laden‹-Bandes erzählt Strittmatter, daß sein Held Esau Matt immer noch in die unglückliche Pennäler-Liebe zu Ilonka Spadi, der Spremberger Rechtsanwaltstochter mit ihrem exotischen Flair, verstrickt ist«, schreibt Biograf Günter Drommer. »Der Siebzehnjährige begeht eine ebenso effektvolle wie unentschuldbare Eifersuchtstat, da er glauben muß, der neue Deutschlehrer habe ein Auge auf die für ihn unerreichbare, frühreife Freundin geworfen. Anlaß ist die Rückgabe eines Aufsatzes, mit dem sich der Schüler wie immer große Mühe gegeben hat und von dem er glaubt, daß er ein Zeugnis seines wachsenden Schreibtalents sei. Der Lehrer, ein forscher Schon-fast-Nazi, lobt ihn auf diese zynische Art von oben herab, so, wie man eben als künftiger kleinstädtischer ›Herrenmensch‹ einen halbsorbischen Bäckerburschen und Bauernsohn vom Dorfe lobt. Und er versäumt es auch nicht, den Jungen vor dem Mädchen und den feixenden Mitschülern bloßzustellen. Blind vor Wut schlägt Esau Matt seinem Lehrer ins Gesicht.«

Erwin Strittmatter ist erleichtert, die Schule endlich los zu sein. »Es gab aber nie eine Zeit, in der ich gern in die Schule ging, in Bossdom nicht und in Grodk nicht. Unsere Lehrer, spür ich, meinen, es ist nicht richtig, sein

Wissen, wie der Spatz sein Futter, auf der Strasse zu sammeln. Wissen hat nach ihrem Dafürhalten nur Wert, wenn man es geordnet, gebündelt und nach Stundenplänen, Schuljahren und Semestern zu sich nimmt, wenn man in Prüfungen beweisen kann, daß einem das Wissen, zumindest für die Zeit der Prüfung, zur Verfügung steht.«

Der junge Erwin sieht seine Zukunft als Schriftsteller. Nach der »ehrenvollen Niederlage«, wie Bruder Heinrich das Ende der gymnasialen Laufbahn seines Bruders bezeichnet, wird Erwin – wie sein Bruder und sein Vater – Bäcker. Später arbeitet er in vielen Berufen, wird schließlich Soldat. Aus dem Krieg kehrt er über Umwege heim nach Bohsdorf – zurück »in seine farbenfrohe, geheimnisvolle Kinderwelt, die später, mit größer werdendem Abstand, immer realer wird, deren Schilderungen aber mehr und mehr poetische Züge erhalten« (Drommert) – und beginnt im Dezember 1947 als Lokalredakteur bei der »Märkischen Volksstimme«.

Bohsdorf, das Heidedorf am Felixsee, wird schlagartig weit über seine Grenzen bekannt durch den Fernsehdreiteiler »Der Laden«, die Verfilmung von Erwin Strittmatters autobiografischem Roman. Schon zu DDR-Zeiten reisen viele Menschen nach Bohsdorf und wollen sehen, wo und wie der inzwischen weltberühmte Schriftsteller gelebt hat.

Seit 1999 existiert der renovierte »Laden« als Museum und aus dem Nachbargebäude, dem ehemaligen Dorfkonsum, hat der 1996 gegründete Strittmatter-Verein eine Begegnungsstätte mit Vortragsraum, Ausstellungsvitrinen und Bildershow gemacht.

Ranghild Pannusch, Tochter von Erwin Strittmatters älterem Bruder Heinrich, dem Heinjak im »Laden«, gehört zum fünfköpfigen Team um den Ortschronisten Klaus-Dieter Nikolaus, welches das »Erwin Strittmatter Museum« betreut. Ihre Eltern trennten sich frühzeitig und sie lebte mit eigener Familie in Cottbus, der »grünen Stadt an der

Spremberg um 1880

Der Laden in Bohsdorf

*Aussichtsturm
am Felixsee*

Spree«. Auf Wunsch des Vaters ist sie jedoch in die alte Heimat zurückgekehrt.

»In Cottbus haben wir im Ortsteil Sandow gewohnt, direkt an der Spree. Mit unseren drei Kindern sind wir oft zum Baden an den Fluss gegangen. Oder wir sind an der Spree entlang zum Tierpark spaziert, von der Spreebrücke aus haben wir die Enten gefüttert. In der Altstadt ist die Spree romantisch, die Häuser stehen direkt am Wasser. Am früheren Elektrizitätswerk stürzt das Wasser mit lautem Getöse über das Wehr. Es gibt eine schöne Bootsausleihstation, von dort kann man mit dem Boot bis zur über vierhundert Jahre alten Spreewehrmühle rudern. Seit fünf Jahren sind wir jetzt wieder hier in Bohsdorf und leben auf dem Hof und in den Räumen meines Vaters. Das war eine Umstellung von der Stadt aufs Dorf, in ein so altes Haus, in dem möglichst viel erhalten bleiben soll, so, wie es früher war. Ich vermisse auch die Spree.

Mein Vater wollte für seinen Bruder ein Andenken schaffen. Bis in die fünfziger Jahre wurde im ›Laden‹ noch gebacken. Dann kam die Bürgermeisterei hier herein, später die Poststelle vom Dorf. Als 1983 der erste Teil vom ›Laden‹ erschienen war, kamen viele interessierte Leser. Mein Vater bat die Gemeinde um Unterstützung. So ist die Idee zum Förderverein entstanden.« Seit es das Museum gibt, kommen im Jahr fünf- bis sechstausend Besucher nach Bohsdorf. Alles, was man hier sieht, ist im Original erhalten: Ladentisch, Regale, Waren, Schilde … Im hinteren Zimmer gibt es eine kleine Ausstellung mit biografischen Dokumenten aus Erwins Leben. Seine Bücher wurden in 44 Sprachen übersetzt, es kommen auch Besucher aus dem Ausland, aus England, Frankreich, Holland … Viele sind ganz begeistert und kennen die Bücher sehr gut, haben die Fernsehserie gesehen. Sie wissen über Erwin und den ›Laden‹ genau Bescheid, kennen jedes Detail. Vieles lerne ich aus den Gesprächen dazu, manchmal muss ich selber nachlesen. ›Pony Pedro‹ und ›Tinko‹ habe ich als Kind in der Schule gelesen – jetzt lese ich meinen Enkelkindern daraus vor.

Neben Einzelbesuchern empfangen wir studentische Exkursionen, Schüler- und Rentnergruppen. Diese machen gern einen Abstecher vom Spreewald aus und besuchen dann auch noch das Glaswerk in Döbern und die Schokoladenfabrik in Hornow.

Der Spreewald ist nah. Es gibt eine schöne Stelle über einen Ausflug, den Erwin mit dem Arbeiter-Touristen-Bund ›Die Naturfreunde‹ unternommen hat: ›Ich bin vierzehnjährig, der jüngste Tourist, kann nach Noten spielen, bin gut zu Fuß und vollwertig. Wir wandern mit Händen und Füßen auf Chocebuz (sorbisch für Cottbus) zu. Wir tun keinen Schritt ohne Mandolinenmusik … Wir sind revolutionär uniformiert, tragen Wanderblusen, Schillerkrägen und kurze Hosen … Wir lassen uns auf Kähnen durch den Spreewald staken … Wir lassen uns nicht in den Gasthäusern an den Wasserwegen ausbooten, wir setzen unsere Ehre darein, Touristen und Selbstversorger zu sein. Jeder hat seinen Tornister und sein Kochgeschirr mit Spiritusfeuerung bei sich. Wir erspielen uns Grüne Bohnen und Kartoffeln und kochen sie auf dem Dorfplatz ab, und manche Spreewaldbauern halten uns, unserer Tirolerhüte wegen, für bayrische Zigeuner.‹ Erwin war halber Sorbe, das merkt man an seiner Sprache. Seine Eltern waren stolz auf ihren Sohn. Er war kein durchschnittlicher Junge, kritisch blickte er auf seine Umgebung, reagierte mal heftig, dann wieder empfindsam und sanft. Nicht immer haben ihn seine Eltern verstanden.

Wie sehr die Familie mit der sorbischen Sagenwelt verwoben war, zeigt eine Stelle im ersten Band vom ›Laden‹: ›Auf der Heide geht das Gesage, die sorbischen Schamanen hätten einen Drachen zum Gehilfen. Viele Bossdomer wollten einen solchen Drachen gesehen haben, besonders nachts, wenn er von Hexereien heimkehrte und in den Schornstein des Schamanenhauses einfuhr, ein feurig-schlängelndes Gebilde. Tagsüber hockt der Drache, auch Plon genannt, als harmloses, halb blindes Küken am Herd und wärmt sich. Ob Hexe oder Hexer – sie sterben schwer und erst dann, wenn sie den rechten Verwandten gefunden haben, dem sie ihren Drachen anvertrauen können. Meine Mutter meinte, daß ich wohl werde der Drachen-Erbe von Großmutter Maika sein. Uns kannstes doch soagen, ermuntert sie mich. Was soll ich sagen? Ich sage nichts. Es gefällt mir schon, für den Erben von Großtante Maikas Plon gehalten zu werden.‹

Den Erwin habe ich zuletzt auf der Beerdigung seines Vaters, meines Großvaters, gesehen, der mit 91 gestorben ist. Drüben beim Willi in der Gaststätte … war die Trauerfeier. Mit Onkel Erwin habe ich nicht viel geredet. Jeder saß bei seiner Familie. Hinterher habe ich mich geärgert: Warum hat man sich nicht ein bisschen mehr mit ihm unterhalten?«

LAUSITZ – SCHWARZES GOLD

Die Lausitz, das »Pfützenland«, Lusitzi, wie es die Sorben nennen ist eine von der Spree durchflossene Endmoränenlandschaft. Seit über 150 Jahren wird hier das
»Schwarze Gold«, die Braunkohle, abgebaut. Jahr für Jahr
fressen sich riesige Bagger wie tausendfüßige Dinosauri-
er, ausgerüstet mit unzähligen Rädern, Kettenlaufwer-
ken, Förderbändern und Schaufeln, durch die Landschaft
– Wälder, Felder und Dörfer verschwinden. Aus der
agrarisch geprägten Lausitz wurde eine monokulturelle
Industrielandschaft mit Tagebau und Großkraftwerken.
Die über zweihundert Millionen Tonnen Kohle, die pro
Jahr aus der Erde geholt wurden, hinterließen riesige
Löcher. Per Gesetz ist der Bergbau zur Wiedernutzbarmachung von in Anspruch genommenen Böden verpflichtet. Ursprünglich sollten diese zu Landwirtschaftsflächen mit »verbesserter Bodenstruktur« umgewandelt
werden. Doch der nötige Abraum fehlt und so soll in
den nächsten Jahrzehnten die jetzige Restlöcher-Land-
schaft in eine der aufregendsten und anmutigsten Was-
serlandschaften Deutschlands verwandelt werden – ein
Magnet für Touristen. Die Kosten für diesen gigantischen Landschaftsumbau entsprechen denen für die Umgestaltung Berlins zur neuen Hauptstadt.
Wenn Professor Rolf Kuhn in Großräschen am zukünftigen Ilsesee auf dem Balkon seines Büros steht, einer
Mischung aus Kommandobrücke, Hochsitz und Leucht-

turm, blickt er auf »eine der bizarrsten Landschaftsruinen Mitteleuropas«. Da, wo bis zur Wende Braunkohle-, Eisen-, Ziegel-, Glas- und Textilindustrie im »Energiedistrikt der DDR« siebzigtausend Menschen Arbeit und Brot gaben, herrscht heute neben ratloser Ruhe erlebbarer Aufbruch in einer von Schüttkegeln, Erosionsringen, Hügelketten und Canyons geprägten wüstenähnlichen Mondlandschaft. Seit 1998 leitet Rolf Kuhn die Internationale Bauausstellung (IBA) Fürst-Pückler-Land, die es sich zur Aufgabe gemacht hat, die Region in visionärer Weise neu zu gestalten. »Werkstatt für neue Landschaften« nennt sich Kuhns Labor. Weltoffenheit, Weltgeist, Reiselust und Begeisterungsfähigkeit des Namenspatrons Fürsten Pückler verweisen auf die anzuwendenden Strategien.

Um an die in bis zu sechzig Meter Tiefe lagernden Braunkohleflöze heranzukommen, wurde in den letzten Jahrzehnten das Grundwasser abgepumpt und in die Spree eingeleitet, so dass diese über dreißig Jahre im Überfluss lebte. Jetzt, wo die Mehrzahl der Bagger ruht, die Absaugpumpen schweigen, steigt das Grundwasser wieder an – doch das, was sich da als Grundwasserseen herausbildet, sind quietschsaure Tümpel, PH-Wert 3. In den freigelegten Sedimenten aus der Eiszeit befinden sich viele Schwefelmineralien, aus denen sich durch den Kontakt mit Luft und Wasser Eisensulfit und schließlich Schwefelsäure bildet. »Nichts kann darin leben«, sagt Walter Karge, Bergmann der ersten Stunde beim Aufbau der DDR-Braunkohleindustrie. Aufgrund seiner langjährigen Erfahrungen als Ingenieur und Betriebsdirektor in den Tagebaubetrieben Brieske und Meuro sieht er die Flutung realistisch: »Wir haben keine andere Wahl.« Der Ur-Senftenberger genießt seinen verdienten Ruhestand und engagiert sich als »Kumpel der Natur« weiterhin für seine Heimat.

Das von wissenschaftlichen Analysen gestützte Flutungskonzept für etwa 13.000 Hektar Wasserfläche, deren Größe die der Mecklenburgischen Seenplatte übersteigen soll, gleicht einem Vabanquespiel: Kommt das Wasser oder kommt es nicht? Die Spree muss sich mit ihrer Tier- und Pflanzenwelt erst an den Mangel gewöhnen. Flossen früher durchschnittlich dreißig Kubikmeter pro Sekunde, so sind es heute nur sieben bis zwölf, zwei Drittel weniger. Das klingt bedrohlich für alle Spreenutzer. Die immer schon recht »trockene« Spree soll einen beträchtlichen Beitrag zur Auffüllung der Tagebaurestlöcher leisten. 18 Jahre lang müsste sie ihr gesamtes Wasser abgeben, damit alle »Absenkungstrichter« zu Seen verwandelt wären.

Eine Studie zur »klimatischen Entwicklung Brandenburgs« stellt fest, dass es aufgrund des Klimawandels in den nächsten fünfzig Jahren in der Lausitz noch sonniger, wärmer und trockener sein wird. Besonders dramatische Auswirkungen wird der Klimawandel auf den bereits seit Jahrzehnten fallenden Grundwasserspiegel haben.

»Gott schuf die Lausitz, und der Teufel gab die Kohle dazu«, heißt es in einem sorbischen Sprichwort. Walter Karge und Rolf Kuhn wissen, dass es sorbisch mit dem Tscherenbog (Teufel) zugehen müsste, wenn der qualitätsorientierte Landschaftswandel in der Lausitz nicht zum Erfolg führte, denn nach Rolf Kuhn fördern »anmutige Landschaften positive Gedanken«.

Ihre erste Erinnerung an die Spree?

Ich habe in Weimar studiert. Während der letzten Semesterferien bin ich mit einem Freund aus dem Thüringer Wald durch die DDR getrampt. Die Tour ging von Weimar nach Dresden, über den Spreewald und Berlin an die Ostsee. Der Spreewald galt in der DDR als Inbegriff einer besonderen Landschaft, die wir mit dem Paddelboot erkundet haben. Wichtiger als die natürlichen Elemente, wozu auch der Fluss gehört, war für uns in Berlin das Erlebnis der Großstadt, deren kulturelle Vielfalt – auch die Anonymität und trotzdem einen Freundeskreis in ihr zu haben. In diesem Großstadtmoloch empfand ich die Spree als etwas Angenehmes, eine Möglichkeit abzuschalten, ein Ausgleich für das, was ich nicht unbedingt als Bedrohung erlebt habe, sondern als Lust.

Als ich später in Berlin an der Bauakademie arbeitete, in einem Gebäude an der Ecke Friedrichstraße, Unter den Linden fuhr ich oft mit der Straßenbahn dorthin. Manchmal bin ich früher ausgestiegen, um über die Weidendammbrücke, die beim Berliner Ensemble über die Spree führt, zu gehen. Ich verweilte einen Moment am Fluss. Wenn ich an Berlin und die Spree denke, taucht diese Brücke vor meinen Augen auf.

Welche Bedeutung hat die Spree im Projekt Fürst-Pückler-Land?

Sie ist Wasserlieferant für etwas, was eine faszinierende Landschaft werden kann. Nicht nur eine Seenlandschaft mit Bademöglichkeit, sondern eine Landschaft, die ihren industriellen Ursprung nicht verleugnet, die auch zeigt, dass sie mit viel Phantasie von Menschenhand geschaffen wurde.

Das Wasser ist in dieser Landschaft ein wesentliches Element. Durch Abbau und Verbrauch der Braunkohle sind hier große Löcher entstanden, die Bergleute sprechen von Restlöchern. Das natür-

liche Grundwasser wurde abgepumpt. Jetzt, wo der Betrieb eingestellt ist und die Pumpen abgestellt werden, füllen sich die Löcher erneut mit Grundwasser. Das wiederansteigende Grundwasser ist sehr sauer, deshalb muss Flusswasser in die Restlöcher gepumpt werden. Die

Ausflug in den Spreewald, 1972 Rolf Kuhn, 5. Reihe, links

Spree und auch die Schwarze Elster haben die Aufgabe, die Wasserqualität zu bereichern, und vieles zu ermöglichen, was uns bei Nutzung und Gestaltung dieser Landschaft vorschwebt. Die Spree und die entstehende Wasserlandschaft sind miteinander verbunden. Man wird von Berlin mit dem Boot in diese Lausitzer Seenlandschaft paddeln können – größere Boote können Engstellen wie den Spreewald oder die Talsperre Spremberg nicht überwinden.

Dass ein in Berlin oft besungener Fluss zu einer künstlich entstehenden Wasserlandschaft in Beziehung tritt, dort etwas von seiner Geschichte einfließen lässt, ist für mich eine schöne Vorstellung – eine Metapher.

Welche Bedeutung hat der Namensgeber Fürst-Pückler für Ihr Projekt?

Die IBA trägt den Untertitel »Werkstatt für neue Landschaften«, da war es naheliegend, Fürst Pückler, den visionären Gartengestalter aus der Lausitz, als Namenspatron zu wählen. Es war ein Sympathie-

Hermann Fürst Pückler (1785-1871)

*Großräschen,
unten:
Das Form-
ziegelwerk*

positive oder negative menschliche Eingriffe beeinflusst – uns als Raum auf der Erde hinterlassen wurde. Wir selbst müssen anmutige Landschaften gestalten, die das Gefühl ansprechen und gleichzeitig als produktiver Faktor den Menschen die Möglichkeit geben eine Existenz aufzubauen.

Als Werkstatt für neue Landschaften müssen wir diese vom Bergbau her sehr beeinträchtigte Landschaft, die durchaus ihre Reize hat, zunächst begreifen. Bei einem Spaziergang in den Tagebau entdeckt man Schönheiten, die man auf den ersten Blick nicht vermutet.

Im Planungsprozess, der bereits ein Verwirklichungsprozess ist, schaffen wir neue Anmut, Anziehungskräfte, Besonderheiten, Aufmerksamkeitspunkte, die unser Lebensgefühl in dieser Landschaft verbessern – anziehend und nicht abstoßend wirken. Die vermittelten guten Gefühle tragen dazu bei, dass Menschen hier wirtschaftlich tätig sein wollen.

Landschaft darf jedoch nicht nur als Mittel zur Bereicherung einer wirtschaftlichen Tätigkeit angesehen werden. Für unser Lebensgefühl hat sie viel mehr Bedeutung als nur »weicher Standortfaktor« zu sein.

Könnte man die Lausitz mit einem Slum vergleichen, wie es Harlem in New York noch vor einiger Zeit war oder Kreuzberg in Berlin zu werden drohte vor der IBA 1984 bis 1987?

Ich empfinde Schmerz, wenn ich begreife, dass an einem Ort wie diesem früher der schönste Stadtteil von Großräschen lag. Mich berührt, wenn Menschen, die dort gewohnt haben, zu Besuch kommen und mit Tränen in den Augen davon sprechen, wie es dort mal aussah. Dass, wo jetzt das Loch ist, einst das Hauptverwaltungsgebäude der ILSE Bergbau AG stand. Dort saßen die Chefs, befand sich das beste Gasthaus, die schönste Schule, die Sporthalle, ein schöner kleiner Park. All das hat der Bergbau geschaffen und wieder als Opfer gefordert. Hier hat das größte Umsiedlungsprogramm der DDR stattgefunden.

Natur und Infrastruktur wurden zerstört, Beziehungen zwischen Dörfern abgebrochen. Dieser Prozess kann nicht rückgängig gemacht werden, doch es wäre falsch, den Schmerz zu vergessen, weil damit neue Fehler in uns aufkeimen würden. Ich sehe allerdings nicht nur die

träger für die Region gesucht worden. Marketing spielte auch eine Rolle – Pückler ist weltbekannt, er verkörpert Weltgeist. Er reiste durch die Welt, nahm Ideen auf, die er nicht primitiv hierher transportierte, sondern auf seine Weise auf die Lausitz bezog – ob in Muskau oder Branitz – das ist etwas, das einer IBA gut zu Gesicht steht

Sobald ich wusste, dass ich diese Aufgabe übernehme, begann ich mich intensiv mit Fürst Pückler zu beschäftigen. Mit gefällt, dass er schon damals gedankliche Grenzen sprengte. Er sprach sich gegen Judenverfolgung aus, beschrieb arabische, türkische Völker – auch die Polen als sehr angenehme Menschen, von denen man etwas lernen konnte – das hat bis heute Gültigkeit. So stelle ich mir auch diejenigen vor, die sich Gedanken über dieses Land nach der Braunkohle machen. Pückler hat bewiesen, dass man trotz klammer Kassen Außergewöhnliches schaffen kann. Ein starker Wille zum Verwirklichen von Ideen ist das, was zählt. Darum bin froh, dass wir mit der IBA schnell Zeichen des Verwirklichens gesetzt und nicht nur Ideen produziert haben.

Pückler hat sich intensiv mit dem Begriff Landschaft auseinandergesetzt – wie definieren Sie diesen Begriff?

Reine Natur gibt es in unseren Breiten nicht mehr, alles ist Kulturlandschaft. Landschaft ist für mich, was – durch

Wunden dieser Landschaft, sondern auch ihr Potential. In der schroffen Bergbaustruktur erkenne ich Canyons, Wüsten – auch Pückler schwärmte von den Wüsten, die er in Nordafrika durchwanderte. Bei unvoreingenommener Betrachtung entdecke ich Spektakuläres.

Bis die Landschaft ihre neue Struktur bekommt, dauert es Jahrzehnte, in der Zwischenphase müssen wir mit dem Vorhandenen auskommen. Dass man jetzt schon Interessantes entdecken kann, versuche ich zu vermitteln. Die »Spaziergangswissenschaft« unserer Tagebauwanderungen ist ein Weg dazu.

Ich habe bei Ihnen einen Begriff gefunden: »die Industrie in uns«. Könnten Sie den definieren?

Oskar Negt hat diesen schönen Satz geprägt: Die Industrie um uns verschwindet schneller als die Industrie in uns. In der Lausitz spürt man das genau. Es gibt kaum eine Landschaft, wo eine einseitige Industrie so schnell verschwunden ist und durch einen aufwendigen Sanierungsprozess etwas landschaftlich Neues geschaffen wird. Mit dem Besucherbergwerk und der Förderbrücke F60, der Slawenburg Raddusch sowie einem Informations- und Ausstellungszentrum am zukünftigen Ilsesee versuchen wir, dieser Situation gerecht zu werden.

Die Menschen hier sind stolz auf das Neue, das sie mitgeschaffen haben und an dessen täglicher Organisation sie beteiligt sind. Aber ich habe festgestellt, dass sie sich nur schwer auf das, was wir Dienstleistungsgesellschaft nennen, einstellen können. Noch sind sie den Großbetrieb gewöhnt, wo jeder seine Aufgabe in einer produktiven industriellen Arbeit hatte und alles nach einem großen Plan ablief. Dem Industriearbeiter kam in der DDR eine herausgehobene Position zu, während die Dienstleistung besonders in der Gastronomie eine untergeordnete Rolle spielte. Deshalb ist das Gespür für die Organisation von Besucherführungen und vor allem des Werkstattwagen-Cafés im Informationszentrum unterentwickelt. Würstchenverkäufer, das möchte niemand sein. Besucher sitzen auf den Bänken vor dem Werkstattwagen und warten auf die nächste Führung. Doch vom Café kommt niemand auf die Idee herauszugehen und ihnen etwas anzubieten. Die Gäste sollen kommen und fragen. In einem Brief an mich stand: Die F60 ist

Weltklasse, der Service zweite Kreisklasse.

Die Industrie in uns zu überwinden bedeutet neue Chancen wahrzunehmen. Ich kämpfe darum, dass hier eine Fachschule für das Gastgewerbe in Verbindung mit einem Ausbildungshotel entsteht. Veränderungen können nicht durch Appelle oder Ermahnungen herbeigeführt werden, sondern der Impuls sollte ausgehen von Qualifizierungsmöglichkeiten für die Menschen in dieser Landschaft.

Abbildung oben: Tagebau bei Boxhagen

Also nicht nur »Fürst-Pückler-Land«, sondern auch Fürst-Pückler-Küche …

Der Fürst, kein Kostverächter, war ein solcher Genießer – auch in dieser Hinsicht könnten wir uns von ihm eine Scheibe abschneiden. In seinen Reiseberichten beschreibt er nicht nur Landschaften und Gärten, sondern auch die Menschen – ihre Rituale und Essgewohnheiten, was er komisch findet, aber auch was ihm gefällt und er für die Lausitz übernehmen möchte.

Was die Attraktion des Ausbildungskonzeptes ausmacht, sind dann die Reisen auf den Spuren des Fürsten … In einem Interview haben Sie den Namen Otto Rind erwähnt.

In der DDR-Landschaftsarchitektur spielte Otto Rind eine bedeutende Rolle. Er hat wesentlichen Einfluss genommen auf die Gestaltung des Senftenberger Sees – ein Vorzeigeprojekt der DDR-Sanierung. Bereits damals

hatte er die Vision von einer großen Seenlandschaft, einer Seenkette. Weil die Verantwortlichen nur ans Ausbaggern dachten, fand Rind wenig Gehör. Mit dem schnellen Zurückfahren der Braunkohleproduktion nach der Wende – achtzig Prozent der Gruben sind geschlossen worden – rückte seine Vision von heute auf morgen in greifbare Nähe.

Ich habe ihn sogar noch im Bauhaus erlebt, ein kleiner drahtiger, dynamischer Mann. Wir hatten ihn als Spezialisten für Bergbaufolgelandschaften eingeladen.

Zurück zur Spree. Entwickelt sich die Seenlandschaft auf Kosten Berlins?

Von Professor Grünewald, TU Cottbus, und aus der Flutungszentrale der Tagebaue in Brieske weiß ich, dass aus der Spree und den anderen Flüssen nur Wasser entnommen wird, wenn ein Mindestwasserstand überschritten ist. Bei Niedrigwasser findet keine Flutung statt.

Die Menschen hatten sich daran gewöhnt, dass in der Spree viel Wasser fließt. Jetzt wo die Sümpfungswässer vom Bergbau ausbleiben, unterliegt sie wieder natürlichen Schwankungen. Damit die Kohle auch sechzig Meter tief noch im Trockenen lag, wurde das Grundwasser in die Spree und die anderen Flüsse eingespeist, so dass deren Wasserspiegel konstant blieb. Je nach Wetterlage wird die Spree jetzt wieder mal mehr, mal weniger Wasser führen. Wenn die Spree besonders niedrig ist, sagen Uninformierte, jetzt nehmen uns die Tagebaue das Wasser weg – das sind Biertischdiskussionen, die der Wirklichkeit nicht entsprechen. Dennoch ist das Ganze ein großes Experiment, mit einfachen Prognosen bin ich vorsichtig.

Aufgrund der ökologischen Verhältnisse in der Region kann es zu Problemen kommen. Wenn die Pumpen abgestellt werden, füllen sich die Trichter wieder mit Wasser, das sie aus der Umgebung absaugen. Den Einfluss auf die Flüsse kann man dabei schwer kontrollieren und kaum vorhersagen, das hängt mit unterirdischen Wasserverläufen und Lehmschichten zusammen, von denen es viele gibt. Lausitz bedeutet Pfützenland – ein sumpfiges, pfütziges Flachwassergebiet, sicher mit vielen Mücken.

Um an die Braunkohle heranzukommen wurden die Lehmschichten ebenso wie der feine Sand abgebaggert. Darum ist hier viel Ziegel-, Klinker- und Glasindustrie entstanden. In Großräschen gab es eines der besten Formziegelwerke Deutschlands. Die Formsteine des Roten Rathauses wurden hier gebrannt. Auch beim Wiederaufbau des Rathauses nach dem Krieg kamen die Formziegel aus Großräschen.

In Grau- und Schwarztönen haben Sie die Kohlelandschaft beschrieben, die Menschen hier sehnen sich nach Farben. Welche Farbe steuert die IBA bei?

Mir ist aufgefallen, dass in Kohle- und Erzgebieten wie Ruhrgebiet, Saarland, Lausitz die Menschen offensichtlich nach Farben streben. Degenhardt hat es schön beschrieben: Wer am Tag im weißen Kittel herumläuft oder in hellen Büroräumen sitzt, geht am Abend gern in eine schummrige Kneipe – in einen Burg- oder Ratskeller mit Kerzenlicht. Wer in schmutzigen Werkhallen oder unter Tage in nicht so hygienischem Ambiente den Tag verbringt, sitzt am Abend lieber in einer hellen, freundlichen Gaststätte oder in bunten Räumen zu Hause. Ich habe nirgends so viel Kitsch gesehen wie in diesen Bergbaugebieten, Kunstblumen auf den Tischen, Gartenzwerge … eine Lore im Garten mit Blumen, alles liebevoll, mit Herz gemacht, einem Architektengeschmack jedoch nicht unbedingt entsprechend – bei der Verwirklichung unserer ästhetischen und gestalterischen Vorstellungen sehe ich auch hier manchmal Probleme.

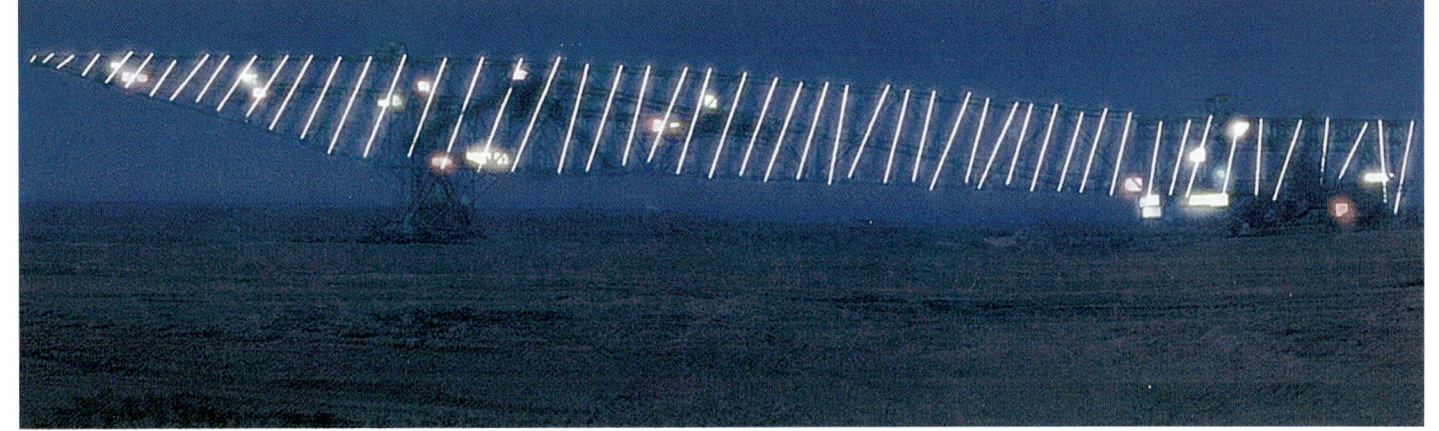

Wir möchten die Lausitz nach dem Bergbau zu einer in Farbe und Formen außergewöhnlichen Wasserlandschaft machen. Hier soll nicht die zweitbeste Mecklenburgische Seenplatte entstehen, sondern etwas Einmaliges. Industrierelikte als architektonische und technische Besonderheiten, als Landmarken im Pücklerschen Sinne die Landschaft bereichernd – nicht als Museum. Einbezogen, neu genutzt, ein Erlebnis, wie es das Besucherbergwerk jetzt schon zeigt.

Schwimmende Häuser mit Blick zum Ufer, das frei bleibt für Fußgänger und Radfahrer – das Boot am Haus. Diese Häuser könnten zu einem prägenden Landschaftselement werden. Die Phantasie anregen, dass noch viel mehr auf dem Wasser möglich ist.

Der Berliner Künstler Hans Peter Kuhn, er hat zufällig den gleichen Namen, wird die F60 zu einem Licht-Klang-Kunstwerk machen. Er hat sich gesagt, diese Förderbrücke steht nicht mehr am historischen Platz, da, wo sie jetzt steht, am Rand der Grube, hätte sie nicht produzieren, Erde abtransportieren können. Sie ist aus dem Produktionszusammenhang gerissen, eigentlich müssten Bagger daneben stehen. Kuhn benutzt die F60 als Hintergrund für ein neues Kunstwerk, das mich an ein Bild von Paul Klee erinnert, er nennt es Lichtschraffur. Die Lichtskulptur ist ein Symbol für das, was hier passiert. Wir wollen nicht das Alte anbeten, es auch nicht verteufeln – wir wollen mit viel Phantasie, das Alte einschließend, Neues schaffen.

Das Wasser liefert das Blau?

Wenn es den Ilsesee gibt, werden sich solche Lichtkunstwerke als zusätzliche Faszination im Wasser spiegeln. Das sieht man an Peter Kuhns Arbeiten in New

Licht-Klang-Installation »Lichterfeld F60«, Hans Peter Kuhn

Schwimmende Häuser

York. Wasser, Licht und Farbe bilden eine imposante Kombination. Klänge erinnern an Geräusch, Bewegung – sie bringen zum Ausdruck, dass die Förderbrücke kein statisches, sondern ein dynamisches Element war.

Wie definieren Sie den Begriff Fortschritt?

Wenn es gelänge, für diese Region wieder einen ökologischen Einklang zu erzielen, empfände ich das als Fortschritt. Die zukünftige Entwicklung darf die Natur nicht weiter zerstören, muss ihr wieder zu ihrem Recht verhelfen. Gleichzeitig benötigen die Menschen neue wirtschaftliche Möglichkeiten, ein positives Lebensgefühl.

Skulpturen »Unternehmer-prozession« und »Gießer« von Reinhold Lohner auf den IBA-Terrassen

Reine Naturschützer wollen den Menschen oft ausklammern, während technisch und wirtschaftlich Orientierte möglichst die Naturschützer zur Seite wischen wollen. Ein Fortschritt im Kopf wäre zu begreifen, dass wir beides zusammendenken müssen – es nicht unmöglich ist, Naturschutz und wirtschaftliche Entwicklung zu vereinen.

Für die Gestaltung der Bergbaufolgelandschaft wird etwa so viel Geld ausgegeben wie für den Ausbau Berlins als Bundeshauptstadt. Mit solch einem riesigen finanziellen Aufwand darf nicht die langweiligste Seenlandschaft Europas geschaffen werden. Es wäre unverantwortlich, dreißigmal den Senftenberger See zu kopieren: Steg, Bötchen, Badestrand.

Wir haben die Chance, hier etwas völlig Neues zu initiieren, in einer ungewöhnlichen Seenlandschaft das zu verwirklichen, was ich als Fortschritt definiert habe. Die Entwicklung der Lausitz wird auch die Zukunft der Spree stark beeinflussen.

BERGBAU IST NIE NUR EINES MANNES TAT

Gespräch mit Walter Karge

Ihre erste Erinnerung an die Spree?

Als Kind war ich zum ersten Mal im Spreewald. Die Landschaft erfasste ich noch nicht. Wichtiger war mir mein kleines Spielzeugschiff, der Fährmann erlaubte mir, es an einer Leine hinter dem Kahn herzuziehen.

Ich bin ein Wasserfan. Als junger Mann liebte ich das Wasserwandern, mit dem Faltboot habe ich die Spree, so weit es ging, erforscht. Auf meiner ersten Spreetour 1957 erlebte ich ein Unwetter, eine Windhose fegte über den Neuendorfer See und zerstörte ein Kinderferienlager.

Anfang der sechziger Jahre, als ich noch studierte, fuhr ich mit der Familie im Faltboot durch den Spreewald und erkundete die Mecklenburger und Berliner Seen. Wir aßen in urigen Kneipen, die meiste Zeit waren wir Selbstversorger mit Zelt und Benzinkocher. Einen Sack Kartoffeln hatten wir dabei und ein paar Büchsen, dazu fingen wir Fische. Wer im Spreewald selbst fährt, kommt weg von den Touristen. Bei Burg wird es ruhiger und schöner. Wo viel Verkehr war, haben uns die Spreewälder mit unserem Boot nicht so gern gesehen.

Zur kontinuierlichen Kühlwasserversorgung der Kraftwerke in Lübbenau und Vetschau wurde als Wasserspeicher Ende der fünfziger Jahre die Talsperre Spremberg gebaut. Später kamen die Talsperren Quitzdorf und Bautzen dazu – die Spree wurde schwieriger befahrbar.

Wie haben Sie die stürmischste Phase der Braunkohlegewinnung in der DDR erlebt?

Im ehemaligen Braunkohlewerk »Franz Mehring« in Brieske habe ich Schlosser gelernt. Nach der Lehre arbeitete ich noch zwei Jahre auf der Abraumförderbrücke in Niemtsch, dem jetzigen Senftenberger See. Da es für den Sohn eines »Selbständigen« – mein Vater war Friseurmeister – unmöglich war, das Abitur zu machen, nahm ich den Umweg über die Berufspraxis. Nach der Lehre arbeitete ich zwei Jahre im Betrieb und betätigte

mich in der Freizeit als Sportler. Ich habe beim Sportclub Aktivist Brieske Senftenberg geboxt. Nach meiner Bewährung als »Arbeiter und Bauer«, delegierte mich der Betrieb 1959 zum Maschinenbaustudium nach Zwickau. Bei meiner Rückkehr 1963 war der Tagebau Niemsch gerade »ausgekohlt« und man dachte daran, die leere Grube in ein Naherholungsgebiet umzuwandeln. Es war umfangreicher und komfortabler angedacht, wie in vielen Planungen üblich. Dabei wurden u.a. auch die Probleme bei Baumaßnahmen auf Kippen hier bereits sichtbar, so dass die Insel im Senftenberger See nicht mit Hotelanlagen bebaut werden konnten. Dafür hat sich ein wunderbares Naturschutzgebiet entwickelt.

Gehört Rekultivierung zum Bergbau?

Die Bergbaugesetze von DDR und BRD unterschieden sich kaum, beide beruhen in ihren Grundzügen auf dem alten preußischen Berggesetz, die Pflicht der Wiedernutzbarmachung von in Anspruch genommenen Böden ist in ihnen verankert. Man muss die Frage stellen, wie es gemacht worden ist. Das Gesetz schreibt vor, dass genutztes Land in einem bestimmten Zeitraum für Forst- und Landwirtschaft wieder funktionsfähig sein muss. In der Regel dauert das drei bis sieben Jahre. Die Wiedernutzbarmachung gab es schon vor 1900, in der Lausitz gibt es Kippen, die in diesem Zeitraum wieder aufgeforstet wurden. Die Eigentumsverhältnisse in der DDR ermöglichten problemlose Enteignungen, Betroffene hatten keine Chance zu intervenieren.

Die Braunkohlegewinnung in der DDR hatte höchste Priorität und wurde als eines der großen Projekte des sozialistischen Aufbaus gepriesen. Was ist für Sie Fortschritt?

In der Tagebautechnik der DDR herrschte Erfindergeist. In Meuro entstand der erste Schaufelradbagger SRS 1500 und der bei uns als »Blaues Wunder« bekannte 1473. Damals gab es noch keine Computer. Die Berechnungen einer Förderbrücke oder eines Baggers umfassten bis zu 15000 Seiten, mehrere Bände, alles per Hand berechnet. Eine tolle ingenieurtechnische Leistung.

Das Kombinat »Schwarze Pumpe« machte Hoyerswerda, ursprünglich ein Nest von fünftausend Einwohnern, zur Stadt. Nachdem die Technologie zur Herstellung von

Kohlekraftwerk Schwarze Pumpe, 2004

Braunkohlenhochtemperaturkoks in Lauchhammer nach Bilkenroth und Rammler 1952 im industriellen Verfahren erfolgreich war, erfolgte der Aufbau der »Schwarzen Pumpe« innerhalb weniger Jahre. Das war nur im Rahmen einer gleitenden Projektierung möglich. Man hat nicht erst fünf Jahre Theorien aufgemalt, sondern nach bestimmten Grundüberlegungen mit dem Bau begonnen. Es wurde gebaut und gleichzeitig noch projektiert – das hat funktioniert. Innerhalb kurzer Zeit wuchs die Stadt auf 70.000 Einwohner.

Bis Mitte der siebziger Jahre investierte die DDR erfolgreich in technologischen Fortschritt. Wir hatten hervorragende Institute, u.a. das Institut für Schweißtechnik ZISS in Halle und das Braunkohleninstitut. Man suchte nach Möglichkeiten, die Braunkohle vor Ort unter Tage zu vergasen um die hohen Gewinnungskosten zu vermeiden. Es ist wohl nicht richtig gelungen. Es gab eine interessante Zeitschrift, kleine Heftchen, in denen über Neuerungen berichtet wurde. Später stagnierte die Entwicklung.

Woran lag das?

Es wurde kein Geld mehr investiert, die guten Gedanken konnten nicht mehr umgesetzt werden. In der Veredelungstechnik fuhren wir mit Maschinen, die waren hundert Jahre alt, wir haben sie am Leben erhalten – mit List und Tücke, fachlichem Können. Wir setzten Techniken ein, die man heute nicht mehr findet. Die Rohkohle kam mit 55 Prozent Wasser aus dem Tagebau. Sie musste getrocknet, gebrochen, zerkleinert, im Prinzip zu

Walter Karge mit Mitarbeitern

Staub zermahlen werden. In Röhrentrocknern wurde der Wassergehalt von 55 Prozent auf zirka 16 Prozent gesenkt. Die Briketts wurden in der Dampfpresse geformt. Tag und Nacht, sonn- und feiertags fuhren wir Schicht. Wenn die ersten Schneeflocken kamen und man noch mehr auf die Braunkohle angewiesen war, arbeiteten wir bei lausigen Minustemperaturen noch härter, die Kohle fror am Band fest. Das war schlimm. Ich stand an meiner Bandanlage und wenn nach klaren frostigen Nächten die Sonne als glutroter Ball über dem Koschenberg aufging, dann hatten wir Minustemperaturen von zwanzig bis dreißig Grad Celsius. Da wurde die Kohleförderung tatsächlich zur Schlacht, bei der jeder gebraucht wurde. An Urlaub war für viele meiner Kollegen in diesen Monaten nicht zu denken. Wir nannten diesen Zeitraum scherzhaft »Manöver Schneeflocke«. Nach der Wende habe ich den ersten Winterurlaub gemacht. Das war so – ich beschwere mich nicht.

Welche Bedeutung hat das Wasser für den Bergbau?

Ein Kumpel lernt sehr zeitig: Das Wasser ist der größte Feind des Bergmanns. Bevor ich in den Berg eingreife,

den Tagebau niederbringe, muss ich wissen, wie das Problem Wasser beherrscht werden kann.

Bis 1900 hat man in der Lausitz nur das Oberflöz abgebaut. Da machte das Wasser nicht solche Probleme. Ab 1905 fing man an, in das Hauptflöz einzudringen, und brachte Filter in den Boden ein. Über diverse Leitungssysteme wurde das Wasser nach oben befördert. Das Grundwasser stellt sich nicht als ebene Fläche dar, sondern ist in der Lausitz in vier bis fünf Horizonten gestaut. Darum musste man das Abbaufeld genau kennen.

Zwischen den verschiedenen Ebenen liegen Geschiebeschichten, Wasserstauer. Um jeweils den tiefsten Punkt zu erwischen, war es notwendig, das gesamte Gebiet in einem Raster von hundert Metern aufzubohren. Neunzig bis 120 Meter gingen wir in die Tiefe. Auf einen Kubikmeter Kohle kamen drei bis fünf Kubikmeter Abraum. Das Grundwasser wurde in Spree und Elster gepumpt. Wenn sich jetzt langsam wieder die natürlichen Verhältnisse einstellen und wir die gegenwärtige Witterung und Großwetterlage berücksichtigen, werden wir mit dem Wasser sparsam umgehen müssen.

Im entscheidenden Maße geht es darum, die bergbaulich genutzten Flächen sicher auf den Grundwasserwiederanstieg vorzubereiten. Etwa achtzig Prozent der Aufwendungen werden für diese Aufgabe ausgegeben, zirka fünf Prozent für die sichtbare Oberflächengestaltung. Mit diesen Maßnahmen schließt sich der Kreis — beginnend mit einem Grundwasserentzug und dessen Wiederanstieg. Dazwischen liegen zirka 120 Jahre.

Müssen wir jetzt den Satz umdrehen und sagen: Das Wasser ist des Bergmann bester Freund?

Mit der Ressource Wasser muss sorgfältig umgegangen werden. In der Flutungszentrale Brieske wissen wir genau, wieviel Wasser die Flüsse bringen. Von Februar bis Mai und im Herbst können wir fluten, in den anderen Monaten passiert wenig. Im wasserwirtschaftlichen Konzept zur Flutung der entstehenden Bergbauseen haben die Abflüsse der Spree und der Elster die Priorität. Die Überleitung des Wassers erfolgt nur auf Anweisung der zuständigen Behörden unter Nutzung der Hochwasserwellen. In die Konzepte Spreewald, Berlin usw. greifen wir nicht ein.

Sie gelten als »Kumpel der Natur« …

Jeder Bergmann hat eine starke Verbindung zur Natur. Er muss zusätzlich zu seinem eigentlichen Abbauhandwerkszeug über Geologie, Hydrologie und Botanik Bescheid wissen. Richtige Entscheidungen erfordern solides Grundwissen. Es ist nicht möglich, dass man alles beherrscht, deshalb hatten wir auch viele Spezialisten. Bergbau ist nie nur eines Mannes Tat. In dem Moment, wenn Sie den Tagebau aufschließen, müssen Sie wissen, wie die Wiedernutzbarmachung aussehen soll.

Wie sah die aus?

Die Rekultivierung zielte im Wesentlichen auf die Herstellung von Landwirtschaftsflächen, oft hinterließen wir eine bessere Bodenqualität, als wir vorgefunden hatten — wir sollten uns ja alle selbst ernähren. Die Schaffung neuer Böden im Abbaugebiet wurde planmäßig durchgeführt.

Mit Schaufelradbaggern sortierten wir den Abraum und lagerten ihn auf Halden. In den zu rekultivierenden Flächen mischten wir dem Sandboden kulturfreundlichen Geschiebemergel bei, der das Wasser gut hält.

Nach der Wende änderten sich die Anforderungen an die Wiedernutzbarmachung; anstelle von landwirtschaftlichen Flächen wurden mehr Forst- und Rohbodenflächen hergestellt. Damit überhaupt etwas wachsen konnte, mischten wir dem sauren Boden Kalk bei. Wir schufen umfangreiche Flächen, die dem Naturschutz

Förderbrücke Meuro bei Senftenberg, 1975

vorbehalten sind. Aus all den Erfahrungen resultiert meine Verbindung zum Naturschutz.

Wie stehen Sie zum Flutungskonzept?

Wir haben nicht mehr den Abraum zur Verfügung, um die Löcher zu schließen. Wenn wir pro Jahr über zweihundert Millionen Tonnen Kohle aus der Erde holen, entsteht irgendwo ein Defizit – es bleibt ein riesiges Loch. Aus dem Tagebau Meuro wird der Ilsesee. Eigentlich sollte dort eine riesige Landwirtschaftsfläche entstehen, gefüllt mit Abraum aus dem Tagebau Greifenhein. Für den Abraumtransport planten wir den Bau einer

Tagebau Meuro, Winter, 1979

sechs bis sieben Kilometer langen Bandanlage. Doch als nach der Wende plötzlich die Kohle aus Greifenhein nicht mehr gebraucht wurde, ging dieses Geschäft nicht mehr auf.

Einen Tagebau ohne die »natürliche« Umverteilung zu schließen ist sehr teuer. Man benötigt über hundert Millionen Kubikmeter Abraum, und ein Kubikmeter kostet zirka 2,50 Euro. Nun rechnen Sie mal, was das kostet – über 250 Millionen Euro.

Ist das Wasser die ideale Lösung für die Natur?

Wir haben keine Alternative. Was wollen wir mit den Löchern machen? In dem Moment, wo ich das Loch sich selbst überlasse, entsteht eine saure Brühe. Wir sind verpflichtet eine bestimmte Wasserqualität herzustellen. Ein Kubikmeter Wasserhebung und -reinigung kostet zehn bis zwölf Cent, das ist ein Faustwert. Für bestimmte Löcher werden wir niemals einen neutralen PH-Wert bekommen. Selbst beim Senftenberger See mit seinem hervorragenden Wasser kann es Probleme geben, wenn die Elster lange Zeit kein Wasser bringt. Es geht nicht nur darum, die Löcher voll zu kriegen, entscheidend ist die Qualität.

Wissenschaftliche Institute untersuchen, wie das Flutungskonzept durch biologische Programme unterstützt werden kann. Ein Vorhaben in dieser Größenordnung gab es bisher noch nicht. Es wird lange dauern, bis ein See sich selbst biologisch tragen kann und kein Stützwasser mehr zugeführt werden muss. Da ist viel Innovation gefragt.

Wie haben Sie die Spree in Berlin erlebt?

Sie war der Grenzfluss, wir mussten aussteigen. Wenn ich den Fluss in Berlin sehe und weiß, dass er aus dem Oberland kommt, erfüllt mich das mit Stolz: Guck mal, wie breit die Spree hier ist und so viel Wasser …

Wenn ich Wasser sehe, werde ich nervös – eine eigenartige Sache. Ich bin gern in und auf dem Wasser. Mein größter Berufswunsch war Seemann zu werden. Meine Mutter war dagegen. »Wasser hat keine Balken«, sagte sie.

DER SPREEWALD

Naturparadies, Gemüsegarten – Touristenattraktion ist der »Pusch«, wie die Einheimischen ihren Spreewald »hinter dem Dorf« voller Liebe und Respekt nennen. Kaum einer kennt das »märkische Venedig«, seine über zwanzigtausend Arten zählende Fauna und Flora, die Geschichte der Spreewälder so gut wie der Agraringenieur Dr. Manfred Werban. Seine Wiege war der Kahn. Als Bodenkundler sieht er in den Spreewaldmooren Schatzkammern verborgenen Wissens, liest im Torf wie in einem Buch über die Entstehungsgeschichte dieser europaweit einzigartigen Niederungslandschaft. 1428 urkundlich erstmals erwähnt, erstreckt sich das heutige Gebiet des Ober- und Unterspreewaldes auf einer Länge von 75 Kilometern vom Nordrand von Cottbus über Burg, Lübbenau, Lübben bis nach Schlepzig und zum Neuendorfer See. Auf diesem Streckenabschnitt zerstreut, verästelt, verzweigt sich die Spree in ein Labyrinth aus dreihundert natürlichen und künstlich geschaffenen Wasserläufen, Fließen, deren Breite zwischen einem und fünfundzwanzig Metern liegt – mit einer Gesamtlänge von über 1500 Kilometern. Das Dasein der Spreewälder ist gekennzeichnet vom »Leben mit dem Wasser«, diesem belebenden und zerstörenden Element – Fluch und Segen der Spreewaldregion. Hochwasser und Dürreperioden führten in regelmäßigen Abständen zu lebensbedrohenden Katastrophen, Seuchen und Hungersnöten.

»Am grünen Strand der Spree« bei Schlepzig

55

Der Kahn – war und ist Verkehrs- und Transportmittel für die Spreewälder, deren Gehöfte ohne Straßenanbindung auf Streusandinseln, Kaupen, stehen. Aus dem schnellen und wendigen Einbaum, einem ausgehöhlten Eichenbaumstamm, entwickelte sich der heute gebräuchliche – in unterschiedlichen Größen aus Kiefern- und Fichtenholz in Handarbeit gezimmerte und mit Teer wasserfest gemachte – Spreewaldkahn. Mit dem kiellosen Gefährt, einer Art Landungsfahrzeug, vorne breiter als hinten, staken noch heute die Bauern mit dem Ruder in der Hand vom Fließ oder Kanal ›auf Wiese‹, wie die Burger sagen. Die Kähne befördern beachtliche Heu-, Gurken- oder Meerrettichladungen, manchmal eine Kuh, die zum Schlachter soll. Auch für Jäger, Fischer und Angler, die Hebamme, das Brautpaar, den Postboten, den Schüler, die Schulklasse, den Sarg – ist der Kahn in bestimmten Gegenden noch immer unverzichtbares Fahrzeug.

Der märkische Dichter Theodor Fontane benutzt bei einer Reise mit Freunden in den Spreewald im August 1859 einen Kahn – »drei Bänke mit Polster und Rücklehnen versprachen möglichste Bequemlichkeit« –, um von Lübbenau in die »Lagunenstadt in Taschenformat«, nach Lehde, zu reisen. »Man kann nichts Lieblicheres sehn als dieses Lehde, das aus ebenso vielen Inseln besteht, als es Häuser hat. Die Spree bildet die große Dorfstraße, darin schmalere Gassen von links und rechts her einmünden. Dicht an der Spreestraße steht das Wohnhaus, ziemlich nahe daran die Stallgebäude, während klafterweise aufgeschichtetes Erlenholz als schützender Kreis um das Inselchen herläuft. Obstbäume und Düngerhaufen, Blumenbeet und Fischkasten teilen sich im übrigen in das Terrain und geben eine Fülle der reizendsten Bilder.« Von Lehde reist Fontane in südöstlicher Richtung über einen »wie mit einem Lineal« gezogenen Kanal nach der »Eiche«, »einem mitten im Spreewald gelegenen und von der Frau Schenker in gutem Ansehen geführten Wirtshaus. Frau Schenker … hängt am Spreewald und schreibt der Spree, neben allem sonstigen Guten, auch wirkliche Heil- und Wunderkräfte zu, worüber wir uns in einen scherzhaften Streit mit ihr verwickeln. Und nun das Mahl selber! Das wäre kein echtes Spreewaldsmahl, wenn nicht ein Hecht auf dem Tische stünde«, schreibt Fontane und dichtet sogleich: »Die Leber ist von einem Hecht und nicht von einer Schleie, / Der

Fisch will trinken, gebt ihm 'was, daß er vor Durst nicht schreie.«

Wer heute den Spreewald besucht, findet Fontanes Worte in Reiseprospekten und wie im Fall des Restaurants des am traditionellen Ort neuerbauten »Waldhotels Eiche« auch auf der Speisekarte. In Lehde, diesem von Fontane so malerisch beschriebenen, auf 28 Spreeinseln gelegenen Dorf, bietet ein Spreewaldmuseum Einblick in die Geschichte und das Brauchtum dieser Region. Doch was wäre der Spreewald, »Vaterland der sauren Gurke«, ohne ein Museum, in dem der die Region auf vielerlei Weise bestimmenden Frucht gedacht wird. Karl-Heinz Starick, »ein echter Ledscher« in dritter Generation, hat mit dem Sommergarten »Quappenschänke«, dem angegliederten Bauernhaus- und dem Gurkenmuseum einen Ort geschaffen, an dem »wie im Zeitraffertempo das harte Leben der Spreewaldbauern im Laufe der Jahrhunderte lebendig gemacht wird« und wo nach »Spreewälder Art« gegessen und gefeiert wird. »Was macht den Spreewälder stark? Leinöl und Quark!« Jedes Jahr veranstaltet der rührige Gastwirt in der dritten Juliwoche die Wahl einer »Gurkenkönigin«, die neben Heimat- und Fachwissen auch ein eigenes Gurkenrezept präsentiert – das der Gewinnerin wird zur »Königsgurke« des Jahres. Besucher des Gurkenmuseums können diese Rarität, eingelegt von der alteingesessenen Firma Rabe aus Boblitz, kosten und kaufen.

Noch bis vor dreihundert Jahren war der »Wald an der Spree« groß, undurchdringlich, gefährlich für den Ortsunkundigen, ein Urwald, in dem Bären, Wölfe, Elche und kapitale Hirsche anzutreffen waren. 1650 soll der letzte Bär vom Grafen Johann Sigismund zu Lynar erlegt worden sein. Zur selben Zeit ließ Friedrich Wilhelm, der Große Kurfürst, mit seinem »Potsdamer Edikt« Untertanen anwerben und versprach »Freyheiten, Privilegien, Geld und andere Notwendigkeiten«. Als sein Enkel Friedrich Wilhelm I. die Regentschaft übernahm, setzte dieser die Politik der »Neuansiedlung von Ausländern« fort. Er gab zusätzlich den Befehl, aus jeder Kompanie seiner Armee 25 Mann »von den alten und schlechtesten Leuten« auszumustern, und »setzte« diese Soldaten und Ausländer im heutigen Burg-Kaupern und Burg-Kolonie »an«. »Kauper« nannte man die Siedler, die sich im sumpfigen Land auf einer hochwasserfreien Anhöhe – der Kaupe – ihr Haus bauten und Land urbar machten.

Bereits 1679 hatten die Lübbenauer Schlossherren von Schulenburg flämische Tuchmacher ins Land geholt. Diese brachten in ihre neue Heimat Gurkensamen mit, der sich im Gegensatz zu ihren Webkünsten auf dem lockeren, feuchten, nährstoff- und humusreichen Boden prächtig entwickelte.

Nach dem Zweiten Weltkrieg, wurde im Zuge der Bodenreform der Letzte aus der Dynastie Lynar, die seit 1621 in und um Lübbenau geherrscht hatte, enteignet. Ahnherr der Familie Lynar war Graf Rochus Guirini zu Lynar, Bauherr der Zitadelle in Spandau, dort, wo die Spree in die Havel mündet. »Sozialistischer Frühling« nannte man in der DDR den Prozess der Hinwendung zur genossenschaftlichen Produktion, aus dem die LPGs – Landwirtschaftliche Produktionsgenossenschaften – hervorgingen. Zur Zeit der Wende gab es im Großraum Spreewald den »VEB Spreewaldkonserve Golßen«, ein Kombinat, von dem aus die Vermarktung der Spreewälder Gurkenproduktion zu DDR-Zeiten zentral durchgeführt wurde.

Im August 1991 kauften die Geschwister Karin Seidel und Konrad Linkenheil diesen Industriekomplex, modernisierten ihn gründlich und schufen mit dem in »Spreewaldhof« umbenannten Betrieb einen »Heimathof für Gurkenfans«. Aus einem alteingesessenen niederrheinischen Familienbetrieb kommend, waren die neuen Chefs mit »dem Konservieren von Obst und Gemüse von Kindesbeinen an vertraut«. In der individuellen »Kombination von Süß und Sauer liegt der Segen des Erfolgs«, kommentiert Karin Seidel den vielseitigen Umgang der Spreewälder mit ihrem Spitzenprodukt Gurke. Als Innovation im Sauerkonservenmarkt kreierten sie eine Alternative zu süßen Riegeln: »GET ONE!«, eine echte Spreewälder Gurke in der trendgerechten Weißblech-Dose.

Eine der wichtigsten Aufgaben nach der Wende war es, die Produkte der Region als Marke unter Schutz zu stellen. »Nur wo das Markenzeichen drauf ist, ist auch der echte Spreewald drin«, garantiert das neue Gütesiegel mit den gekreuzten Schlangenköpfen. Die Schlange ist als Symbol in der Lausitzer Sagenwelt weit verbreitet:

»So sollte unter jedem Bauernhaus ein Pärchen Schlangen leben, welche dem Hausherrn Gesundheit und Glück verhießen, wenn dieser sie ab und zu mit einem Schälchen Milch bedachte.«

Das, was heute vom alten Spreewald übrig geblieben ist, vergleicht der inzwischen stark mit der Region verbundene Rheinländer Konrad Linkenheil mit einem Museum, in dem fast alles, was es zu bestaunen gibt, registriert und bewertet wird. Man weiß, wann der Weißstorch kommt und geht, wo der scheue Schwarzstorch nistet, zählt die Seeadler am Himmel, bietet dem selten gewordenen Fischotter ein natürliches Reproduktionsgebiet … und hofft auf den Touristenstrom, ohne den die Spreewälder nicht überleben können. Damit dieses »Sanatorium für Leib und Seele« für künftige Generationen erhalten bleibt, diese einmalige Naturidylle nicht zerstört wird, wurde der Spreewald 1990 zum Biosphärenreservat erklärt und von der UNESCO als Schutzgebiet anerkannt. Dessen Leiter war von 1991 bis 2000 Dr. Manfred Werban. In dieser Aufgabe konnte er seine Liebe zur Heimat mit den Anforderungen der Neuzeit verbinden. Biosphärenreservate sind Naturschutzgebiete, Nationalparks, aufgeteilt in Kern-, Pflege- und Entwicklungszone, in denen »gemeinsam mit den hier lebenden und wirtschaftenden Menschen – beispielhaft Konzepte zu Schutz, Pflege und Entwicklung erarbeitet und umgesetzt werden.«

Dass die Spree auch ein idealer Kinderspielplatz sein kann, davon erzählt die Orthopädin Dr. Karin Büttner-Janz aus Hartmannsdorf, einem Vorort von Lübben. Lubin – Flußaue, wie Lübben im Sorbisch-Wendischen heißt, soll einst Zufluchtsort der slawischen Göttin Ljuba gewesen sein. Sie galt als Beschützerin der Liebenden. »Ich würde jedem Kind wünschen, auf dem Dorf groß zu werden«, sagt heute die erfolgreiche Ärztin, die als Karin Janz in den sechziger und siebziger Jahren des vorigen Jahrhunderts durch ihre vielen außergewöhnlichen sportlichen Leistungen bei Olympischen Spielen, Welt-, Europa-, und DDR-Meisterschaften zur Turnlegende wurde und seit 2003 Mitglied der »Hall of Fame« ist.

DER MANN UNTER DER WEIDE
Gespräch mit Dr. Manfred Werban

mit wir den Ofen heizen konnten. Dann war für den ganzen Winter Schluss. Erst Ostern 1947 erfuhren wir durch Mundpropaganda: Jetzt geht in Burg die Schule wieder los! Die Winter waren phantastisch. Wir hatten im Winter regelmäßig Überflutungen, die Spree war noch nicht so reguliert. Bis an die Haustür stand das Wasser. Auf der Treppe sitzend haben wir uns die Schlittschuhe angeschnallt und sind damit durch den ganzen Spreewald gelaufen. Der ganze Wald war gleichmäßig gefroren.

Erzählen Sie von Ihrer Familie!

In diesem kleinen Haus, das 220 Jahre alt ist, lebten meine Eltern, der Opa, eine Tante und sechs Kinder. Ein volles Haus voller Leben. Alle Generationen waren vertreten. Vollgestopfte Häuser waren üblich. Als Kinder bemühten wir uns auszustreunen, unterwegs zu sein. Großvater war Landwirt und Fischer. Meine Mutter ist in dem Haus geboren, Vater stammte aus einem Nachbardorf. Er war Maurer und konnte mit Farben gut umgehen. Die Kalkwände wurden damals nicht tapeziert.

In dieser Zeit waren die Menschen vielfältig tätig, von drei Hektar Kleinerwerbslandwirtschaft konnte eine so große Familie nicht leben. Wir Kinder mussten mithelfen, alle waren eingespannt. Im Frühjahr robbten wir mit einem Sack über die Wiesen, stachen Disteln. Gestampft ergaben die ein gutes Schweinefutter. Im Sommer mähten wir die Wiesen, machten Heu und brachten es mit dem Kahn nach Hause. Alles in Handarbeit. Im Winter wurden aus Birkenruten Besen gebunden, aus Pappeln oder Erlen Mulden zum Schlachten und Backen hergestellt. Sogar die Holzpantoffeln fertigten wir selbst an.

Mein Vater war bei der Feuerwehr und verdiente sich zusätzliches Geld als Musiker. In einer Gaststätte spielte er mit der Trompete zum Tanz auf. Wir haben einen sor-

Der Großvater mit seinen Enkeln vorm Haus

Sie sind hier im Spreewald geboren. Was ist Ihre erste Erinnerung an den Fluss?

Ich wohne an einem der dreihundert Nebenarme dieser Spree. Als Kinder sind wir, kaum dass wir richtig stehen konnten, im Kahn gestakt worden. Er war unser Kinderwagen. Das Gehöft meiner Familie gehört zum Streusiedlungsbreich Burg. Früher war es nur über Pfade zu erreichen, als Hauptverkehrsmittel diente der Kahn. Unmittelbar vor dem Haus floss Wasser, in dem wir badeten, das aber auch gefährlich wurde. Bereits als Kind erlebte ich im Sommer und im Winter Überschwemmungen. Beim Sommerhochwasser 1947 schwammen in den Zimmern die Frösche. Die Betten hatten wir auf Ziegelsteine gestellt – drei bis vier Tage schliefen wir so über dem Wasser.

Sind Sie mit dem Boot zur Schule gefahren?

Im September 1946 bin ich eingeschult worden, da gab es schon aufgeschüttete Sandwege. Zeitweise waren sie nicht begehbar. Anfang Oktober, erinnere ich mich, brachte jeder ein Stück Holz in der Schulmappe mit, da-

bischen Familiennamen, Werban bedeutet: Der Mann unter der Weide.

Beim Herumstreunen haben Sie die Natur entdeckt?

Was uns die Natur bot, von dem haben wir gelebt. Fische gab es im Überfluss – bis Anfang der fünfziger Jahre. Kamen zum Abendbrot Pellkartoffeln auf den Tisch, wateten wir ins Fließ und fuhren mit dem Korb unter den Wurzeln entlang. Im Nu fingen wir Weißfische und Barsche, die schnell in der Pfanne gebraten wurden. Wir sammelten auch Kiebitzeier. Das scheint im Widerspruch zu meiner heutigen Arbeit zu stehen, doch wir sind damals behutsam mit der Natur umgegangen.

In unserem Wiesenbereich brüteten etwa zwanzig Kiebitzpaare. Anfang April sagte unsere Mutter: So, jetzt könnt ihr Kiebitzeier sammeln gehen, aber nehmt aus jedem Nest nur eins. Kiebitze brüten ein Vierergelege. Fanden wir ein Nest, nahmen wir ein Ei heraus, nie räumten wir das ganze Gelege. Zu diesem Zeitpunkt waren die Eier noch nicht angebrütet, das wussten die Eltern genau – die Kiebitze legten sofort ein Ei nach. Wildentennestern entnahmen wir mehrere Eier. Die legen ja bis zu 15.

Im Winter gelang es uns auch ab und zu ein Rebhuhn zu fangen, die gab es ja in Massen. Sie kamen bis zum Hof. Wir stellten einen großen Käscher auf, streuten Heusamen darunter und zogen eine Leine bis zum Haus. Wenn zwanzig darunter saßen, zogen wir das Netz zu. Vier bis fünf ergaben eine Mahlzeit, die anderen ließen wir frei.

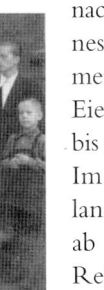

Meine älteren Geschwister mussten zeitig aus dem Haus und ihr eigenes Geld verdienen. Ich, der Jüngste, blieb bei der intensiven Beschäftigung mit der Natur. 1954 sollte ich zur Verwandtschaft in die Schmiedelehre gehen. Jeden Tag marschierte ich früh los mit einem alten Fernglas in der Tasche, Mutter hatte mir zwei Stullen ge-

macht. Ich setzte mich an die Fischteiche, wartete, bis der Tag vorbei war und dann ging ich wieder nach Hause. Eines Tages kam der Schmied zu Besuch und sagte zu meinem Vater: Du August, dein Sohn wollte doch bei mir anfangen. In der Zwischenzeit hatte ich mir selbst eine Stelle als Forstlehrling gesucht. Meine Eltern hätten mich lieber noch im Haus behalten. Ich habe meinen Rucksack gepackt und bin zu Fuß zum Bahnhof nach Burg gelaufen. Als Lehrling bei einem Revierförster in Weißkolben in der Oberlausitz lernte ich die Heidelandschaft kennen. Dort gab es in einem Altkiefernbestand eine Reiherkolonie mit 115 Horsten. In diesem Naturschutzgebiet lernte ich den Tierfilmer Helmut Drechsel kennen, mit ihm haben wir Wanderfalken gefilmt. Unmittelbar neben diesem Gebiet fließt die Spree. Mir war zunächst nicht bewusst, dass ich da wieder Berührung mit meinem Heimatfluss hatte. Einmal bin ich mit dem Fahrrad zur Quelle gefahren. Es hat mich nicht besonders beeindruckt, wie das da so rauströpfelt. Seitdem war ich nicht wieder da.

Wie ging es nach der Lehre weiter?

Zuerst war ich in Lübben als Waldarbeiter tätig, später habe ich als Holzverkäufer gearbeitet. Der Betrieb lag mir nicht so sehr, ich wollte andere Tätigkeiten erproben. Ich kann gar nicht mehr richtig nachvollziehen, wie es dazu kam, dass ich starkes Interesse an der Bodenkunde entwickelte und zur Forstkartierung nach Eberswalde ging. Dort war ich als Hilfsarbeiter tätig und habe über ein vierjähriges Fernstudium meinen Forstingenieur gemacht.

Ich wollte zurück in den Spreewald, mein Vater war gestorben, meine Mutter lebte alleine. Ich fühlte mich verpflichtet, in der Nähe zu sein, um immer mithelfen zu können. Ich ging zur Geologie nach Cottbus. Der Tagebau fraß sich durch die Lausitz, und es ging um die Rekultivierung der Böden. Was durch die Umwälzung der Böden nach oben gekommen war, musste bewertet werden. Dazu benötigte ich landwirtschaftliche Kenntnisse und absolvierte ein Fernstudium als Agraringenieur in Halle. In meiner Diplomarbeit beschäftigte ich mich mit

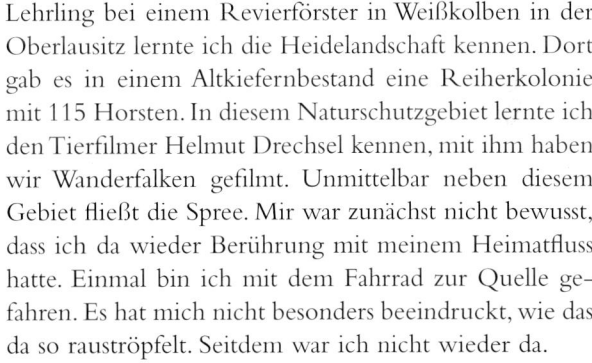

Sorbische Spreewaldfischer von Burg und Umgebung auf Hechtfang im Großen Fließ, 1986

Haus Werban

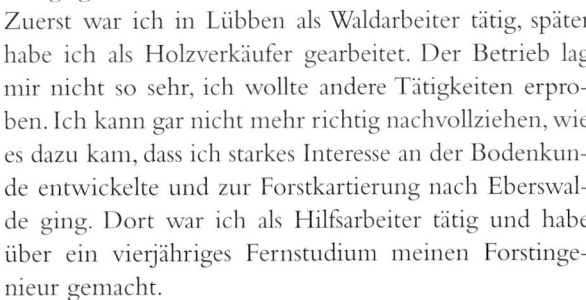

Schulklasse 1948

der Bodentypologie Ostbrandenburgs unter dem Gesichtspunkt der Nutzbarmachung für die Landwirtschaft. Diese Art der Bodenbewertung zur Ermittlung der Ertragsfähigkeit hatte bisher noch keiner gemacht.

Was Sie erforschten, passte doch genau in das Konzept der sozialistischen Planwirtschaft …

In der DDR war für mich keine Hochschulkarriere vorgesehen, dafür bewegte ich mich politisch zu sehr am Rande. Meine Forschungsarbeit ist in anderen Ländern viel mehr anerkannt worden als vom DDR-Regime.

In den siebziger Jahren ist die Bodenformkartierung, wie wir das nannten, in der DDR groß angekommen. Leider hatte ich dadurch auch Nachteil. Ich war in eine Kategorie eingestuft worden, die besagte, dass ich der DDR gefährlich werden konnte, weil ich die gesamten landwirtschaftlichen Ertragspotentiale bewerten und berechnen konnte. Wenn ich mein Wissen dem Klassenfeind zur Verfügung gestellt hätte, wäre das für die DDR von Übel gewesen. Hinzu kam, dass ich nie aus der Kirche ausgetreten bin und wir 1968 anfingen, eine kirchliche Zeitung zu Umweltproblemen in der DDR herauszugeben. Ein wesentlicher Grund, warum meine Promotion nicht anerkannt worden ist. Ich wurde streng überwacht. Nach der Wende erfuhr ich, dass zeitweise 15 IM's auf mich angesetzt waren und sich meine Unterlagen bei der Stasi auf fünfhundert Seiten angesammelt hatten.

Von Cottbus sind sie nach Vetschau gegangen. Worin bestand Ihre neue Tätigkeit?

Jeder Bezirk in der DDR hatte ein kleines landwirtschaftliches Institut zur Betreuung der Landwirte. Für den Bezirk Cottbus habe ich eine flächendeckende Bodenkarte angelegt. Eine bunte Karte, in der alle Eigenschaften der Böden dargestellt waren. Ziel meiner Arbeit war die Erhöhung der Bodenfruchtbarkeit – durch die Mischung von Böden konnten phantastische Erträge erzielt werden, ohne dem Boden zu schaden. Über solche ökologischen Fragen war bis zu diesem Zeitpunkt noch nicht nachgedacht worden, das war revolutionierend.

Über diese Tätigkeit sind Sie auch in Kontakt mit den Braunkohlegruben in der Lausitz gekommen?

In der Lausitz war eine Wüste entstanden. Man gab mir die Möglichkeit, die Landschaft neu zu gestalten. Ich hatte die Freiheit zu entscheiden, wo Felder und wo Wald

Wiederurbarmachung im Tagebau Lohsa für die landwirtschaftliche Nutzung

entstehen sollten. Wenn der Mensch nach Millionen von Jahren so in die Natur eingreift, ist er verpflichtet, bei der Rekultivierung etwas Vernünftiges zu schaffen – dafür fühlte ich mich verantwortlich. Der Boden wurde bearbeitet, teilweise verbessert, doch schließlich trat die Kohle an die erste Stelle. Es wurde auf nichts mehr Rücksicht genommen, immer mehr gute Fläche weggebaggert. Als für diese Ersatz geschaffen werden musste, fing man an, auf mich zu hören. Der Förderbetrieb wurde umgestellt, kulturfreundliche Schichten gesondert gelagert. In Vetschau bin ich 23 Jahre geblieben, ich war wieder in Verbindung mit dem Spreewald.

Wie ging es zu Hause weiter?

Die Bodenreform hatte den Kleinbauern mehr Land gegeben, damit sie existieren konnten. Auch wir hatten mehrere kleine Flächen aus dem Besitz des Grafen von Lynar dazubekommen. Bis 1963 bewirtschafteten wir sie, dann kam die Kollektivierung und wir mussten alles wieder abgeben. Den Hofraum konnten wir behalten und nutzten ihn für die eigene Versorgung. Am Anfang hatten wir noch eine Kuh. Mit dem Garten produzierten wir Gemüse, das wir bei einer Aufkaufstelle ablieferten. Unsere Mohrrüben und Gurken wurden gut bezahlt. Sie wurden fast doppelt so hoch angekauft, wie sie verkauft wurden. Das war der DDR-Irrsinn.

Meine Mutter hat gelegentlich noch in der LPG mitgearbeitet und eine bescheidene Rente bekommen.

Wie hat sich Ihre Heimat im Laufe der Zeit verändert?

Ende der fünfziger Jahre hat man angefangen die Wälder im inneren Teil des Spreewaldes zu roden. Die schlimmsten Eingriffe erfolgten in den sechziger Jahren. Das volkseigene Gut Rahnsdorf wurde ausgebaut. Als Bodenkundler lernte ich die Moore im Spreewald kennen. Durch diese Kartierungsarbeit kannte ich die Pläne, den Wald in landwirtschaftliche Fläche umzuwandeln. Ich schlug Alarm, denn ich war gegen das Projekt, im Spreewald an einer Stelle 15 Tausend Kühe zu stationieren. Das sollte noch zweimal wiederholt werden, 45 Tausend Tiere sollte der Spreewald ernähren. Bis auf kleine Reste wäre von dieser Landschaft nichts mehr übrig geblieben. Davor warnte ich und begründete es wissenschaftlich – bodenkundlich. Das wollte man nicht hören und verbannte mich aus dem Spreewald, ich hatte dort keinen Handlungsspielraum mehr.

1977 war ein nasses Jahr, die Tiere sind nicht mehr satt geworden. Nicht einmal für die stationierten 15 Tausend Rinder reichte das vorhandene Futter, es musste von außerhalb antransportiert werden. In dieser Situation wurde ich wieder geholt. Die Bezirksleitung Cottbus fragte: Werban, was haben wir falsch gemacht? Ich hielt es für einen Moment der Umkehr. Doch im nächsten Jahr war die Situation günstiger, das Vieh wurde wieder satt. Alles sollte im alten Verfahren weitergehen. Keine Diskussion mehr darüber, dass wir die Meliorationen zurückbauen, wieder kleinere Flächen schaffen wollten. Inzwischen hatten aber auch die anderen Mitarbeiter im Institut verstanden, dass man aus einer Schilfwiese keine hochwertige Wiese machen konnte. Das fehlende Futter sollte als Konzentrat über Schifftransporte zugeführt werden. Doch die Grenzen der Wirschaftlichkeit waren erreicht. Man gab das Projekt als unrentabel auf.

Welchen Einfluss hatte die Entwicklung in der Braunkohleregion auf die Spree?

Der natürliche und für den Spreewald ideale Wasserdurchfluss liegt bei zwölf Kubikmetern pro Sekunde, gemessen bei Cottbus. Durch die Einleitung der Sümpfungswässer aus den Tagebauen hatten wir über Jahrzehnte 36 Kubikmeter pro Sekunde Durchfluss, also mittleres Hochwasser. Wiesen konnten teilweise nicht mehr genutzt werden. Damit das zusätzliche Wasser schnell durchfließen konnte, wurden die Fließe und der Nordumfluter ausgebaut. Wir hatten keinen Wassermangel, schöpften immer aus dem Vollen.

Als mit der Wende der Braunkohletagebau zurückgefahren wurde, blieben die Sümpfungswässer zunehmend aus. Heute haben wir einen Durchfluss von sieben Kubikmeter pro Sekunde – das ist Niedrigwasser. Die

natürliche Dynamik der Spree hat in der Geschichte zu Extremen geführt, gemessen wurden Werte zwischen 270 und zwei Kubikmetern pro Sekunde, dann ist der Spreewald trocken.

Von Ihnen stammt die Warnung: Die Spree fließt rückwärts. Was wollten Sie damit zum Ausdruck bringen?

Als das Sümpfungswasser abgestellt wurde, stand der Fluss vor dem Kollaps. Die Spree fließt rückwärts, so bildlich habe ich es dargestellt, um die Menschen wachzurütteln. Ich habe nicht nur den Spreewald gesehen, sondern auch Berlin. Wenn der Spreewald nicht mehr das Trinkwasser für Berlin liefert, dann wird es für die

Stadt schlimm. Der kleine Spreewald, das hatte ich bei einer Anhörung im Bundestag, damals noch in Bonn, gemerkt, hatte wenig Bedeutung, wichtig war Berlin. Der Spreewald mit seinen Mooren reinigt das Wasser

Hochwasser im Spreewald, 1927

und liefert Güteklasse 1, bestes Trinkwasser. Es ging um den Erhalt dieser Landschaft und um die Versorgung Berlins.

Was fasziniert Sie an Moorböden?

Als ich das erste Mal ein Moor gesehen habe, zerpflückte ich den Torf in den Händen. Ich identifizierte vollständige Pflanzen, die zehn bis fünfzehntausend Jahre alt waren, und konnte ablesen, dass dort einmal eine Heidelandschaft existiert hatte. Es begeisterte mich. Man findet sogar noch Samenkörner und wenn ich den zehn tausend Jahre alten Fieberklee in frische Erde pflanze, wächst er wieder. Baumstämme sind so gut erhalten, dass man sie als Erle, Pappel oder Weide bestimmen kann.

Torfe haben sich nur dort gebildet, wo immer Wasser im Überfluss war. Heidekraut, das gerade noch im Trockenen wuchs, wurde plötzlich überflutet – konserviert. Im Spreewald sind die Moore acht- bis zehntausend Jahre alt. Die zwei bis acht Meter tiefen Durchstiche geben Aufschlüsse über Vegetationsperioden. Sich so die Entwicklungsgeschichte klar zu machen, ist phantastisch.

In den tiefen Moorsenken im Randbereich des Spreewaldes, also in der Grundmoräne, findet man noch Vulkanasche, abgedeckt und konserviert. Michael Succow und ich haben lange gerätselt und herausgefunden, dass sie vom letzten Vulkanausbruch vor dreizehntausend Jahren aus der Eifel stammt.

Im Vorfeld der Tagebaue bestand meine Aufgabe im Erfassen und Bewerten solcher Moorflächen. Ich hielt es für das Beste, unsere sandigen Landböden mit diesen Mooren in der geeigneten Mischung aufzubessern – zur Erhöhung der Bodenfruchtbarkeit. Zusätzlich regte ich an, diese Torfe mit ihren wertvollen Stoffen zu bergen und zu deponieren. Die organischen Verbindungen, z.B. Gelate, dienen dem Leben, der Gesundheit. Die wohltuende Wirkung von Moorpackungen ist jedem, der einmal Kreuzschmerzen hatte, gut bekannt. Ich schlug vor, diese Torfe in Tagebaulöchern zu versenken. Das aufsteigende Grundwasser hätte sie konserviert, die Menschen hätten Jahrzehnte davon schöpfen, mit den Millionen Kubikmetern Torf ein Heilbad Tausende von Jahren betreiben können. Bei Hoyerswerda sollte ein mächtiges Moor abgebaut werden, zwölf Meter unzersetzter Torf, den wollte ich in einen großen Steinbruch packen, abdecken und der Menschheit erhalten. Leider hat es nicht geklappt. Das waren Widersprüche, die ich nicht lösen konnte.

Getrockener Torf vermag das Hundertfache seines Volumens an Wasser zu speichern. Gute Moorböden wirken wie ein Schwamm. Diese Funktion des Moorbodens wollte ich im Spreewald wieder aufbauen. Wir haben hier nur zwei Meter starke Torfschichten, doch wenn man diese im Frühjahr bei Wasserüberschuss auffüllt, halten sie das Wasser über lange Zeit, wir können wieder ernten und brauchen das Grubenwasser nicht. Das setzt voraus, die Flächen im Winter zu überstauen, den Spreewald praktisch zu überschwemmen. Wegen der unterschiedlichen Nutzungsinteressen ist das schwer durchsetzbar. Viele Häuser wurden in den Niederungen direkt an den Fließen errichtet, Lübbenau hat in den Spreearmen gebaut. Es ist schön, wenn man gleich mit dem Kahn losfahren kann. Doch bei Anhebung des Grundwasserstandes laufen die Keller voller Wasser. Unser Haus steht auf einer Sandkuppe, wir brauchen keine Angst zu haben, dass es wegschwimmt.

Auf kleinen Flächen ist es mir gelungen meine Vorstellungen zu verwirklichen. Die vielen Staugürtel von Burg bis Lübbenau ermöglichen die Überflutung begrenzter Gebiete.

Haben Sie ein Lieblingstier im Spreewald?

Der *lutra lutra*, der Fischotter, das ist mein Lieblingstier. Als Kind habe ich ihn in unseren Fließen kennen gelernt, heute ist er immer noch da – ein elegantes Tier. Ich kenne ein Pärchen und weiß, wo ihr Bau ist. Wenn sie hier vorbeischwimmen, grüße ich sie mit ihrem Namen. Mit dem Kahn bin ich oft zeitig draußen und kenne auch viele andere Baue im Spreewald. Im Winter sehe ich jeden Fußabdruck. Für die Ornithologie interessiere ich mich leidenschaftlich, es gibt keinen Vogel, den ich nicht kenne. Seit Jahrzehnten ist es schon mein Hobby.

Wie steht es mit den Bäumen?

Die Erle ist mein Lieblingsbaum. In der Forstzeit lernte ich phantastische Kiefern kennen, doch es zog mich immer wieder zur Erle zurück. Wenn sie wie hier fließendes Wasser unter den Wurzeln hat, wächst sie schnell und vollbringt Pionierleistungen im Uferverbau. Bei Kahnfahrten durch den Spreewald sieht man, wie kerzengerade ihre Wurzeln nach unten wachsen, den Baum unerschütterlich im Wasser verankern. Eine Pappel, eine Weide fällt nach jedem Sturm leicht um. Die Erle hat Stelzenwurzeln wie im Mangrovenwald. Doch die Erlen im Spreewald sind bedroht, sie sterben. Diese Katastrophe ist auf fehlendes Wasser, auf Veränderungen im Wasserhaushalt zurückzuführen. Die Erle lebt in Symbiose mit Stickstoffknöllchen, die Sauerstoff aus dem fließenden Wasser aufnehmen. Doch jetzt fallen die Wurzeln trocken, aufgrund der Erwärmung stellen sich Bakterien ein. Plötzlich sitzt der Braunfäulepilz im Holz. Auch der Erlen-Schillerporling, eine Schwammerkrankung, bringt viele Bäume zum Absterben. Im Sommer können wir das Wasser nicht mehr richtig fließen lassen, weil wir sonst die Staugürtel leeren würden.

So weh mir das tut, wir müssen auf den Tourismus Rücksicht nehmen. Damit noch Kahnfahrten stattfinden können, war es nötig, Staugürtel anzuheben. Im stehenden, sauerstoffarmen Wasser leiden besonders die Erlen.

Fürst Pückler ist in aller Munde. Haben Sie sich mit ihm befasst?

Ich habe viel von ihm gelernt. Faszinierend, wie er aus einer einfachen Kiefernlandschaft einen Park als Bild geschaffen hat. Flüsse haben ihm dabei geholfen. In Bad Muskau die Neiße und in Branitz die Spree. Ohne das nach Pücklers Plänen umgeleitete Wasser gäb es dort keine Eiche und keine Buche. Überall, wo man Wasser hinbekommt, wird vieles machbar.

Ich habe lernen müssen, dass es lange dauert, bis Gedanken, die man einbringt, sich verwirklichen. Oft war ich zu ungeduldig und konnte nicht verstehen, warum die anderen meine Ideen nicht begriffen. Oft bin ich beschimpft worden wegen kleiner Projekte, die ich hier im Spreewald durchsetzen wollte: Wasserregulierung, Überflutungen, Winterstau – fünf Jahre später verstanden sie, was ich gemeint hatte. Wenn ich heute zu einer Dorfversammlung gehe, da kennen mich alle und sagen: Du hattest Recht.

Als das UNESCO-Biosphärenreservat geschaffen werden sollte, gab es Verfechter des puren Naturschutzes, die alles dicht machen, den Menschen ausklammern wollten. Ich sah unsere Aufgabe darin diese Kulturlandschaft zu erhalten. Wenn ich im Spreewald eine vernünftige Nutzung aufbaue, wie ich sie als Kind kannte, dann habe ich den Naturschutz gratis. Die Vielfalt in dieser Landschaft entstand durch den Menschen. Keine Tierart verschwand, solange sie vernünftig wirtschaftete. Die großflächige Nutzung führte zum Verlust einiger Tierarten. Bei behutsamer nachhaltiger Nutzung bleibt alles im Einklang. Nach der Wende war der Gemüseanbau zusammengebrochen, wir hatten keine Spreewaldgurken mehr. 1992 bis 1993 kamen die Gurken aus Portugal, Polen, Ungarn, wurden hier verarbeitet und hießen Spreewaldgurken. Ich sagte: Das ist Wahnsinn, das ist der Untergang des Spreewaldes, wenn wir so weitermachen. Baut die Gurken wieder an! Inzwischen ist Spreewaldgurke innerhalb der EU ein geschütztes Markenzeichen. Wir legten Kriterien fest. Alles was im Topf ist, Gurken und Kräuter, kommt aus dem Spreewald – nur das Salz nicht. Der Wirtschaftsraum ist die Lebensgrundlage für die Spreewälder. Wenn ich das Biosphärenreservat erhalten will, muss die Wirtschaft laufen.

Meine besten Verbündeten waren immer die Landwirte. Als wir den letzten Brachvogel ausmachten, sagte ich: Diese zwanzig Hektar Wiese bleiben stehen, die mäht ihr nicht, bis der Vogel ausgebrütet hat und die Jungen ausgeflogen sind. Sie haben auf mich gehört – für den Verlust wurden sie entschädigt. Bei Kiebitz und Storch war es umgekehrt. Die Naturschützer wollten die Wiesen nicht mähen lassen. Da habe ich erklärt: Der Storch braucht eine gemähte Wiese, damit er Frösche findet. In

Revierförster-Lehrling Werban, in Weißkolben, Spree, 1958

ungemähten Wiesen kann er seine Nahrung nicht aufspüren. Es brauchte Jahre, das durchzusetzen. Beim Wach-
telkönig wiederum erreichte ich, dass die Wiesen erst im
August gemäht wurden – keiner hat von mir eine Ent-
schädigung verlangt. Die Landwirte meinten, dann wird
es eben Streu.

Verkehren auf Ihrem Hof die Spreewaldgeister?

Sagen gehören zur Heimat, und ich bin früh an diese
Welt herangeführt worden. In dieser Streusiedlung war
man mit allen bekannt und unterstützte sich gegenseitig.
Es gab wenig Kinder in der Umgebung, wir waren unter Erwachsenen. Der Nachbar, ein älterer Mann, konnte viele Spreewaldsagen erzählen. An den langen Winter-
abenden saß er bei uns im Wohnraum, berichtete von
sonderbaren Erscheinungen, und wir Kinder kriegten große Ohren. Oft denke ich an Plorn, den Drachen, und an
den Schlangenkönig. Der Drachen Plorn soll viel Un-

heil angerichtet haben. Sah jemand Fun-
ken oben aus dem Haus fliegen, hieß es:
Da faucht der Drachen. Dabei war möglicherweise nur ein gutes Stück Holz in
den Ofen geworfen worden. Wenn Häuser
abbrannten, gab man dem Drachen die
Schuld. Aus Wut über mangelndes Futter
habe er die Häuser angezündet. In Wirklichkeit lag es
wohl an den Holzschornsteinen, die sich noch in vielen
Häusern befanden.

In dieser Sumpflandschaft gab es immer viele Ringel-
nattern. Die Tücher, auf denen die Bauern beim Mähen
ihr karges Frühstück hinlegten, waren beliebte Sonnen-
plätze der Schlangen – und wenn plötzlich eine Wurst
mit dabei lag, konnte diese Überraschung nur vom
Schlangenkönig kommen. Es sind überwiegend wohl-
wollende Geschichten, die man den Schlangen zuge-

schrieben hat, deshalb werden sie auch in
den Windbrettern an den Giebeln der
Häuser im ganzen Spreewald verehrt.

DIE GURKENKÖNIGIN

Im Spreewalddorf Lehde findet jeweils am dritten Wochenende im Juli in und um das Bauernhaus- und Gurkenmuseum die Wahl der Gurkenkönigin statt. Für alle
Teilnehmerinnen gelten die gleichen Bedingungen. Jede
muss in einer eigenen Tracht kommen, ein Töpfchen mit
nach eigenem Rezept eingelegten Gurken dabei haben
und 35 knifflige Fragen rund um die Gurke schriftlich
beantworten. »Wann kam die Gurke in den Spreewald?
Wer brachte die Gurke in den Spreewald? Warum wird
eine Gurke angestochen?« Zum Wettbewerb gehört auch
das Erriechen von Kräutern: Thymian, Basilikum, alles
was die Gurke würzt.

Es war ein strahlend schöner Sommertag, an dem sich
Mandy Lehman aus Boblitz, Gurkenkönigin 2004, unter
den Augen vieler Touristen und Einheimischer gegen
ihre dreizehn Konkurrentinnen durchsetze. »Viele Besucher hatten einen Fotoapparat dabei, es war anstrengend,
immer zu lächeln und mit den Augen zu strahlen«, erzählt die Gewinnerin über diesen besonderen Tag.

Eine Jury und auch das Publikum kosten und bewerten
die Gurkentöpfchen mit den persönlichen Rezepturen.
Nach dem Rezept der Gewinnerin wird die Königsgurke des Jahres kreiert, die nur im Gurkenmuseum gekauft
oder bestellt werden kann. »Es lag an der Schärfe, der
speziellen Mischung der Senf- und Pfefferkörner in Verbindung mit Essig und Chili«, meint Mandy Lehmann
zum Erfolg ihres Kräutermixes.

Seit ihrem siebten Lebensjahr lebt sie in einem Haus direkt an einem Spreewaldfließ. In einem vom Opa gebauten Paddelboot erkundete sie mit ihren Cousins und
Cousinen die Spree.

Was ist Ihre erste Erinnerung an die Spree?

Mit 17 Jahren kam ich aus dem Rheinland nach Berlin, in diese große Stadt mit dem »Eisernen Vorhang« und der auslaufenden Studentenbewegung, das war 1971/72. Ich stand unter Zeitdruck. Mein Vater war schon alt, ich sollte unseren Betrieb übernehmen und musste das Studium schnell durchziehen. An der Technischen Universität studierte ich Obst- und Gemüseverarbeitung. Berlin hatte ich auch deshalb als Studienort gewählt, weil mir auf diese Weise die Bundeswehr erspart blieb.

Anfangs war Berlin für mich keine gute Erfahrung, immer nur Lernen, Lernen und dann diese Enge. Alle zwei Wochen floh ich mit meinem kleinen NSU-TT – das war mein ganzer Stolz – aus Berlin quer durch die Bundesrepublik nach Westen. Die Grenzkontrollen sind mir in schlechter Erinnerung. Als ich mein Studium nach vier Jahren beendet hatte, peeste ich sofort nach Hause zurück und übernahm den Betrieb. Zwei Jahre später starb mein Vater.

In meiner Berliner Zeit führte ich jeden Gast zum Brandenburger Tor, die Spree nahm ich zunächst nicht bewusst wahr. Sie ist doch sehr versteckt und befand sich damals überwiegend auf der anderen Seite der Mauer. Bei einer Dampferfahrt mit Freunden war ich überrascht, wie schön sich Berlin von der Spree aus zeigte – grün und regelrecht idyllisch. Wenn ich jetzt aus dem Rheinland nach Golßen fahre, denke ich oft an meine Studienzeit, in der ich diese Strecke fünf Jahre lang immer wieder hin und her zurückgelegt habe. Wie das Schicksal so will, kam die Wiedervereinigung und hat mich in diese Gegend zurückgeführt.

Was war das Motiv für Ihre Rückkehr?

Mein Ansporn war einfach, schneller zu rennen als die Konkurrenz. Jeder Mittelständler guckte sich damals in den neuen Bundesländern um – da musste ich natürlich auch hin. Ich hatte einen Freund, der hier Maschinen verkaufte. Er kannte alle Konservenbetriebe in den neuen Bundesländern und konnte mich auf das eine oder andere interessante Objekt aufmerksam machen. Eines davon war die Spreewald-Konserve.

Ich bin nicht der Gurken, sondern der Äpfel wegen hergekommen. Der Apfel war die Banane des Ostens. Sie hatten hier den »Gelben Köstlichen«, diesen Begriff hatte ich noch nie gehört. Erst Monate später kapierte ich, dass es sich dabei um die Sorte Golden Delicious handelte.

Es gab einen gigantischen Obstanbau zur Vitaminversorgung der DDR-Bevölkerung. Für mich als Obstkonserven-Spezialist war es ideal, ich wollte hier die Äpfel schälen lassen, was ein sehr aufwendiger Vorgang ist. Da man die Äpfel in hervorragender Qualität braucht, war mir die Nähe zu den Plantagen wichtig. Außerdem kann man Äpfel den ganzen Winter über produzieren. Denn eine Obst-Konservenfabrik hat das Problem, saisonal zu sein. Äpfel kann man lagern und die Verarbeitung bis zum Frühjahr hinziehen. Dann gab es hier auch Gurken, und ich sagte mir: Ist ja ganz nett, dann kann ich ein bisschen diversifizieren – haben wir eben auch Gurken im Programm. Freunde und Bekannte rieten mir ab, doch es wurde ein Erfolg. Durch den Aufbau der Marke Spreewaldhof erwarben wir unglaubliche Marktanteile.

Was haben Sie hier vorgefunden?

Einen völlig intakten Betrieb, die Spreewaldkonserve Golßen. Nachdem ich mich Ende Februar 1991 entschieden hatte, den Betrieb zu kaufen, begann ich zu investieren, um in der kommenden Saison mit der Produktion dabei zu sein und kein Jahr zu verlieren. Es war ein gewisses Risiko. Ich ging euphorisch und unvoreingenommen an die Sache heran. Was ich nicht wusste oder nicht für schlimm hielt, war, dass in Golßen die Kombinatsleitung für die gesamte Spreewälder Konservenindustrie gesessen hatte. Bei den Betrieben, die zwangsweise eingegliedert worden waren, genoss Golßen einen sehr

schlechten Ruf, nach dem Motto: Alles Böse, alle Anweisungen kommen aus Golßen. Ich nahm es nicht ernst, aber die Ressentiments in der Bevölkerung richteten sich nun gegen mich: Jetzt kommt so ein blöder Wessi, kauft das Ding, investiert, schließt den Markt auf, beherrscht den Markt, wird größer – und wir kriegen wieder alles von Golßen diktiert.

Das Kombinat bestand aus vier Betrieben, von denen nur der in Golßen überlebensfähig war. Die Schließungen waren mit der Treuhand vereinbart, doch wurden sie über uns abgewickelt. Die Zahl von 200 Mitarbeitern mussten wir zurückführen auf 72. Die Entlassenen bekamen 5000 DM als Abfindungssumme. Es gab viele Vertragsklauseln mit der Treuhand, doch das ist Schnee von gestern. Heute verfüge ich als freier Mann über all das, was ich aufgebaut habe.

Warum gibt es hier im Spreewald Gurkenanbau?

Die natürlichen Voraussetzungen ermöglichten die Entwicklung eines

Von der Anlieferung bis zum Verkauf ...frühes zwanzigstes Jahrhundert

zunächst kleinparzelligen Gemüseanbaus. Die Natur erledigte die Düngearbeit. Im Winter überflutete die Spree die Wiesen und hinterließ fruchtbare Schwemmsedimente, so dass die Flächen optimal für das nächste Erntejahr vorbereitet wurden. Wenn man im Sommer die Gurken wässern wollte, brauchte man nur mit dem Schöpfeimer in die Spree zu gehen und hatte Wasser. Heute ist das anders, heute darf man das nicht mehr. Es herrscht allgemein Wassermangel. Früher gab es viele kleine Gehöfte, jeder legte Gurken ein, die man als Wintergemüse nach Berlin verpitschte. Um den Vitamin-C-Bedarf zu decken, war man damals auf die vergorenen, die milchsauren Spreewaldgurken angewiesen. Ähnlich wie Sauerkraut waren sie für die Berliner Bevölkerung ein lebenswichtiges Grundnahrungsmittel.

Was gehört zur Region Spreewald?

Es ist schwierig, die Linienführung solch einer Region festzulegen. Interessant am Spreewald ist, dass er nie ein Zentrum hatte, wie man es aus anderen Regionen kennt, mit einer Burg, einem Schloss, einem Marktplatz. Der Spreewald ist von außen erschlossen worden. Er war ein großes sumpfiges Waldgebiet mit der mäandernden Spree und vielen Mücken – ein Greuel in den Spreewald zu gehen. Wenn kriegerische Stämme kamen, suchten die Menschen von Luckau, Calau, Lübben Zuflucht und Schutz in diesem undurchdringlichen Wald. Die Städte ringsum verfügten über Holzeinschlagsrechte und nahmen von außen immer mehr Wald weg. Heute sind die Reste vom ursprünglichen Spreewald ein Museumsdorf – Biosphärenreservat. Zur Spreewaldregion gehören aber auch die wunderschönen Wiesen und Weidegründe rundherum. Gurken wachsen natürlich nicht im Wald, sondern da, wo kein Wald mehr ist. Früher war das ganze Gebiet eine bewaldete Niederungslandschaft.

Im 18./19. Jahrhundert haben die Bauern die Gurken unmittelbar an den Fließen angebaut, doch die kleinen Felder wurden schnell unwirtschaftlich, deshalb rodete man den Wald, um den Gemüseanbau auf größeren Flächen betreiben zu können. Wenn man sich die Unterlagen vom VEB-Spreewaldkonserven ansieht, stellt man fest, dass in den letzten sechzig Jahren höchstens fünf bis zehn Prozent der Gurken aus Lübbenau oder Lübben kamen – die Hauptanbaugebiete befanden sich bei Luckau und hier in Golßen.

Der Spreewald war eine arme Gegend. Die durch Sedimentation der Spree entstandene fruchtbare Bodenschicht, auf der Gemüseanbau Erfolg verspricht, ist nicht sehr dick. Über Jahrmillionen bauten Ablagerungen torfähnliche Böden auf, jedoch nach ein oder zwei Metern stößt man auf reinen, weißen Sand – wie an der Ostsee. Im Laufe der Entwicklung des Spreewalds gab es mehrere Dürreperioden, in denen riesige Baumbestände abstarben – selbst die stärksten Eichen, die kraftvoll strotzten, vertrockneten, weil ihre Wurzeln nicht tief genug reichten.

Die Spreewaldgurke war ein DDR-Markenartikel, wie gehen Sie damit um?

Bei unserer Beschäftigung mit dem Produkt Gurke machten wir eine interessante Entdeckung. Ältere Personen in den alten Bundesländern können sich sehr gut an den Begriff Spreewälder Gurken erinnern, junge Personen nicht. Vor der Teilung Deutschlands gab es auch im Westen Spreewälder Gurken, doch zu DDR-Zeiten war es nicht mehr chic, Ostprodukte zu handeln. Man fand es weder wirtschaftlich lohnend, Spreewälder Gurken in Westdeutschland zu vertreiben, noch war es für westliche Betriebe interessant, den Namen zu nutzen für Gurken nach Spreewälder Art. Wegen des schlechten Rufs der DDR in der BRD konnte man damit kein Geld verdienen. Darüber bin ich froh, denn so wurde der Begriff Spreewälder Gurke nie missbraucht. Er schlummerte in der ehemaligen DDR.

Die Menschen in der DDR kannten dieses Produkt als sogenannten Bückartikel. Sie mussten sich rasch bücken – weil der gefragte Artikel so schnell weg war und nicht in großen Mengen zur Verfügung stand. Die paar tausend Tonnen reichten nicht für die 16 Millionen DDR Bürger. So blieb der gute Ruf dieses Artikels in der ehemaligen DDR erhalten und niemand wagte sich des Produktnamens zu bemächtigen.

Nach der Wiedervereinigung stieg der Absatz der Spreewälder Gurken extrem. Die Spreewälder hatten jetzt die Möglichkeit, den Begriff als geschützte Marke mit geografischer Angabe in Brüssel zu etablieren. So erlebte die Spreewälder Gurke aufgrund der politischen Situation – Gott sei Dank – nicht das Schicksal des Leipziger Allerlei, das nur noch ein Mischgemüse beschreibt – ein Gattungsbegriff ist keine Herkunftsangabe. Unsere Marketingstrategien haben den Begriff Spreewälder Gurken wieder zu neuem Leben erweckt. Man kann jedoch nur das erwecken, was als Keim besteht. Die Gurke hatte eine Heimat mit einem guten Ruf. Wenn vorher andern-

Sortieren und Waschen in der Lübbenauer Gurkeneinlegerei, 1968

orts Fabriken Gurken nach Spreewälder Art hergestellt hätten, wäre es nicht mehr möglich gewesen, diesen Schutzstatus zu erreichen.

Um die Spreewaldregion in Brüssel schützen zu lassen, versuchte ich die Betriebe zu integrieren, zusammenzuführen. Dazu war ich auf den Konsens mit allen Verarbeitern in der Region angewiesen. Wenn wir überleben wollen, müssen die Spreewälder das ausschließliche Recht haben zu sagen, dass sie die Original Spreewälder Gurken machen – und niemand anders. In dieser Zeit der Europäisierung, der Osterweiterung ist das ein riesiger Vorteil.

Ist eingetreten, was befürchtet wurde? Sind Sie der Marktführer in der Region?

Konkurrenz belebt das Geschäft, das ist ein altes Sprichwort und so ist es auch gekommen. Nur eine große Region kann das Interesse an den Produkten wecken. Die kleineren Betriebe haben ihre Märkte im regionalen Bereich gefunden, in der Tourismusregion – an den Ständen in Lübbenau, an den Kähnen, aber auch als hochwertige Artikel in bestimmten Verbrauchermärkten. Wir bedienen bundesweit das große Massengeschäft. Das können die kleinen Betriebe nicht leisten, weil wir umfangreiche Garantien geben müssen bezüglich der Lieferfähigkeit. Wir müssen also während der Saison solche Produktionsmengen erstellen, dass wir bis zum Anschluss an die neue Ernte lieferfähig bleiben. Das ist nicht so einfach. Wir haben heute vierzig Millionen auf Lager, das muss man sich mal vorstellen. Das ist die Ware, die wir brauchen, bis wieder neue Gurken wachsen – nicht nur Gurken, auch Kirschen. Mittlerweile haben wir ein beachtliches Produktionsspektrum. Es hat sich eine gewisse Aufgabenteilung zwischen kleinen, mittleren und großen Betrieben entwickelt.

Was macht die Spreewaldgurke so einzigartig?

Sie hat eine lange Tradition. Viele kleine Bauernhöfe beschäftigten sich mit dem Thema Gurken. Jeder wollte im Würzen besser sein als der Nachbar. Ein Wettstreit der Kreativität wurde in Gang gesetzt. Weil man viel probierte und übte, entwickelten sich besondere Fähigkeiten. In Lübbenau wurde 1903 die Vergärung der sauren Gurke erfunden. Ein Apotheker erfand das Sticheln der Gurken, wie man im Gurkenmuseum in Lübbenau (Lehde) erfahren kann. Dadurch erzielt man einen schnelleren Gärungsprozess und die Gurken werden nicht hohl. Ich sage immer, wenn man eine saure Gurke isst, muss der Nachbar nass werden. Die Vergärung gab den Gurken einen enormen Auftrieb. Man hatte jetzt ein System, wie man eine frische Gurke haltbar machen konnte. Man legte sie mit Salzwasser, Dill und Kirschblättern in Fässern ein. Jeder hatte seine optimale Rezeptur. Bis März, April konnte man die Gurken nach Berlin liefern. Die Berliner wurden Gurkenfans.

Woher kommt der Begriff »Saure-Gurken-Zeit«?

Dieser Begriff wurde mit Sicherheit von den Berliner Verbrauchern entwickelt. In der armen Jahreszeit, im Winter, wurden die Menschen durch den ständigen Verzehr der sauren Gurke aus dem Spreewald dieser überdrüssig. Wenn man einen Menschen mit einem Produkt überfüttert, fehlt ihm die Abwechslung, was dem menschlichen Geist widerspricht.

1910/1920 hatte sich an der Nordsee eine Essigindustrie entwickelt. Der Essig wurde gebraucht, um das Grundnahrungsmittel der Deutschen, den Hering, haltbar zu machen. Schlaue Leute kamen auf die Idee, damit auch die Gurke sauer zu machen. Das war die Geburtsstunde der Gewürzgurke. In den Essigaufguss gab man etwas Zucker hinein und verschiedene Mischungen von Gewürzen. Vielfältige Geschmacksrichtungen entwickelten sich. Die Spreewälder kreierten eine einheitliche Version. Wenn sie mich fragen, was eine Spreewälder Gurke als Gewürzgurke ausmacht, dann ist das eine kräuterbetonte, auf keinen Fall zu saure Gurke. Nach Essig schmeckt sie nur dezent. Im Gegensatz zur industrialisierten Lebensmittelproduktion wird in der geschützten Spreewälder Rezeptur die Verwendung von frischen Kräutern und frischen Zwiebeln zwingend vorgeschrieben. Frische Zwiebeln bekommt man immer, doch man muss sicherstellen, dass während der gesamten Gurkenproduktion stets frischer Dill geerntet werden kann. In der Lebensmittelindustrie verwendet man getrocknete Kräuter nach dem Motto: Das sind ja nur Sichtgewürze, was fürs Auge, für den Geschmack setzen wir Aromen zu.

Um die Fabrik in Schöneiche betreiben wir auf zwölf Hektar gestaffelten Dillanbau. Alle 14 Tage wird er frisch ausgesät. So haben wir vom Beginn der Gurkenernte an immer frischen Dill. Jeden Morgen wird er frisch geschnitten, unmittelbar bevor er in die Gläser kommt, mit einer großen Küchenmaschine auf die entsprechende Größe gebracht, mit Zwiebeln, Thymian und vielen anderen Kräutern gemischt. In jedes Glas kommt ein Klecks hinein.

Als ich 1991 hier ankam, standen vor der Fabrik hundert bis 150 Trabis. In jedem Kofferraum lagen zwei oder drei Sack Gurken. Jeder zehnte Trabi hatte ein paar Bündel Dill dabei, ein wunderschöner Duft lag in der Luft. Der gesamte Gurkenanbau in der DDR war nebengewerbsmäßig organisiert gewesen. Für achthundert DDR-Mark ging man bei Vater Staat kloppen. Nebenbei mästete der eine Kaninchen, der andere Bullen, vielleicht ein paar Enten. Der nächste baute in seinem Garten auf hundert bis zweihundert Quadratmetern Gurken an. Nachmittags pflückte man sie und morgens vor der Arbeit brachte man sie mit dem Trabi an der Spreewaldkonserve Golßen vorbei. Ich wollte die alten Traditionen erhalten. Bloß keine Rezepturen ändern – war mein Gedanke. Der heutigen Wirtschaftlichkeit entsprechend, sorgten wir für Beschleunigung durch Neuerungen im technischen Bereich.

Wie haben sie als Westdeutscher die Menschen erlebt, die sie hier im Betrieb angetroffen haben?

Die erste Begegnung war eine sehr vorsichtige. Die Menschen bewegte das Problem: Wird der Betrieb geschlossen oder bleiben unsere Arbeitsplätze erhalten? Verflogen war die erste Euphorie der Wiedervereinigung, viele Betriebe waren mittlerweile platt gemacht worden. Deshalb war die Sorge um die Arbeitsplätze verständlich. Ich wurde mit neugierigen, hoffnungsvollen Blicken beschaut.

Ich bin nicht der klassische Geschäftsmann, der mit Schlips und Kragen herumläuft, sondern Ingenieur – immer ein bisschen locker. Für die Menschen hier war das unverständlich. Denn ein Direktor in der DDR trat immer wie aus dem Ei gepellt auf und machte sich auch nicht schmutzig. Aus dem Westen hatte ich bereits Maschinen, die wir nicht mehr brauchten, in Golßen aufgestellt und Lohnproduktion machen lassen. Das ist sowieso eine ganz vernünftige Masche, wenn man sich auf diese Tour kennenlernt, ohne schon ein großes Risiko eingehen zu müssen. Man erfährt, was man voneinander halten kann. Wenn eine dieser Maschine nicht lief und ich das sah, kümmerte ich mich sofort selbst darum, dann lief die Maschine wieder – das war mein tägliches Brot. Es sprach sich schnell herum. Ich kann mich noch lebhaft erinnern, wie geredet wurde: Ist das unser neuer Chef? – Mhm, glaube ich nicht, der hat ja gar keinen Schlips an.

Wir waren bestrebt, den Laden nach vorne zu bringen. Ich war ein Abenteuer eingegangen, rechnete mit einem Dreivierteljahr, bis ich wieder nach Hause zurückkehren konnte. Nur so erhielt ich den Segen meiner Frau, in die Fremde zu gehen. Ich habe mich vertan, ich bin heute noch da. Das Leben hat sich umgestellt, aber meine Frau habe ich nach wie vor. Sie ist im Rheinland geblieben. Ich reise viel. Während der Woche arbeite ich bis in den Abend hinein, das Wochenende gehört der Familie.

Anfangs wunderte ich mich, dass die Belegschaft in Golßen fast ausschließlich aus Frauen bestand. Alle um die vierzig, die nie aus dem Beruf herausgewesen waren, trotz der Kinder. Selbst die Produktionsleiterin war eine Frau. Im Westen fand man in den sechziger und siebziger Jahren kaum noch Frauen in der Produktion, wir lebten von ausländischen Arbeitern. Hier gab es das nicht, hier gab es nur fleißige Frauen. Und das Tollste war, sie sprachen auch noch alle deutsch. Eine völlig neue Erfahrung, denn in den Betrieben im Westen musste man oft mit Händen und Füßen reden. Die Menschen hier konnten anpacken und hatten in diesem ländlichen Raum ein natürliches, realistisches Verhältnis zu den landwirtschaftlichen Erzeugnissen. Es war nicht notwendig zu erklären, warum in der Saison auch am Wochenende gearbeitet wird. Die Gurken wachsen nun mal samstags und sonntags. Und wenn man eine gute Qualität möchte, müssen sie möglichst schnell in die Gläser

Endverpackung Golßen, 1980

Das SPREEWALDHOF-Sortiment in seiner vollen Breite.

2005

kommen. Es wurde Beeindruckendes an Arbeitszeit und Leistung erbracht.

Bis 1991 hatte ich mit Gurkenverarbeitung nichts zu tun. Diese Tatsache erwies sich als Vorteil. Ich war auf das Wissen der Menschen hier völlig angewiesen. Ich sagte: Alles, was mit Gurken zusammenhängt, machen wir so, wie ihr das immer gemacht habt, und ich kümmere mich um den Obstbereich. So eine Fabrik kann ja nicht nur von Gurken leben – die gibt es nur zehn Wochen im Jahr und das Jahr hat nun mal zwölf Monate. Die Verarbeitung eines ganzen Potpourris von Naturprodukten ist heute in unserer Wundertüte enthalten.

Wie ist GET ONE entstanden?

Als ich 1970 in Berlin studierte, standen in jeder Pinte Gurkengläser. Das war ganz nett, wenn man ein Bier getrunken hatte – heute stehen da Erdnüsse. Ich sagte zu meiner Schwester: Lass uns die alte Tradition wiederbeleben. Mit unserem Artikel GET ONE versuchen wir Pep ins Geschäft hineinzubringen. In einer Dose ist eine Gurke für unterwegs. Als Andenken oder »Give-away«, für Wanderungen – Hotels übernehmen es in die Minibar. Heute ist fast eine Kultgurke daraus geworden.

Wir haben noch mehrere Ideen um diese GET ONE. Es gibt schon ein zweites Produkt, in einer anderen Geschmacksrichtung und zur Fußballweltmeisterschaft wird's noch eine weitere geben. Eines Tages kam ein Amerikaner und sagte: Das ist der absolute Hammer, das brauchen wir. Und jetzt gehen die ersten Container nach den USA. Das ist allerdings keine Gewürzgurke wie die erste GET ONE, sondern eine süßsaure oder Salz-Dill-Gurke. Die erste Dose ist schwarz-grün, die zweite

gelb-grün, zur Fußballweltmeisterschaft 2006 kommt noch eine dritte Farbe – dann sind wir bei schwarz-rot-gold.

Durch »Good-bye, Lenin« ist die Spreewaldgurke zum Filmstar geworden. Wie sah die Zusammenarbeit aus?

Eines Tages erschien das Filmteam bei uns und fragte nach Requisiten aus der DDR-Zeit: alte Gurkengläser und so weiter. Natürlich konnten wir ihnen damit helfen. Sie schlugen im Gegenzug vor, mit der Gurke im Kinovorspann Werbung zu machen, doch »Time Warner« wollte viel Geld dafür. Ich sagte: So viel Geld können wir an den Gurken nicht verdienen, dass es sich lohnt, eine so teure Werbung zu bezahlen. Stattdessen haben wir auf zwei Millionen Gläser einen kleinen Button geklebt: Good-bye, Lenin. Die Gurke zum Film. Im Vorspann des Films wurde unser Emblem gezeigt, und während der Filmpremiere verteilten wir Gurken.

Sie kommen vom Rhein. Wie sehen Sie die Spree?

Die Spree ist ein wichtiger Fluss, sie hat unserer Erfolgsgeschichte den Namen gegeben – Spreewaldhof. Ich finde es schön, dass dieser Spreewald durch die Spree so intensiv mit Berlin verbunden ist. Eine idyllische Landschaft im Spreewald und die Großstadt ganz nah. Früher war der Spreewald der Gemüsegarten Berlins. Vor dem Bau der Eisenbahnlinie diente der Fluss als Hauptverbindungsweg nach Berlin, die Gurken wurden mit dem Kahn transportiert – tonnenweise. Berlin und der Spreewald gehören zusammen.

Wie haben Sie am Rhein den Tag der Wende erlebt?

Ich habe die ganze Nacht am Fernseher gesessen, bin keine Minuten weggegangen. Ich hab's nicht glauben können. Durch meine Studienzeit habe ich eine enge Beziehung zu Berlin, hatte auch die Grenze hautnah erlebt. Nicht nur an dem Tag selbst, sondern auch in den folgenden Phasen habe ich jede Nachricht über das Thema eingesogen. Für mich war sofort klar: Da musst du hin. Die Idee war geboren. Dass es mein Leben in diesem Ausmaß umkrempeln würde, konnte ich damals noch nicht erahnen. Aber es ist schon immer so gewesen: politische Veränderungen wirbeln die Menschheit durcheinander. Dass mir das auch passiert ist – unglaublich.

Gespräch mit Dr. Karin Büttner-Janz

Was sind Ihre ersten Erinnerungen an die Spree?

Die Spree umfließt unser Dorf, sie war die Badestelle für uns Kinder. Am Ufer war Sand, nicht nur Wiese, man konnte sich tummeln wie auf einem kleinen Strand. Die Spree hatte eine starke Strömung. Als ich noch nicht schwimmen konnte, wollte ich ausprobieren, wie weit ich stehen konnte. Mutig ging ich immer weiter, weiter, weiter … obwohl es relativ steil war … bis ein junger Mann mich packte und an Land setzte.

Ich bin gerne und häufig an die Spree gegangen. Als Kind habe ich auch ein bisschen geangelt, sogar die Regenwürmer selbst gesammelt und auf den Haken gespießt. Tatsächlich habe ich kleine Fische aus dem Fluss geholt, die meine Mutter präpariert und gebraten hat.

Das Spreewasser war trüb, nicht dass es gesundheitsschädlich war. Durch unser Herumtummeln haben wir den schlammigen Boden aufgewirbelt. Manchmal schwamm Holz im Fluss. Das Dorf hatte 450 Einwohner und mir war als Kind oft richtig langweilig. Manchmal wusste ich einfach nicht, was ich machen sollte. Nahezu alles kannte ich – es passierte nichts Neues. Insofern war Baden und im Winter Eislaufen eine willkommene Abwechslung.

Ich konnte früh Eislaufen, die Schlittschuhe wurden an die Schuhe angeschraubt, manchmal gingen sie ab, aber vorwärts kamen wir trotzdem. Wir haben große Wanderungen auf der Spree und den überschwemmten Flächen unternommen – sogar bis nach Lübben, der größten Stadt in der Nähe.

Eines Nachmittags wanderten meine Freundin Gisela und ich heimlich mit Schlittschuhen auf dem Eis dorthin. Wir kamen spät zurück und unsere Eltern hatten sich Sorgen gemacht, wo wir geblieben waren. Dabei hatten wir in guter Absicht gehandelt. Wir wollten in Lübben Blumen für den Frauentag holen.

Mexiko, Olympiade 1968

Gerne erinnere ich mich auch an die Schleuse in der Nähe von Hartmannsdorf, wo wir als Kinder Schleusenwärter gespielt haben. Um uns ein paar Pfennige zu verdienen machten wir die Schleuse für durchfahrende Boote auf und zu. Auch heute ist es noch so, dass man den Schleusern für ihre Hilfe etwas gibt. Schleusen sind gefährlich, geheimnisvoll – Miniwasserfälle.

Waren Sie stark mit der Natur verbunden?

In Hartmannsdorf erlebten wir Natur pur. Ich würde jedem Kind wünschen, auf dem Dorf groß zu werden. Es war phantastisch durch die Wälder zu streifen, Pilze zu sammeln, Tiere zu beobachten. Ich machte längere Waldwanderungen, auch alleine. Meine Mutter sah das mit Besorgnis. In der Nähe waren sowjetische Kasernen, sie hatte Bedenken wegen ihrer Kriegserlebnisse. Aber mir ist nie etwas passiert. Mein jüngerer Bruder war als Kind Ornithologe, er ist Tierarzt geworden. In der unberührten Natur ist mehr zu erleben, als wenn alles schon gebügelt und gestriegelt ist.

Sind Ihre Eltern aus Hartmannsdorf?

Meine Mutter, mein Vater ist aus Danzig. Mein Vater ist mit uns Kindern oft an den Fluss gegangen. Da meine Mutter den Haushalt bestens in Schuss hielt, hatte er Zeit für uns. Das war immer schön. Das Haus, in dem ich zur Welt kam und groß geworden bin, war auch das Schulhaus. Wahrscheinlich hatte ich den kürzesten Schulweg, den man sich denken kann. Er betrug genau drei Meter. Ich bin aus der Küchentür

raus und rechts rein in die Klassentür. Die Klassen eins bis vier befanden sich in einem Raum. Noch heute bewundere ich, wie die Lehrerin es hingekriegt hat, uns einigermaßen niveaugerecht in einem Raum zu betreuen. Das hatte auch Vorteile, bereits ab der ersten Klasse bekam man, wenn man interessiert war – und ich war immer interessiert, den Stoff der höheren Klassen mit. Praktisch war auch, dass der Sportplatz gleich neben der Wohnung lag und ich abends oft mit den Jungen Fußball spielen konnte.

Ich habe die ersten vier Schuljahre in Hartmanndorf verbracht, und als ich anschließend auf die Kinder- und Jugendsportschule Forst-Lausitz ging, kam ich dort im Unterricht problemlos zurecht – ich glaube, ich war Klassenbeste ab der fünften Klasse. Wenn ich an den Wochenenden nach Hause kam, hatte ich nur noch selten Zeit, an die Spree zu gehen.

Wie kommt es, dass Sie so früh mit dem Turnen angefangen haben?

Das kam durch meinen Vater. Er war Lehrer für Sport und Physik an der erweiterten Oberschule in Lübben und ein guter Turner. Er hat mich mit in seine Schule genommen und angefangen in der Turnhalle mit mir zu üben. Es hat mir immer Freude bereitet. Ich sah im Turnen eine gute Freizeitbeschäftigung und war talentiert. Meinem Vater hat es sicher auch Spaß gemacht. Mir hat gefallen, dass es immer wieder neue Übungen gab, die ich technisch vervollkommnen wollte. Ich war ein Fan von technisch guter Ausführung. Vielleicht weil ich von meiner Kondition nicht die ganz idealen körperlichen Voraussetzungen hatte. Mit guter Technik kann man sehr Kräfte sparend arbeiten, zugleich sieht es schöner aus.

1970 kam die Videotechnik auf, die Geräte waren noch riesig, aber es gab die Möglichkeit, während des Trainings auf dem Fernsehschirm die eigenen Bewegungsabläufe zu analysieren. Das half mir, auf die Hinweise des Trainers genauer zu reagieren und mich auch durch die direkte eigene Überprüfung zu verbessern. Es gibt nichts Schlimmeres, als eingeschliffene Bewegungsabläufe verändern zu müssen.

Waren Sie oft im Spreewald?

Im Freundeskreis haben wir Touren auf dem typischen Kahn gemacht. Das hatte Romantik. Ich habe die Ruhe genossen, die Wiesen, die Bäume. Als ich bereits auf der Sportschule in Berlin war, haben mein Vater, mein Bruder und ich in Lübben Kanus ausgeliehen und sind durch den Spreewald gepaddelt. Ein schönes Erlebnis – bis auf die Mücken. Meine Mutter war nicht dabei. Im Kahn sitzen und selber paddeln, das war nicht ihr Ding.

Meine Eltern leben in Lübben. Da fahre ich nächstes Wochenende wieder hin. Ich sollte sie öfter besuchen. Wir gehen essen und machen eine Runde durchs Dorf, da wurde viel gebaut – jetzt wo Hartmannsdorf ein Vorort von Lübben ist. Ich gucke, was aus Hof, Haus, Garten geworden ist, wo ich mal gelebt habe.

Sie sind Ärztin geworden, Wasser ist ein wesentlicher Bestandteil des Körpers. Welche Bedeutung hatte das Trinken beim Sport?

Im Turnsport mussten wir stark auf unser Gewicht achten. Deswegen war Trinken knapp bemessen. Wenn man am Barren Schwünge macht und ein Kilogramm mehr wiegt, merkt man das. Hängt man wie ein nasser Sack am Barren, sind alle unzufrieden – man selbst auch, weil man den Körper nicht so in der Gewalt hat. Auch die Verletzungsgefahr erhöht sich. Es war alles sehr diszipliniert. Wenn ich heute Durst habe, trinke ich so viel, wie ich brauche.

Fortschritt war in der DDR ein zentraler Begriff. Was verbinden Sie mit diesem Wort?

Nach DDR-Maßstab kann ich das heute nicht mehr berechnen. Diese Zeit liegt schon lange zurück. Das Wort benutze ich immer noch gern. Es bedeutet für mich die

Müggelspree im Winter

Einführung von etwas Neuem in das Leben, in den medizinischen Alltag. Echter Fortschritt ist für mich eine Verbesserung, eine Weiterentwicklung, wenn etwas sicherer wird. Im Leben ist dieser Begriff vielfältig anwendbar. Wenn in der Politik verstanden wird so lange miteinander zu sprechen, bis der Frieden erhalten, ein Krieg verhindert wird, ist das auch ein großer Fortschritt.

Zurück zum Wasser: Sprechen Sie mit Patienten über deren Wasserhaushalt?

Ja, das ist aber nicht der Hauptaspekt. Wenn alte Patienten ein künstliches Gelenk eingebaut bekommen, spielt der Flüssigkeitshaushalt eine große Rolle. Wir achten darauf, dass diese Patienten nach der Operation wirklich genug trinken, um kreislaufmäßig fit zu sein. Für die Muskulatur ist Flüssigkeit wichtig und entscheidend für den Stoffwechsel. Flüssigkeit bedeutet Leben in dem Sinne, dass damit viel vorwärts bewegt wird. Das Blut bringt Nährstoffe und Sauerstoff für den Körper, Stoffwechselendprodukte und Kohlendioxyd werden wegbefördert – ohne Flüssigkeit kein Leben. Wir gehen wahrscheinlich zu großzügig mit unserem Wasser um. Noch können wir uns das leisten.

Sie sind eine berühmte Persönlichkeit, Mitglied der »Hall of Fame«.

Über diese Auszeichnung freue ich mich. Das ist eine Ehre, die mir nach über dreißig Jahren nach meinen sportlichen Erfolgen zuteil wurde. Es ist etwas Besonderes, dass noch heute meine Leistung anerkannt und akzeptiert wird. Damit meine ich nicht nur die Medaillen, sondern die Beharrlichkeit, das Konzentrationsvermö-

München, Olympiade 1972

ler Ebenen gespielt haben. Im Mai 2003 war ich in Oklahoma City, wo anhand alter Filmaufnahmen die technische Perfektion kommentiert wurde, nach der ich immer gestrebt habe.

Gehen Sie in Berlin an die Spree?

Jetzt haben wir über die Kindheit so viel gesprochen und nicht über Berlin. Ich fahre gern mit dem Ausflugsdampfer durch Berlin und höre mir an, was so geboten wird. Seit 2001 wohnen wir an der Dahme, wenige Meter von diesem Nebenfluss der Spree entfernt. Vom Wohnzimmer schaue ich jeden Tag auf das Wasser. Im Sommer ist es mit den vielen Booten wie im Urlaub. Wer depressiv ist, sollte im Winter nicht unbedingt so wohnen. Falls man sich im Grau des Novembernebels trist und trübe fühlt, gibt das Wasser noch eins drauf.

Wenn Sie nach Hartmannsdorf zurückfahren und sich an das kleine Mädchen erinnern, das dort geboren und aufgewachsen ist, kann es dann geschehen, dass Sie mit der Spree sprechen?

Mit dem Fluss sprechen, das mache ich nicht, dafür bin ich zu rational. Aber ich werde zur Badestelle meiner Kindheit gehen und darüber nachdenken, was der Fluss mir gegeben hat.

Spree bei Stäbchen

gen und den Mut, die meine Erfolge ermöglicht haben. Auch meine Trainer und andere Personen des damaligen Sports wurden damit eigentlich geehrt.

Mitglied der »Hall of Fame« werden Sportler, die bei Olympischen Spielen oder Weltmeisterschaften eine Medaille in einer Einzeldisziplin gewonnen haben und spä-

Spree bei Mönchwinkel

ter lange Zeit eine aktive Rolle bei der Förderung und Entwicklung des Sports auf nationaler und internationa-

FISCHE LEBEN IM VERBORGENEN – DER NEUENDORFER SEE

Als nördlichster Punkt des Spreewaldes gilt der Neuendorfer See. Hier vereinen sich die unzähligen Wasserarme der Spree wieder zu einem Fluss. Einst hieß er Brahm- oder Prahmsee, eine Bezeichnung, die von der Holzflößerei vergangener Jahrhunderte abzuleiten ist. Allein in den Jahren von 1837 bis 1844 sollen fast sechstausend Holzflöße vom Neuendorfer See stromab nach Berlin für den Bau der Großstadt geliefert worden sein. Im gleichen Zeitraum passierten fünfundzwanzig Spreekähne mit Torf und landwirtschaftlichen Erzeugnissen den idyllischen, von dichten Wäldern gesäumten See.

Seit über dreißig Jahren lebt der Fischerei-Ingenieur Wolfgang Richter in Alt-Schadow vom und für den See.

Fast täglich fährt er morgens und abends von seinem Haus – direkt am Hauptarm der Spree – auf den See, um Reusen zu stellen und zu leeren. Einmal im Jahr braucht der Fischer Unterstützung von vier Helfern, an fünf Tagen im Sommer oder Herbst, wenn der See mit einem langen Zugnetz abgefischt wird. Bereits zu DDR-Zeiten arbeitete Wolfgang Richter in der Fischerei-Genossenschaft Lübben relativ selbständig. Es gab Planauflagen, die erfüllt werden mussten. 1990 wurden die Produktionsgenossenschaften privatisiert. Richter übernahm den See, wo er vorher Bereichsleiter gewesen war.

Die Spree durchfließt den zirka 330 Hektar grossen Neuendorfer See auf seiner vollen Länge von nahezu

Schätze aus dem Neuendorfer See

fünf Kilometer. Der fünfhundert bis zweitausend Meter breite See ist Rest eines Gletscherzungenbeckens aus der letzten Eiszeit. Damals bedeckte er über tausend Hektar Fläche und war tiefer als 28 Meter. Der See wirkt wie ein Delta – das vom Spreewald mitgeführte Geröll lagert sich durch die verringerte Fließgeschwindigkeit im See ab. Im Laufe der Jahrtausende verlandet er, unterliegt dem natürlichen Alterungsprozess aller Gewässer. Seine Tiefe beträgt heute zwei Meter fünfzig im Durchschnitt. Möglicherweise wird er in hundert, zweihundert Jahren nicht mehr existieren und es wird nur noch eine schmale Rinne für die Spree übrig bleiben, vermutet Wolfgang Richter.

Mit der Wende wurde die Region zum Biosphärenreservat erklärt. Auch das Wasser des Sees ist durch verschärfte Naturschutzauflagen klarer und sauberer geworden. Das erfreut die jährlich zwanzigtausend Touristen – Campingurlauber, Badegäste, Segler, Motorsportler und Surfer – nicht unbedingt den Fischer. Es fehlen Nährstoffe und Schutzräume – Wels, Karpfen und Aal lieben das Dunkel. Wolfgang Richter kennt seinen See. Er liebt die Schauspiele der Natur zu jeder Jahreszeit: heiße, windstille Sommertage glätten den See zu einer spiegelnden Fläche, schwere Herbststürme in dunklen Regennächten wühlen ihn bis auf den Grund auf und machen ihn gefährlich. Auch im Winter bewirtschaftet er den See. Kalte Winter mit einer dicken Eisdecke und Schnee sind durch das veränderte Klima in den letzten Jahren seltener geworden.

Den Betrieb führt Wolfgang Richter gemeinsam mit seiner Frau. Im Gegensatz zu früher, wo der frische Fisch direkt zum Verbraucher kam, verkaufen die Richters heute hauptsächlich den selbst geräucherten Fisch im eigenen Hofstand – an Stammkunden und Urlauber. Mit Frischfisch beliefern sie einige Gaststätten der Umgebung.

Naturschützer ist Wolfgang Richter auch im eigenen Interesse. Doch seitdem der Neuendorfer See zum Biosphärenreservat gehört, sieht er die Anliegen der Ornithologen stärker berücksichtigt als die der Fischer. Man betreibt Naturschutz für das, was man sehen möchte: Vögel sieht man fliegen – Fische sieht man nicht.

UNSER WAPPENFISCH – DAS IST DER WELS
Gespräch mit Wolfgang Richter

Ihre erste Erinnerung an die Spree?
Nachdem ich 1972 als Fischer am Storkower See ausgelernt hatte, fing ich in Beeskow in der See- und Flussfischerei bei Kuno Mogel an. Gleich am ersten Tag fuhr ich mit einem Kollegen in einem alten Boot die Spree hoch – von Beeskow zum Glower See. Frühmorgens um fünf – wenn es langsam hell wird und der Nebel sich lichtet, das ist eine romantische Stimmung. Dieser Eindruck hat mich geprägt. Ich finde es immer noch schön, früh herauszufahren – gerade auch im Herbst.

Wie sah die Lehre im Fischerei-Handwerk aus?
Ich habe zwei Jahre in Storkow/Hubertushöhe bei Kurt Jäger gelernt – eine absolute Kapazität in der Seenfischerei. Der Hauptteil fand in diesem Lehrbetrieb statt, praktisch und theoretisch. Und bei der Stationsausbildung arbeitete man für zwei Monate in anderen Betrieben und Teichwirtschaften. Ein wichtiger Bestandteil der praktischen Ausbildung war der Gerätebau. Wir bauten unsere Reusen damals alle selbst. Nicht so wie heute, wo alles fertig gekauft wird und alle vierzehn Tage ein Lieferant kommt und fragt, was man braucht.

Das Schloss Hubertushöhe gehörte dem Zigarettenfabrikanten Reemtsma. Nach dem Krieg wurde er enteignet und im Schloss richtete man eine Fischereischule ein. Ihren Besitz erhielten die alten Eigentümer nach der Wende zurück. Die inzwischen errichteten Ausbildungshallen wurden abgerissen. Heute befinden sich im Schloss Hubertushöhe ein Hotel und eine Gaststätte für betuchte Touristen. Eine Übernachtung in dem Zimmer, in welchem ich damals schlief, kostet heute 210 Euro.

Wieso haben Sie sich für diesen Beruf entschieden? Kommen Sie aus einer Fischerfamilie?
Nein, mein Vater ist gelernter Fleischer und Jäger. Aber ich habe schon mit sechs Jahren angefangen zu angeln. Im Mühlenfließ in Lieberose. Es war damals nicht einfach, eine Lehrstelle als Fischer zu bekommen. Es gab nur wenige Lehrstellen – ich hatte Glück, man nahm meine Bewerbung an. Später habe ich die Meisterausbildung gemacht und im Fernstudium die Ausbildung zum Fischerei-Ingenieur.

Heute sind Sie selbständig?
1979 trat der damalige Vorsitzende der Fischerei-Genossenschaft Lübben, welche an die Storkower Fischerei-Genossenschaft angrenzt, an mich heran und fragte mich, ob ich den Bereich Neuendorfer See übernehmen möchte. Der Kollege, der den See bisher bewirtschaftet hatte, war schon 72 Jahre alt. So kam es, dass ich bis 1989 Bereichsleiter am Neuendorfer See wurde.
Die Fischerei-Genossenschaft Lübben arbeitete relativ selbständig. Der jeweilige Fischer musste in seinem Bereich alles alleine arrangieren und war ähnlich privat wie

Der Fischer und seine Helfer

jetzt – eine Ausnahmesituation, um die uns viele beneideten. Es gab Planauflagen, die wir zu erfüllen hatten – z.B. zwei Tonnen Zander an Spreewaldgaststätten zu liefern, auch für die Belieferung von Fischhandelsgeschäften wurden Mengen vorgegeben. Die SED-Kreisleitung und die Staatssicherheit hatten Kontingente für Aal und kamen bei uns den Fisch abholen. Aber sonst waren wir frei, mussten uns sogar selbst um den Absatz kümmern. Gute Handelsbeziehungen hatten wir auch zur Roten Armee, sie haben uns tonnenweise Fisch abgenommen. Mit dem Zugnetz holten wir bei guten Zügen zwei bis sieben Tonnen Fisch auf einen Schlag. Natürlich war ein Problem, dass man die Bestellung vorher annahm und die sowjetischen Einheiten erwarteten, dass man den Fisch auch lieferte. Das machte Druck, wir mussten die Fische im richtigen Moment zur Verfügung haben. Man kann Fisch ja nicht unbegrenzt auf Vorrat lagern. Gefangener Fisch musste innerhalb der nächsten Tage vermarktet werden. Geräuchert wurde noch nicht.

Ab 1990 änderte sich das. Die Produktionsgenossenschaften wurden privatisiert. Jeder übernahm das Gebiet, in dem er vorher Bereichsleiter gewesen war, und machte dort als Fischer weiter. Darüber waren wir uns einig. Wir schlossen Pachtverträge mit dem Land ab und betreiben jetzt privat und selbständig Fischerei. Um auch mit verarbeitetem Fisch den Absatz zu gestalten, fingen wir an zu räuchern.

Zur gleichen Zeit wurde die Region zum Biosphärenreservat erklärt. Für die Fischerei nicht gerade positiv. Der Fischotterbestand hat sich im Spreewaldbereich und in der Spree nach meiner Schätzung verzehnfacht. Hundert Fischotter verzehren vierzig Tonnen Fisch im Jahr! Zusätzlich hat sich am Alten Wochow-See eine Kormorankolonie entwickelt, neun Kilometer Luftlinie von hier entfernt. Vorher gab es hier keine Kormorane. Die Kolonie hat zur Zeit einen Bestand von etwa sechshundert Brutpaaren mit je etwa drei Jungvögeln – das sind rund dreitausend Vögel während der Hauptbrutzeit mit einem Nahrungsbedarf von zirka 1,5 Tonnen Fisch täglich.

Fischotter

Durch Magenanalysen hat man herausgefunden, was sie fressen. Es wurde ermittelt, dass sie zu bestimmten Zeiten etwa dreißig Prozent Aal fressen – das trifft uns. Es scheint, dass sich ein Aal leichter vom Kormoran fangen lässt als ein Freiwasserfisch. Die Vögel tauchen über den Grund und sammeln die Aale, die nur mit dem Kopf aus dem Schlamm herausgucken, auf wie Regenwürmer. Weil der Aal ein höheres Energiepotential hat, kann sich der Kormoran so mit geringstem Aufwand die meiste Energie zuführen.

Wie kam es zur Bildung der Kormoran-Kolonie?

Zu DDR-Zeiten wurden die Kormorane gejagt, man hielt den Bestand auf niedrigem Niveau. Nach dem Bundesdeutschen Naturschutzrecht, das ab 1990 für uns gilt, ist der Kormoran geschützt, darf nicht oder nur in Ausnahmefällen bejagt werden. Seither hat sich die Population explosionsartig entwickelt – verheerend für die Fische, besonders für den Aal. Früher fingen wir in guten Zeiten 3,5 bis 4,5 Tonnen Aal jährlich. Seit wir das Biosphärenreservat haben, ging

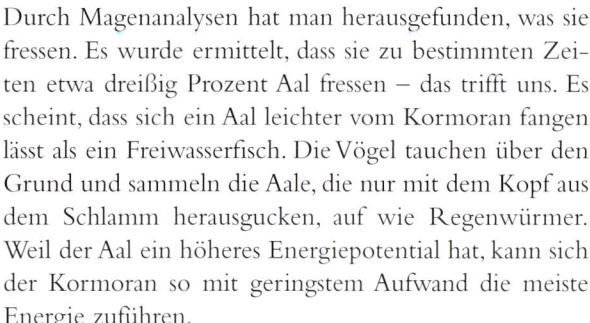

Aal

der Fang rapide zurück. Jetzt fangen wir noch zirka fünfhundert Kilo im Jahr – trotz guter Besatzmaßnahmen. Hinzu kommt, dass die Gewässer klarer geworden sind. Ein Gewässer mit drei Metern Sichttiefe enthält weniger Nährstoffe. Es ist zwar positiv, dass die Landwirtschaft im Biosphärenreservat weniger düngen darf, dass die Kläranlagen verschärfte Auflagen bekommen haben und so das Wasser im Oberlauf der Spree sauberer geworden ist – doch die Nahrungsgrundlage der Fische hat sich verschlechtert.

Bedroht das Biosphärenreservat Ihre Existenz?

Seit Bestehen des Biosphärenreservates gibt es für die Fischer und Angler eine Vielzahl von Verboten und Einschränkungen. Es ist eine zusätzliche Verwaltung entstanden, von der sich einige Mitarbeiter als Neueigentümer des Spreewaldes fühlen. Das Kormoranproblem besprechen wir mit den Verantwortlichen seit 1993. Aber die Vogelwächter haben in diesen zehn Jahren mit teilweise unsachlichen und wissenschaftlich widerlegten Begründungen jede vernünftige Regelung verhindert. Ich bin nicht gegen Naturschutz, im Gegenteil, für mich als Fischer ist ein gesundes Gewässer

lebenswichtig und mein Pachtvertrag läuft auf 17 Jahre. Die Stelle, wo unser Haus steht, ist bereits 1511 als Fischereigrundstück in alten Karten ausgewiesen. Die Alt-Schadower hatten auf der Spree das »Küchenfischerei-Recht« mit Netzen und Reusen – auf dem See durften sie nicht fischen. Zu DDR-Zeiten wurde dieses Recht aufgehoben. Jetzt darf es mit einer Handangel wieder ausgeübt werden.

Was gibt es hier für Fische?

Außer Forellen alles. Für Forellen wird die Wassertemperatur zu hoch – im Sommer beträgt sie an der Oberfläche bis zu dreißig Grad. Unser Wappenfisch – das ist der Wels. Seit ich hier bin, haben wir über fünfhundert größere Welse gefangen, welche schwerer als zwanzig Kilogramm waren. In den letzten Jahren haben wir reichlich Wels eingesetzt, auch etwas Karpfen und Zander, um die natürliche Reproduktion zu unterstützen. Durch geringere Überschwemmungen während des Frühjahrs haben sich die Laichbedingungen für verschiedene Fischarten verschlechtert.

Überschwemmte Wiesen im Frühjahr sind ideal für Fische. Sie können dort laichen und die Brut schwimmt

zurück in den See. Doch die Naturschützer haben andere Vorstellungen. Sie setzen die Wiesen im Winter unter Wasser, also außerhalb der Laichphasen, und lassen im Frühjahr das Wasser ab. So kommen die Fische erst gar nicht zum Laichen oder schaffen es knapp, doch dann wird abgelassen und der Laich ist tot. Ornithologische Interessen stehen bei diesem Vorgehen im Vordergrund. Man will Wasservögel anlocken, und der Fisch hat den Stellenwert von Vogelfutter.

Welche Fische gibt es noch?

Ich will es in der Reihenfolge der Bestandsdichte versuchen: an erster Stelle Blei und Plötze, dann Barsch, Hecht, Karpfen, Wels, Zander, Rapfen, Döbel, Geese, Güster – Ukelei gibt es auch ganz

gut. Habe ich den Aal vergessen? In guten Zeiten haben wir zwölf Kilo Aal je Hektar gefangen, jetzt sind es nur noch ein bis 1,5 Kilo je Hektar. Ein enormer Rückgang.

Haben Sie einen Lieblingsfisch?

Den Wels. Er ist ein majestätischer Fisch, auch für Angler sehr attraktiv. Sein wohlschmeckendes Fleisch ist so gut wie grätenlos. Große Welse filetieren wir und verkaufen sie stückweise. Der Wels kann über achtzig Jahre alt werden. Der größte, den wir gefangen haben, wog 49 Kilo und war 22 Jahre alt.

Woher bekommen Sie die Fische, die Sie aussetzen?

Sie fallen in Teichwirtschaften als Überschuss an oder werden gezüchtet. Theoretisch reicht ein Zanderpärchen aus, um den Nachwuchs eines ganzen Sees sicherzustellen. Wenn alle Bedingungen stimmen, Temperatur, Nahrung – ist das Vermehrungspotential von Fischen enorm. Hechte haben wir Jahre lang selbst erbrütet. Die Brut kam in Gazekäfige, die nachts beleuchtet wurden. Das Licht zog Plankton an als Nahrung für den Nachwuchs.

Zander

Was sind ideale Lebensbedingungen für Fische in dieser Region?

Ein langer Winter mit Eis bis Mitte März ist ideal, dann sollte es warm werden und bleiben. Ungünstig ist eine Warmphase im Februar. Hechtbrut schlüpft nach einer Temperatursumme von 110 Grad Celsius Wassertagestemperatur. Bei zehn Grad Wassertemperatur dauert es elf Tage, bei zwanzig Grad nur halb so lang. Bei fünf Grad dauert es über zwanzig Tage. Je länger diese Erbrütungsphase, desto höher die Verluste: durch Verpilzen, Beschattung, Verschmutzung, Sauerstoff- oder Lichtmangel.

Wie sieht die Pflanzenwelt aus?

Der ehemals breite Schilfgürtel des Neuendorfer Sees ging in den letzten dreißig Jahren stark zurück. Als mögliche Ursache wird der starke Schwanenbestand angesehen. Man vermutet, dass die Schwäne die jungen Schilftriebe abfressen. Wir haben ein Problem mit dem Nixenkraut, auch Hornkraut genannt. Diese Unterwasserpflanze, die man mit Felddisteln vergleichen kann, hat sich sehr stark vermehrt. Sie ist so rau, dass Fische und Vögel sie nicht gerne fressen. Weil sie stachlig ist, finden die Fische schlecht Unterschlupf.

Offenbar sind Ihre Interessen als Fischer nicht in dem Maße berücksichtigt worden, wie Sie es für nötig halten.

Viele Maßnahmen, die vom Naturschutz angeschoben werden, verfolgen ornithologische Interessen. Fischer haben keine Lobby. Das Problem ist: Fische leben im Verborgenen. Nur Fischer und Angler wissen über den Fischbestand bescheid. Der Wanderer sieht nicht, ob Fische im Wasser schwimmen. Vögel sieht er fliegen und freut sich. Man betreibt Naturschutz für das, was man sehen möchte.

Barsch

Fischen Sie nur mit Reusen und Stellnetzen?

Wir benutzen auch das Zugnetz. Es ist gut sechshundert Meter lang, wird von zwei Kähnen aus gesetzt und an einer Stelle ans Ufer gezogen. Das Netz bildet einen Halbkreis und wird an einer Stelle am Ufer zusammengezogen. Mit Motorwinden, die wir inzwischen angeschafft haben, sind hierfür fünf Leute erforderlich. Früher arbeiteten wir mit Knüppelwinden und benötigten neun Leute zum Fischen. Es gibt zwei Techniken: Im Sommer fischen wir nachts auf den Sandbänken, weil sich die Fische dort sammeln. Im Herbst nutzen wir, dass sich bei niedrigerer Wassertemperatur die Beweglichkeit der Fische verringert, ihr Fluchtverhalten verlangsamt.

Im Herbst fischen wir an drei, vier Wochenenden, Sonnabend und Sonntag mit dem Zugnetz. Der See hat zehn Züge, bis man ihn einmal durchgefischt hat. Ein Zug bedeutet, das Netz auszusetzen und wieder heranzuziehen. Das dauert einen halben Tag. Schafft man zwei volle Züge an einem Tag, ist man gut. Das heißt, man braucht

mindestens fünf Tage hintereinander, um alle Seeteile mit dem Netz zu erreichen.

Man fängt nicht alle Fische in dem Bereich. Die Fische sind schlau geworden, sie haben gelernt, weil man sie als kleine Fische einige Male wieder ins Wasser zurückgeworfen hat. Schon am Klappern der Kähne erkennen sie, dass Gefahr droht.

Im Spätherbst und Winter ziehen einige Fische aus der Spree in den See und im Frühjahr kehren sie in den Fluss zurück. Wegen der geringeren Strömung fischt es sich im See einfacher als in der Spree, deswegen haben wir dort unser Hauptreusensystem. Auch am Auslauf des Sees, dort wo das Wasser in die Spree strömt, haben wir zwei Reusen, jede ist einhundertfünfzig Meter lang, so wird der Strömungsdruck der Spree auf dreihundert Meter Netzfläche verteilt – nur so kann man ihn beherrschen. Direkt in der Spree würde es die Reusenstangen wegbrechen … Beim Einstellen der Reusen

muss man die Schwankungen des Wasserspiegels beachten, sie betragen gut zwei Meter zwischen Niedrig- und Hochwasser.

Wie funktionieren Reusen?

Reusen sind Netzfallensysteme. Sie bestehen aus einer glatten Netzwand, die oben mit einer Leine an Kiefernstangen im Wasser befestigt ist und unten mit einer Kette auf dem Grund liegt. Sie bildet einen Zaun im Wasser, an dem die Fische entlang schwimmen. Eingebaut in die Netzwand sind Reusen, Fangkörbe für die Fische. Unser Reusensystems und unsere Fischfangmethoden sind direkt auf die Spree und den See zugeschnitten.

Am Seeauslauf ist es sehr modrig, da müssen die Reusenstangen drei Meter tief im Schlamm stecken. Auf der anderen Seite ist der Untergrund fest, und jede Stange muss mit dem Hammer eingeschlagen werden. Fünfzig Mal muss ich mit einem großen Holzhammer auf jede der zwanzig Stangen einer Reuse schlagen.

Spree am Neuendorfer See

Halten die Fische Winterruhe?

Fische sind temperaturaktiv, d.h. je niedriger die Temperaturen, desto geringer ihre Aktivitäten und ihr Energieverbrauch. Die meisten Gewässer sind temperaturgeschichtet. Wasser hat bei plus vier Grad die höchste Dichte. Wenn es an der Oberfläche auf vier Grad abkühlt, sinkt es auf den Grund. Fische stellen sich in ihrer Winterruhe auf diese Temperatur ein. Wenn es im Frühjahr wieder warm wird und das Eis schmilzt, erreicht das Wasser oben wieder vier Grad und sinkt. Diese Herbst- und Frühjahrszirkulation bewirkt, dass die Gewässer auch am Boden mit Sauerstoff versorgt werden.

Früher war der See von Dezember bis März zugefroren. Jetzt wechseln in der Winterzeit Warm- und Kaltphasen ab. Das ist ungünstig für die Fische, da sie in ihrer Winterruhe gestört werden, Energie verbrauchen. Wenn nötig, fischen wir auch im Winter unter Eis. Mit einer Motorsäge werden Löcher ins Eis gesägt. Als ich Lehrling war, hackten wir die Löcher mit speziellen Eisäxten. Manchmal hundert am Tag, bei einer Eisdecke von vierzig Zentimetern. Die Schneide ist bei diesen Äxten eine bestimmte Länge vom Stiel entfernt, sonst würde man mit dem Stil ins Wasser hauen und sich vollspritzen. Die Winterfischerei ist interessant, aber aufwendiger.

Wenn Sie zum Fischfang auf den See hinausfahren, haben Sie dann schon eine gewisse Vorahnung, ob Sie erfolgreich sein werden?

Beim Aalfang kann man es ein bisschen einschätzen. Der Herbst hat uns immer die Hauptfänge gebracht. Dunkle Regennächte, schwere Sturmnächte, das inspiriert die Aale zum Wandern; das sind die besten Aalnächte.

Früher, als wir noch viel Aal aus dem See holten, hatten wir in einer Nacht manchmal 150 bis 180 Kilo Aal in den Reusen. Manchmal mussten wir die Reusen bei Sturm mit hohen Wellen heben. Die Reusen waren voll von Aal, wir konnten sie nicht bis zum nächsten Tag stehen lassen und mussten genau die großen Wellen abpassen, damit sie nicht das Boot versenkten. Ein Nervenkitzel, mit dem randvollen Kahn nach Hause zu fahren. Wenn man für 2000 Mark Aale im Kahn hat, möchte man nicht absaufen und sie alle verlieren.

Was inspiriert die Aale an diesen Unwettern?

Sie sind lichtempfindlich! Je dunkler es ist, desto aktiver werden die Aale. Ein schwerer Herbststurm wühlt den See bis auf den Grund auf. Dann wandern sie. Die beste Aalzeit ist im Oktober, November. Bei starkem Regen werden die Wehre geöffnet – der Weg ist frei für die Aale. Die Biologie des Aals ist interessant. Er lebt im Süßwasser und zieht zum Laichen ins Salzwasser. Er laicht im Atlantik im Bermudadreieck, in der Sargassosee.

Man nimmt an, dass er ursprünglich im Meer »vor unserer Haustür« gelaicht hat. Durch die Kontinentalverschiebung rückte der Laichplatz immer weiter fort. Doch der Aal hielt an ihm fest. Er hat großes Glück, dass der Golfstrom die Aallarven an die europäischen Küsten treibt. Wenn sie dort ankommen, sind sie drei Jahre alt. Weil sie durchsichtig sind, heißen sie Glasaale. Auf ein Kilo gehen etwa dreitausend Stück, so klein sind sie.

Dann wandern sie die Flüsse aufwärts, pigmentieren und werden dunkel. Durch die Verbausysteme in den Flüssen ist ein Aalaufstieg bis in unser Gebiet kaum möglich, darum kaufen wir Aale, welche als Jungfische im Unterlauf der Flüsse gefangen werden, und setzen sie hier ein. Sieben bis achtzehn Jahre bleiben sie im Süßwasser, dann sind sie ausgewachsen und versuchen wieder zum Meer zurückzuwandern. Während die männlichen Aale sehr klein bleiben, maximal fünfzig Zentimeter lang und zweihundert Gramm schwer, werden die weiblichen über einen Meter lang und schwerer als sechs Kilogramm.

Das Vermögen der Aale, Hindernisse zu überwinden, ist erstaunlich. In Schottland hat man in der Dachrinne im vierten Stock eines Gebäudes Glasaale gefunden. Bei Regen schaffen sie es, Wehranlagen zu überwinden, indem sie sich an feuchtem Moos hochschlängeln. Durch das Wandern verteilen sich die Aale über einen riesigen Lebensraum.

Ihr Berufsleben ist abwechslungsreich.

Ich liebe meinen Beruf. Jeden Tag ist das Licht, das Wetter anders. Die Wolken, der Lichteinfall … Wenn sich am Morgen der Nebel über der Spree lichtet und die Sonne langsam durchscheint, bin ich immer wieder neu fasziniert. Die schweren Stürme mit hohen Wellen, auch wenn sie gefährlich sind, beeindrucken. Selbst ich, der die Natur so oft erlebt hat, bin von solchen Szenen auf dem Gewässer emotional bewegt und begeistert.

LEICHHARDT-GEMEINDE TREBATSCH

Zwischen Neuendorfer See und Schwielochsee fließt
die Spree in einem sanften Tal vorbei an Feldern und
Wäldern. Die buchtenreichen, mit alten Baumbeständen
bewachsenen, sandigen Ufer bieten mit ihren bunten
Wiesen ideale Rastplätze für Bootstouristen und Wanderer. Alles blüht unbekümmert durcheinander, Libellen
paaren sich an heißen Sommertagen in schillernden Farben, gelb und weiß schmücken See- und Teichrosen den
wohlig dahinziehenden Fluss, der seltene Eisvogel jagt
übers Wasser – ein fliegender Diamant.

Bemerkenswert auf diesem Abschnitt sind die Schleusen
Neuendorfer See und Kossenblatt, dabei handelt es sich

um feingliedrige Wassertore, Zeugen einer Zeit, als der
Mensch in seiner Vertrautheit mit der Spree auf all ihre
Launen und Tücken mit technischem Geschick reagierte. Nadelwehre setzen sich aus lückenlos nebeneinander
aufgereihten Holzstangen zusammen, die einzeln entnommen werden können, um den Wasserfluss zu regu-
lieren.

Auf halber Strecke liegt die »Leichhardt-Gemeinde Trebatsch«. Ortschronist Lothar Gosche und seine Frau
widmen seit der Wende einen Großteil ihrer Zeit dem
Aufbau des Ludwig-Leichhardt-Zentrums. Es erinnert
an den berühmten Sohn der Niederlausitz, dessen Na-

men das Ortsschild seit 1998 als Zusatz führt. »Die Arbeit in der Leichhardt-Gesellschaft und das Schreiben von Büchern – darunter ein Reisebericht über Australien auf den Spuren Leichhardts – sind unser Lebensinhalt geworden.« Dr. Ludwig Leichhardt, 1813 als Sohn eines Torfstechers im Ortsteil Sabrodt geboren, durchquerte in den Jahren 1844/45 auf einer Expedition als erster Weißer Australien von der Ostküste nach Norden. Für diese Forschertat ehrten ihn sowohl die französische als auch die englische Geographische Gesellschaft mit einer Goldmedaille. Doch in der Heimat war sein Entdeckergeist früh mit der Strenge des königlichen Preußen in Konflikt geraten. Obwohl Leichhardt aus der Ferne signalisierte, den noch nicht absolvierten Militärdienst nach Rückkehr in die Heimat nachholen zu wollen, behandelte der König den mutigen Pionier wie einen Fahnenflüchtigen. Auf Leichhardts dritter Expedition quer durch den Kontinent verlieren sich seine Spuren im Sand der australischen Wüste, der ihn oft an seine märkische Heimat erinnerte.

Im Trebatscher »Kulturzentrum Ludwig Leichhardt« existiert eine beachtliche Sammlung von Dokumenten, die einen guten Eindruck von Leichhardts Lebensleistungen vermittelt. Sein Name ziert auch die ehemalige Schule und im Ortsteil Sabrodt erinnert ein Gedenkstein an den »Humboldt Australiens«. In der Zeit des Nationalsozialismus hieß Trebatsch ab 1937 Leichhardt. Im Juni 1938 fand aus Anlass des 125. Geburtstages von Leichhardt ein großes Treffen der »Sippe Leichhardt« und zahlreicher Heimatfreunde statt. Beeindruckt von diesem Zeichen der Ehrung, wollte man sich jährlich tref-

fen. Auf Grund des Krieges und der späteren Teilung Deutschlands kam es jedoch erst 25 Jahre später, zum 150. Geburtstag, zu einem neuen Treffen in dem seit 1947 wieder in Trebatsch zurückbenannten Ort. So kam es, dass Lothar Gosche in Trebatsch geboren wurde, in Leichhardt eingeschult wurde und die Schule beendete, als der Ort wieder Trebatsch hieß.

»In Australien ist der Name Leichhardt oft vertreten: Distrike, Städte, Siedlungen, Farmen, Stationen, Hotels, Motels, Gasthäuser, Parks, Minengesellschaften, Schulen, Klubs, Highways, Straßen, Wege, Flüsse, Kanäle, Schiffe, Berge, Pflanzen, Tiere, Briefmarken und Münzen trugen und tragen seinen Namen«, schreibt Bernd Marx in seinen Erinnerungen an Ludwig Leichhardt. Die akribische Aufzählung macht deutlich, mit welch preußischer Genauigkeit der ehemalige Ingenieur-Ökonom aus dem Spreewald auf den Spuren seines »Lebensreiseführers« – seit seiner Schulzeit – wandernd forscht, nimmermüde Geschichten und Geschichte schreibt. Zielstrebig verfolgt er sein Vorhaben, diesem in der Heimat fast unbekannten Landsmann die gebührende Anerkennung zu verschaffen. Als Fährmann auf den Spreewaldfließen zeigt er seinen Gästen, darunter viele aus dem Ausland, die Heimat des Australienforschers.

Ludwig Leichhardt, der auf seinem Schulweg von Sabrodt nach Trebatsch täglich die Spree überquerte, träumte am australischen Lagerfeuer von Kartoffeln mit Butter, dachte an die großen Bleie, die er in der Spree gefangen hatte. Aus der Ferne schreibt er seinen Eltern: »Und immer ist es, als wenn ich in der weiten Ebene Trebtasch und unseren Garten sähe.«

Ihre erste Erinnerung an die Spree?

Hier in diesem Haus bin ich geboren – zwei Zimmer weiter. Es liegt direkt am Rocher Mühlenfließ. Von hier bis zum Hauptstrom der Spree ist es etwas mehr als einen Kilometer weit. Ich bin mit der Spree großgeworden. Meine schönsten Kindheitserlebnisse haben alle mit dem Fluss und den Spreewiesen zu tun. Es gibt keine schönere Gegend. Im Sommer fingen wir Krebse und Fische, wateten im Wasser herum. Schwimmen war selbstverständlich. Jedes Kind konnte es, ohne dass es ihm jemand beigebracht hätte. Ich habe im Teufelsbogen schwimmen geübt, das ist ein alter Spreearm.

Niemand gängelte uns, wir wanderten, wohin wir wollten, stellten auch böse Dinge an. 1945 lagen viel Munition und Waffen hier herum, wir haben mit Karabinern geschossen … In den letzten Kriegstagen war versucht worden, zwischen Trebatsch und Rocher eine Verteidigungslinie aufzubauen. Eines Morgens fanden wir die Schützengräben leer vor, Hunderte von Pistolen, Karabinern und Panzerfäuste waren liegengeblieben.

Meine Eltern betrieben eine kleine Landwirtschaft und auf den Spreewiesen hüteten wir Kinder die Kühe – die Angel als ständige Begleitung. Der Betrieb war zu klein, um die Familie zu ernähren, darum arbeiteten Großvater und Vater zusätzlich im Forst. Im Krieg hatte mein Vater ein Bein verloren

Was für Fische haben Sie gefangen?

Als Kind Plötzen und Barsche – wenn ich mit Vater angelte, war unser Hauptfisch der Hecht. Nach dem Krieg gab es viele Hechte, als passionierter Angler hatte mein Vater sich auf sie spezialisiert. Eines Tages fingen wir vormittags acht, nachmittags vier große Hechte – keiner unter fünf Pfund. Vater musste mit dem Kahn fahren, weil er mit seinem Holzbein nicht am Ufer entlang laufen konnte. Hechte haben wir gebraten, sauer eingelegt oder gekocht.

JA, DIE WIESEN SCHUNKELTEN
Gespräch mit Lothar Gosche

Was ist das für ein Fließ, an dem Sie aufgewachsen sind?
Der Rocher Mühlenfließ verbindet den Großleuthener See mit der Spree und fließt hier durch ein wunderschönes Tal. Früher war es total versumpft. Als Kind sprang ich von Hauke zu Hauke. Stieß ich mit einer Stange ins Moor, fand diese keinen Halt. Hauken sind Sandberge, aufgeschüttet von der Eiszeit. Das abfließende Wasser wusch tiefe Rinnen, die voll liefen und versumpften. Schunkelwiesen haben wir gesagt. Ja, die Wiesen schunkelten. Da der Wasserspiegel gesunken ist, kann man das heute nicht mehr so nachempfinden. Allerdings gibt es noch Sumpflöcher.

Als Kinder haben wir auf den Schunkelwiesen Stockenteneier gesucht, davon gab es viele, geschmeckt haben sie auch. Im Herbst gehörte das Pilzesuchen dazu. Im Win-

*Zugbrücke
bei Briescht*

Spree bei Kossenblatt zu Trabatsch

ter ging es mit Holzpantoffeln frühmorgens im Stockfinsteren nach Trebatsch zur Schule. Mit allen Ängsten, die ein Kind allein auf solchen Touren durchlebt. Nach der Schule liefen wir über die vereisten Wiesen an der Spree. Auf der riesigen Spiegeleisfläche fuhren wir Schlittschuh bis nach Kossenblatt, immer an den Wiesenkanten entlang. Wunderbares Eis, es bog sich schön durch, jeden Fisch konnte man sehen. Über den Fließen war das Eis besonders dünn, manch einer brach ein und musste pitschnass nach Hause gehen, umringt von der spottenden Kinderschar. Im Frühjahr und manchmal noch im Sommer stand alles unter Wasser – bis hier zu unserem Garten kam das Wasser. Der Grundwasserspiegel stieg so, dass wir unseren Keller nur auf Bohlen betreten konnten, die wir auf Mauersteine legten.

Am Ortseingang von Trebatsch liest man: Geburtsstadt des Australienforschers Ludwig Leichhardt.

Wenige Deutsche kennen Leichhardt, den »Humboldt Australiens« – ein Drama, das mit seinem Lebensweg zusammenhängt –, er wurde in Deutschland bewusst totgeschwiegen. Geboren ist er am 23. Oktober 1813 hier in Sabrodt, das heute zu Trebatsch gehört. Sein Vater, ein Torfinspektor, organisierte Torfgewinnung und -verkauf – auf Spreekähnen ließ er den Torf bis nach Berlin transportieren und verdiente gut daran. Ludwig war das sechste von neun Kindern und besuchte sechs Jahre lang die Schule in Trebatsch. Wegen der katastrophalen Schulverhältnisse schickte ihn der Vater nach Zaue an den Schwielochsee zum Pastor Rödelius. Dieser hatte die Aufgabe, Landkinder aufs Gymnasium vorzubereiten. Das gelang ihm recht gut, denn Ludwig Leichhardt konnte schon nach zwei Jahren Schulbesuch in Cottbus das Abitur machen. In Berlin studierte er zunächst alte Sprachen, aber das lag ihm nicht. Er liebte die Natur. Wer hier groß geworden ist, der kommt davon nicht los. Er wandte sich den Naturwissenschaften zu und ging nach Göttingen, der damaligen Hochburg naturwissenschaftlicher Lehre und Forschung in Deutschland. In Berlin setzte er sein Studium fort. Doch schloss er es nicht ab, weil er vom Preußischen Innenministerium einen Einberufungsbefehl erhielt. Seine Bitte, man möge den Befehl aussetzen, bis er von einer Forschungsreise zurück sei, wurde abgelehnt. Kurz entschlossen begab sich Ludwig zu guten Bekannten nach England, zu den Nicholsons, und bereitete sich dort weiter auf seine Forschungsziele vor. Letztendlich landete er in Australien und gehörte zu den großen Pionieren der Erforschung dieses Kontinents. Sein Hauptverdienst besteht darin, als Erster nachzuweisen, dass man mit den wenigen technischen Mitteln der damaligen Zeit – Kompass und Theodolit – das Innere Australiens durchqueren konnte. Er war der Erste, der bei Schwierigkeiten nicht umkehrte, sondern tatsächlich die Durchquerung des Landes – von Ost nach Nord – schaffte. Er war sich bewusst, dass es sein Leben kosten könnte. Von seiner dritten Expedition, dem Versuch Australien von Ost nach West zu durchqueren, kehrte er nicht zurück.

Sie waren auf Leichhardts Spuren in Australien.
Ich hatte mir die Aufgabe gestellt, zu ergründen, was die Menschen auf der Straße von Leichhardt wissen. Ich habe niemanden getroffen, der den Namen nicht kannte. Wenn auch nicht jeder wusste, wer Leichhardt war oder was er geleistet hat. Die australischen Schüler begegnen Leichhardt im Geografieunterricht der fünften Klasse. Im Stadtteil Leichhardt in Sydney hatte ich sehr schöne Erlebnisse. In der Leichhardt-Straße sprachen meine Frau und ich einen älteren Herrn an, der in seinem Vorgarten saß. Wir wollten wissen, weshalb dieser Stadtteil den Namen Leichhardt trägt. Der Herr winkte ab, seine Enkelin kam und erklärte: Opa spricht kein Englisch. In der Straße leben fast nur Italiener und Griechen. Als die Kleine hörte, dass es um Leichhardt ging, holte sie die Oma. »Leichhardt war ein guter Deutscher, der sein ganzes Geld für die Armen und Alten dieses Stadtteils ausgegeben hat«, erzählte die Oma. Nun, Leichhardt hatte selber nie Geld und – noch bedeutsamer – zu Leichhardts Lebzeiten existierte dieser Stadtteil überhaupt noch nicht. Leichhardt benannte einen Creek [australische Bezeichnung für einen Bach oder Graben, der während der Trockenzeit kein Wasser führt, sich dagegen während der Regenzeit plötzlich füllt und zu einem reißenden Strom anwachsen kann] nach dem Sponsor seiner ersten Expedition; dieser, ein Baumeister und Architekt, bedankte sich seinerseits bei dem Forscher, indem er einem Stadtteil, dessen Terrain sich in seinem Besitz befand, Leichhardts Namen gab.

Wie erklären Sie sich, dass dieser junge Mann aus dem Luch hier, aus Trebatsch, solch ein Fernweh entwickelt hat?
Wer wie Leichhardt die Natur liebt, ist immer bestrebt, zu entdecken und zu erforschen. Der Pastor Rödelius hatte ihm beigebracht, wie man Pflanzen und Tiere sammelt. Das faszinierte den jungen Mann ebenso wie sein Studium an den Universitäten. Von 1837 bis 1841 hielt er sich in England, Frankreich und Italien auf, dort studierte er nicht an Universitäten, sondern besuchte Hospitäler, um seine medizinischen Kenntnisse zu vervollkommnen. In Südfrankreich erforschte er erloschene Vulkane, wanderte in Italien bis zum Vesuv. Seine Sehnsucht zu entdecken wuchs. Australien stand als Ziel zunächst nicht fest. In Briefen an seinen Vater schrieb er von Plänen, nach Südamerika zu gehen, ähnlich wie Humboldt, den er sehr bewunderte. Der jüngste Bruder seines englischen Studienfreundes Nicholson schrieb begeisterte Briefe aus Australien, was Leichhardt veranlasste, sich dorthin zu begeben. Hier erschloss sich ein Feld – wahrhaftig ein weißer Fleck, den der Trebatscher erforschen konnte.

Leichhardt ist Humboldt begegnet?
Er hat Humboldt, den »Fürsten der Wissenschaften«, in Paris aufgesucht. Von ihm erhoffte er sich Fürsprache bei der Preußischen Regierung, die ja sein Gesuch auf Zurückstellung vom Militärdienst bis zur Erfüllung seiner wissenschaftlichen Aufgaben abgelehnt hatte. »Ich habe es mir von meiner Jugend an in den Kopf gesetzt, weiße Flecken von der Landkarte zu tilgen. Ich glaube, dass ich jetzt die Kenntnisse besitze, um eine solche Aufgabe zu erfüllen, koste es, was es wolle«, erklärte er dem einundsiebzigjährigen Humboldt. Dieser, bekannt als Fürsprecher junger Wissenschaftler und Künstler, wünschte ihm Glück für sein Vorhaben, gab dem ihm unbekannten Landsmann jedoch zu verstehen, dass seine Zeit knapp bemessen sei. Leichhardt zog enttäuscht von dannen, ohne sein Anliegen vorgetragen zu haben.

Im Nationalsozialismus wurde Leichhardt geehrt – wie kam es dazu?
Wie fast alles in Leichhardts Leben war auch die Vereinnahmung durch den Nationalsozialismus tragisch für ihn. Nach dem Staatsbesuch des ehemaligen australischen Premierministers Bruce bei Hindenburg, dem Präsidenten des Deutschen Reiches, am 27. Februar 1933 wurde in Deutschland über Leichhardt publiziert. Hitler nahm diesen Staatsbesuch nicht wahr, da an diesem Tag der

Reichstag brannte und er anderes zu tun hatte. Die Nazis missbrauchten Leichhardt als Vorkämpfer für das nationalsozialistische Deutschtum in Australien. Sie sandten zwei Panzerkreuzer zu Staatsbesuchen und versuchten bei den deutschstämmigen australischen Ansiedlern Fuß zu fassen. Das gelang ihnen nicht, denn die Berichte von der Judenverfolgung in Deutschland waren bis Australien gedrungen.

Trebatsch, der Geburtsort des Australienforschers, wurde mit Wirkung vom 1. Dezember 1937 umbenannt in Leichhardt mit der Begründung, man wolle dem großen deutschen Entdecker ein ewiges Denkmal setzen. Das

war eine Lüge. Den Nazis ging es weniger um eine Ehrung für Leichhardt, als vielmehr darum, den alten slawischen Namen Trebatsch von der arischen Landkarte zu tilgen. Im Zuge einer Arisierungswelle wurden viele Orte in dieser Gegend umbenannt. Die Namensgebung erwies sich für Leichhardt als Nachteil, so ehrenvoll sie eigentlich war.

Beim Einmarsch der Roten Armee errichteten die Russen hier 1945 ihre Kommandantur Trebatsch, denn auf ihren Landkarten stand noch der alte Name. Niemand sagte: Ihr seid in Leichhardt, nicht in Trebatsch. Die Vorbehalte, die entstanden waren, weil die Nazis diesen Namen benutzt hatten, setzten sich bis in die fünfziger Jahre auch hier in der DDR fort.

Hatte man in der DDR Bedenken, sich mit Leichhardt zu beschäftigen, weil er von den Nazis geehrt worden war?

Solche Bedenken gab es – anderes kam hinzu, eine ahistorische Denkweise, wie sie oft auftritt. Weil Leichhardt in seinen Briefen die Ureinwohner Australiens als Wilde bezeichnet, machte man ihm den Vorwurf, er hätte auf sie herabgeblickt. Doch Wilde war damals der übliche Ausdruck und von ihm nicht als Wertung gemeint.

Aus Leichhardts Tagebüchern geht hervor, dass er den Ureinwohner Australiens mit Respekt begegnete, ihre Kenntnisse über das Land, Tiere und Pflanzen hoch schätzte. Unkenntnis, Fremdheit und Angst führten bei manchen Begegnungen zu Konflikten. Leichhardt versuchte die Sprache der Ureinwohner zu erlernen, stu-

Aus dem Beeskower Kreisblatt, 13. Dezember 1937

Familie Leichhardt und Freunde, 1938

dierte ihre Lebensgewohnheiten. Bei all seinen Expeditionen begleiteten ihn Aborigines als Berater.

1963, zu Leichhardts 150. Geburtstag gab es erstmals eine öffentliche Ehrung. Elisabeth Wolff, eine Enkelin von Schwager Schmalfuß und bekannte Malerin, hatte dafür gekämpft. Sie war schon alt und starb im darauffolgenden Jahr. In Trebatsch hatte sie inoffiziell bereits 1955 den ersten Gedenkstein für Ludwig Leichhardt eingeweiht, der heute noch vor der Schule zu sehen ist. Diese Schule wurde erst 1980 nach ihm benannt.

Zum 150. Todestag wollten wir die Namen Trebatsch und Leichhardt wieder zusammenbringen. Meine Frau und ich fuhren nach Potsdam ins brandenburgische Innenministerium und führten dort Verhandlungen. Wegen der möglichen Kosten einer Namensänderung waren die Herren zunächst nicht zu bewegen, uns entgegenzukommen. Aber wir wollten ja nicht wieder Leichhardt werden. Ich bin in Trebatsch geboren und hänge an diesem Namen. Uns ging es um einen Zusatznamen wie beispielsweise Fontane-Stadt Neuruppin. Doch erst nach Hinweisen auf das Verwaltungsgericht erreichten wir unser Ziel. Am 12. September 1998 wurde die Tafel enthüllt: Leichhardt-Gemeinde Trebatsch.

Der australische Literaturnobelpreisträger Patrick White schrieb »Voss« …

Voss ist Leichhardt. Dankenswerterweise hat sich Patrick White dieses Themas angenommen, doch ich kann nicht sagen, dass ich immer begeistert war. Voss oder Leichhardt wird als eigenwilliger Preuße charakterisiert und kommt nicht immer gut weg. Aber der Roman hat für Aufsehen gesorgt – eine Oper ist entstanden, die auch in der DDR aufgeführt worden ist. White kannte Leichhardt nur von Zeichnungen. Dort sehen wir einen sehr hageren jungen Mann, bärtig, knöchern. Manche Zeichnungen zeigen ihn mit einem zerlumpten Hut, an den er mit Stecknadeln Schmetterlinge und alles Mögliche angeheftet hat. So muss er in Australien herumgelaufen sein. »Zukunft ist Wille« – das traue ich ihm zu. Wenn Leichhardt ein Ziel hatte, arbeitete er fanatisch daran, es zu erreichen und ordnete diesem alles unter. Von Natur aus eher schwächlich und kränklich, tat er alles, um sich körperlich fit zu halten. Als Schüler des Cottbusser Gymnasiums lief er nachts die vierzig Kilometer zu seinem Elternhaus zu Fuß.

»Ich vollbringe es oder ich sterbe«, nach diesem Motto bereitete er seine Expeditionen vor. Er stellte an sich und seine Gefährten hohe Anforderungen. Ich will seine Begleiter nicht als Abenteurer abqualifizieren, diese jungen Australier wollten etwas erleben, Geld verdienen, bekannt werden, hatten jedoch nicht die gleiche hohe Motivation wie Leichhardt. Die zweite Expedition scheiterte, er musste umkehren, das hat bei den Teilnehmern viel Ärger hervorgerufen. Seine Kameraden waren nicht bereit zu leisten, was Leichhardt sich selbst und ihnen zumutete. Es kam zu harten Auseinandersetzungen und aus Verärgerung wurden einige üble Artikel und Bücher über Leichhardt und seinen Führungsstil geschrieben. Wenn solch eine These in die Welt gesetzt ist, verselbständigt sie sich.

Was bedeutet der Name Trebatsch, welchen Ursprung hat er?

Trebatschs Ursprünge liegen in einem wendischen Dorf namens Zrobolze. Die Wenden kannten keine Schriftsprache und die Deutschen hatten die Angewohnheit – die Äbte und Bischöfe sowieso – alles zu lateinisieren und zu verdeutschen. So entstanden die unmöglichsten Namen. Treba bedeutet auf Wendisch das Opfer. Hier in der Nähe, auf dem Zwietenberg, wurde einem der fünf Hauptgötter der Wenden geopfert – vermute ich, Zwietowitz oder Zwantowitzu – dem Gott des Lichtes, der Morgendämmerung. Das wäre eine Lösung. Es gibt eine andere: Treb heißt Wurzel oder roden, Trebatsch wäre der Ort, wo gerodet wird.

Wie sind Sie zum Leichhardt-Experten geworden?

In der Schule sprachen die Lehrer über Leichhardt. Ich bewunderte ihn, beschäftigte mich aber damals nicht so intensiv mit seiner Person. Meine Zukunftsperspektive als Bauernsohn war katastrophal. Ich hatte kaum eine Chance, hier herauszukommen, Geld zum Studieren gab es nicht – Bauer wollte ich auf keinen Fall werden. Meine Großeltern hatten vor, aus mir einen Pastor zu machen – die Kirche förderte begabte Bauernsöhne, um sie zum Pfarrer ausbilden zu lassen. Für den Fall, dass dieser Plan nicht klappte, gab es eine weitere Absprache. Ich sollte die Tochter des Nachbarn heiraten, dann wäre aus beiden Höfen eine große Wirtschaft geworden. 1945 kam die Befreiung, die mich von diesen Zukunftsaussichten erlöste.

1950 ging ich nach Beeskow zur Oberschule ins Internat. Nach dem Abitur wollte ich Pilot werden, das scheiterte an meinem Blutdruck. Trotzdem blieb ich bei der Armee, studierte Philosophie und unterrichtete später an verschiedenen militärischen Hochschulen. Diese Aufgabe erfüllte mich. Mein Spezialgebiet war der Dialektische Materialismus. Als Philosoph begleitete ich die DDR-Astronauten, unter ihnen Sigmund Jähn, bei der Vorbereitung auf den UdSSR-Weltraumflug. Von der

Vorstand der Gesellschaft Ludwig Leichhardt e.V. Trebatsch, 2003

Gruppe durften vier Anwärter zu weiteren Vorbereitungen in die Sowjetunion reisen. Zwei würden zurückkehren, zwei dort bleiben – einer von diesen beiden sollte fliegen. Den Anwärtern machten wir klar, es wird der Beste sein, der fliegt. Aber wer ist der Beste? Derjenige, der es versteht, sich mit Ellenbogeneinsatz auf den ersten Platz zu schieben, oder derjenige, der sich als fähig erweist, im Kollektiv – heute würde man Team sagen – gemeinsam die Probleme zu lösen. Das war auch eine ethisch-moralische Frage. Sigmund Jähn war der Beste. Heute arbeitet er in Moskau und ist das Bindeglied zwischen bundesdeutschen und russischen Astronauten.

Dann ist für Sie mit der Wende eine Welt zusammengebrochen?
In gewissem Maße ja. Eine Leere war da – ich musste mich mit dem, was ich bis dahin getan hatte und was jetzt auf mich zukam, auseinandersetzen. Meine Philosophie war nicht mehr gefragt. Mit Leichhardt erschloss sich für mich eine neue Welt. Mein Blick hat sich geweitet. Heute lächle ich über viele Dinge, die ich früher so ernstgenommen habe – auch in ideologischen Fragen. Nach der Wende suchten meine Frau und ich ein neues Aufgabenfeld. Wir konzentrierten uns auf die Arbeit in der Leichhardt-Gesellschaft, die mit ihren so unendlich vielfältigen Aufgaben bald einen großen Raum in unserem Leben einnahm. Diese Arbeit in der Leichhardt-Gesellschaft und das Schreiben von Büchern – darunter ein Reisebericht über Australien auf den Spuren Leichhardts – sind mein Lebensinhalt geworden.

Im Alter von neun Jahren hört der Schüler Bernd Marx erstmals aus dem Mund seines Lehrers Gerhardt Kossatz den Namen Ludwig Leichhardt. Von diesem Tag an hat Bernd einen Traum – er möchte in Australien auf den Spuren dieses geheimnisvollen Forschers wandern, dafür sorgen, dass dessen Verdienste weltweit Anerkennung finden, seine Lausitzer Heimat ihn würdigt.

Fortan sammelt er alles, was er über den fernen Kontinent Australien, über Leben und Werk von Ludwig Leichhardt finden kann. Er malt Landkarten, versucht sich vorzustellen, unter welchen Bedingungen Leichhardt seine Expeditionen durchgeführt hat. Bereits als Lehrling in der Ausbildung, später als Soldat der »Volksarmee«, als Student der Wirtschaftswissenschaften in Senftenberg und als Ingenieur-Ökonom im Heizkraftwerk Lübbenau-Vetschau, in dem er seit 1966 bis zur Stilllegung nach der Wende arbeitet, nutzt er jede Gelegenheit, über den unbekannten »Humboldt Australiens« zu sprechen: »Ich habe es mir in den Kopf gesetzt, weiße Flecken von der Landkarte zu tilgen… koste es, was es wolle.« Am Ersten Oktober 1841 beginnt sein Abenteuer. Mit Unterstützung englischer Freunde schifft er sich

auf dem Segelschiff »Sir Edward Paget« nach Australien ein und erreicht nach 137 Tagen nicht gerade komfortabler Schiffsreise den zu dieser Zeit weitgehend unerforschten Kontinent.

Schulklasse von Bernd Marx, 1959 (1 Reihe, 2. v. re.)

Nach der Wende kann Bernd Marx 1997 endlich auch nach Australien reisen. Er trifft Menschen, mit denen er im Geiste verkehrt, sieht Orte, die er mit dem Finger auf der Landkarte oft besucht hat. In der Mitchell-Library, der Staatsbibliothek von New South Wales, bewundert er die Originale von Leichhardts Reisetagebüchern.

Im Jahr 2000 folgt Bernd Marx zu Fuß der Route von Leichhardts erster und erfolgreichster Forschungsreise: Von Brisbane bis nach Moranbah läuft er 3200 Kilometer durch den australischen Busch, täglich fünfzig Kilometer, 17 Wochen benötigt er für diese Strecke. Dabei sucht und findet er Leichhardts Lagerstätten, überquert wie dieser Flüsse und Berge, studiert, sammelt Pflanzen, Knochen und Steine – er schreibt Tagebuch, fotografiert seine Eindrücke. Seine Sammlung wächst auf mittlerweile etwa hunderttausend Dokumente und Fotos, Artikel und Aufsätze, Landkarten, Bücher und Broschüren an. In Deutschland hält er spannende Vorträge, unterstützt den Ausbau des Leichhardt-Museums in Trebatsch, organisiert Wanderungen auf den Spuren Leichhardts und fährt nicht nur seine Gäste aus aller Welt, sondern jeden

Mount Leichhardt, 1998

Interessierten als Fährmann auf seinem Kahn durch den Spreewald. Im April 2002 ist Bernd Marx wieder in Australien, er besucht Taroom, ein sechshundert Einwohner zählendes Städtchen im Bundesstaat Queensland, das Leichhardt 1844 bei seiner ersten Expedition durchquert hat und wo für Bernd Marx ein weiterer Traum in Erfüllung gehen wird. In Taroom begeistert er den deutschstämmigen Landrat Don Stiller für seine Idee. Zwei Jahre später, am Ersten Oktober 2004, ist es soweit: Anlässlich des 160. Jahrestages des Beginns von Leichhardts erster Expedition treffen sich tausend »Leichhardtianer« aus aller Welt zur ersten – wie Bernd Marx formuliert – »Leichhardt-Olympiade«. Der Bundesstaat Queensland, die australische Regierung, insbesondere aber unzählige Sponsoren unterstützen das Treffen. Grußbotschaften werden zwischen Australien und Deutschland ausgetauscht, die Nationalhymnen gespielt. Der deutsche Botschafter Dr. Klaus-Peter Klaiber enthüllt eine bronzene Gedenktafel und übergibt ein Gemälde mit dem Porträt von Ludwig Leichhardt. Bernd Marx schüttelt strahlend Hände von Menschen, die ihm vertraut sind, jedoch erstmals leibhaftig vor ihm stehen. Zur Eröffnung gibt es Leichhardt-Wein und Leichhardt-Eis – am Abend steigt ein Oktoberfest, das mögen die Australier besonders gern.

Enttäuscht ist Bernd Marx dagegen vom geringen Interesse der Deutschen, der Brandenburger an seinen Aktivitäten. Schon jetzt denkt er an das Jahr 2013, an Leichhardts 200. Geburtstag: Wer in Deutschland wird das von ihm für diesen Anlass geplante Festival unterstützen?

Ist es noch immer die alte Geschichte? Während Leichhardt nach seinen Erfolgen in Australien nicht nur dort stürmisch gefeiert, sondern auch von den Akademien der Wissenschaften in London und Paris mit Goldmedaillen geehrte wurde, galt er in Preußen als Wehrdienstverweigerer. »Der Mensch muss das Gute und Große wollen«, ein Satz, den Humboldt einst einem Studienfreund auf dessen erste Forschungsreise mit auf den Weg gegeben hatte – wurde Leichhardts Motto. Von seiner dritten Expedition ins unbekannte Herz des australischen Kontinentes kehrte der Forscher nicht zurück. Leichhardt und Marx sind Lausitzer, geboren und aufgewachsen an der Spree. Der eine verließ das Land, um Großes zu vollbringen. »Er folgte einem unbezwingbaren Trieb, immer wieder unbekanntes Land jenseits der letzten Horizonte zu suchen, bis zum Ende. Er wollte die glühenden Himmel und die leuchtenden Landschaften des unentdeckten Australiens als Erster unverlierbar entdecken und erleben«, schreibt Franz Baumann in einem Nachwort zu Leichhardts Tagebüchern.

Der andere, Bernd Marx, lebt weiterhin an der Spree, im Wesen seinem »Lebensreiseführer« nicht unähnlich: begeistert und zielstrebig verfolgt er sein Vorhaben, diesem in der Heimat fast unbekannten Landsmann die gebührende Anerkennung zu verschaffen.

BEESKOW

Die östlichste Stadt an der Spree ist Beeskow. Das erstmals 1272 urkundlich erwähnte, ganz im märkischen Stil
am Fluss erbaute wendische »Besicow« wurde an einer
der wichtigsten Handelsstraßen zwischen Sachsen und
den Ländern an der Oder gegründet. Im Schutz der auffällig wuchtigen, erdig-rötlichen Burg entwickelte sich
auf einem vorgelagerten Werder – zwischen großer und
kleiner Spree – der heutige Fischerkiez.

Wenn Eberhard Keil dort aus dem Fenster des im Bau-
hausstil errichteten Bootshauses vom »Ruderclub Bees-
kow 1920« schaut, füllt sich sein wissender Blick mit
Freude. Dieser Ort ist für den Beeskower Ehrenbürger
Heimat – daran hat er Jahrzehnte lang mitgearbeitet.
Wanderrudern ist seine Leidenschaft.

Beeskows wirtschaftliche und kulturelle Bedeutung liegt
in seiner Schlüsselposition: Handelsstraße, Verkehrskno-
tenpunkt – Etappe auf dem noch zu entdeckenden Was-
serrundkurs bis vor die Tore Berlins: durch abwechslungsreiche Uferlandschaften, über Seen und Kanäle,
durch abenteuerliche Schleusenanlagen, vorbei an Spree-
gaststätten mit vorzüglichem Speiseangebot – ein Kleinod für alle Erholung suchenden Bootstouristen.

»Das Beeskower Land«, schreibt Theodor Fontane während seiner Wanderung durch die Mark am 2. Mai 1862
ins Tagebuch, sei »ein wenig gekannter Winkel« und
»Beeskow ist nicht so schlimm, als es klingt.« Dabei bezieht er sich auf die alte Schreibweise, die »Besicow« mit
böse gleichsetzt. Was ihn jedoch mehr mit dieser alten

Garnisonsstadt verbindet, ist die Herkunft seiner Frau Emilie Fontane geb. Rouanet-Kummer. Fontane schreibt über sie: »Du bist, nicht nur Deiner tatsächlichen Abstammung, sondern auch Deinem ganzen Menschen nach, halb aus Beeskow und halb aus Toulouse.«

Emilies Großvater, Jean Pierre Barthélemy Rouanet, ist Franzose. Als Fahnenflüchtiger von preußischen Werbern in der Schweiz aufgegriffen, avanciert er – nach einer Audienz bei König Friedrich in Sanssouci – zum Lehrer für Französisch am »Pagenhaus« in Potsdam. Nach zwölf Dienstjahren wird er aus dem Armeedienst entlassen und auf eine Magistratsstelle nach Beeskow versetzt. Ihm verdanken die Beeskower, dass sie, als Napoleons Truppen 1806-1813 raubend durchs Land ziehen, aufgrund seines in perfektem Französisch vorgetragenen Einspruchs vom Schlimmsten verschont bleiben. 1768 heiratet Monsieur Rouanet Dorothea Louisa, die Tochter des angesehenen Beeskower Apothekers. 1790 wird ihnen als viertes Kind Tochter Therese Charlotte Wilhelmine geboren. Nach einer kurzen, kinderreichen Ehe mit dem Pastor Müller früh verwitwet, zeugt sie mit dem Militärarzt Georg Bosse aus dem Eskadron Leibkorps-Husaren am leidenschaftlichen Abschiedsabend ein unehelich geborenes Mädchen – die spätere Emilie Fontane.

Seit der Wende wurde in Beeskow investiert. Der historische Stadtkern um den Markt erstrahlt in neuer Farbenpracht, drei erhaltene Türme der alten Wehranlage lassen deren Größe und Stärke erahnen. Von den vier Stadttoren steht noch der trutzige Luckauer Torturm – ein Wahrzeichen der Stadt. Imposant ragt die 1360 bis 1511 in zwei Etappen im Stil der norddeutschen Back-steingotik erbaute St. Marienkirche aus dem mittelalterliche Züge tragenden Stadtzentrum empor. Im ersten Augenblick erinnert der Kirchenraum an Notre-Dame in Miniaturformat. 1945 schwer beschädigt, wurde die Kirche in den letzten Jahren wieder aufgebaut. Auch hier hat es Eberhard Keil mit Geschick und Tatendrang durch eine von ihm angeregte Spendenaktion erreicht, das fehlende Geld für den Bau der Kirchturmsspitze flüssig zu machen. »Der Efeu, der sich bis in die Spitzbögen emporrankt, scheint zu wissen, was er an ihr hat« – so Fontane über dieses Kleinod märkischer Baukunst.

Zunehmend Bedeutung erlangt Beeskow durch sein »Dokumentationszentrum DDR-Kunst« in den Räumen der Burg. Zwanzigtausend Arbeiten – Bilder, Plastiken und andere Artefakte »sozialistischer Auftragskunst« wurden hier unmittelbar nach der Wende vom letzten Kulturminister der DDR, Herbert Schirmer, zusammengetragen und so vor dem Weg in den Müllcontainer bewahrt.

Ab Frühjahr 2005 ziert ein von der Künstlerin Erika Doberstein aus Schöneiche gestalteter Brunnen den ehrwürdigen Markplatz. Über ein Silbertablett, von einer spitzbrüstigen Allegorie der Spree gehalten, fließt Spreewasser in ein von reichverzierten Klinkersteinen eingefasstes Becken. Beeskow würdigt die Spree.

Der Schriftsteller Günter de Bruyn lebt im Beeskower Land, er kennt seine Heimat genau, liebt ihre Schönheit. »Der Reichtum des Landes besteht in seinen Flüssen, Seen und Wäldern, in seiner Ruhe und relativ reinen Luft«, so beschreibt er die Gegend, sie bewirke, dass das Beste an jeder Reise die Heimkehr sei.

KOMMT DOCH MAL RUDERN
Gespräch mit Eberhard Keil

Ihre erste Erinnerung an die Spree?
In der Badeanstalt hier an der Spree habe ich als kleiner Junge von fünf oder sechs Jahren beim Bademeister schwimmen gelernt. In den Ferien verbrachten wir Beeskower Kinder den ganzen Tag dort. Die Badeanstalt war unser Spielfeld. 1945, als die Russen Beeskow erobert hatten, gab es ein halbes Jahr überhaupt nichts – die Badeanstalt und halb Beeskow waren zerstört. Die Badeanstalt wurde wieder aufgebaut und wir konnten uns dort von neuem herumtreiben. Mit alten Fischerkähnen lernten wir auf der Spree rudern. In den sechziger Jahren wurde unsere Badeanstalt geschlossen, weil die Wasserqualität der Spree sich verschlechtert hatte. Durch die Düngung der Felder mit Chemikalien gelangte verseuchtes Grundwasser in die Spree. So schmutzig wirkte das Spreewasser gar nicht, doch das Schilf ging zurück.

Wie ist es heute?
Vor zwei Jahren wurde die Badeanstalt im Originalgrundriss von 1945 wieder aufgebaut, das Schilf wächst – ein Zeichen für die Gesundung der Spree. Viele Fische fängt man wieder, sogar Krebse. Heute geht man nicht nur in der Spree baden, sondern fährt zu den umliegenden Seen. Das war damals ohne Auto kaum möglich. Der Tiefensee und der Ranziger See mit ihrem klaren Wasser sind am Ufer so flach, dass man mit Kleinkindern hineingehen kann.

Wann haben Sie mit dem Rudern angefangen?
1949 – vorher habe ich Tischtennis, Fußball, Handball gespielt. Der Vater meines Freundes war im Ruderclub und meinte: »Kommt doch mal rudern.« Viele aus unserer Klasse traten dem Verein bei. Bevor wir allein mit dem Boot hinausfahren durften, mussten wir uns »freirudern«. Früh um sechs trafen wir uns zum Dauerlauf wegen der Kondition. Am Nachmittag nach der Schule trainierten wir wieder, das war sehr intensiv – geschah aus eigenem Interesse. Bis heute bin ich beim Rudern

geblieben. Im Jahr lege ich ungefähr 1300 Kilometer mit einem Einer zurück, oft in Gemeinschaft mit anderen Ruderern.

Rudern Sie meist auf der Spree?
Jedes Jahr macht der Verein eine Fahrt ins Ausland. Vor drei Jahren sind wir durch die Masurische Seenplatte gerudert, vor zwei Jahren waren wir in Schweden, danach in Tschechien auf der Moldau und dieses Jahr in Irland. Wir wurden sogar eingeladen, auf dem Shannon eine

Abbildungen oben: Ruderklub Beeskow, Bootshaus

Regatta mitzufahren. Zum Wandern nehmen wir andere Boote als zum Rennen. Es sind breite Gigboote. Mit solch einem Boot fährt man dreißig bis vierzig Kilometer am Tag, dann zeltet man, am nächsten Tag geht es weiter. Wir reisen mit ungefähr zwanzig Personen. Auf dem Rhein, auf der Havel und vielen anderen Flüssen sind wir schon gefahren, doch die Spree ist ein phantastisches Ruderrevier. Beliebt ist die Spree- oder Kreisumfahrt. Von Beeskow in Richtung Norden geht es über Neubrück, Drahendorf, die alte Spree, den Oder-Spree-Kanal, die Schleuse Fürstenwalde und die Müggelspree zum Müggelsee – oder man biegt vorher ab und rudert über den Seddinsee, Königswusterhausen, die Dahme hinunter nach Märkisch Buchholz über den Neuendorfer See, Werder, Kossenblatt, den Schwielochsee und den Glower See zurück nach Beeskow. Diese Tour ist 190 Kilometer lang und dauert vier bis fünf Tage, wenn man es bequem haben möchte. Wir fahren meist in Vierern und Zweiern mit Steuermann.

Haben Sie immer in Beeskow gelebt?
In Leipzig habe ich 1953 begonnen, Wirtschaftswissenschaften zu studieren. Dort war ich Ruderer bei der Karl-Marx-Universität und habe – als Renngemeinschaft Uni und Deutsche Hochschule für Körperkultur – im leichten Achter meinen DDR-Meister gemacht. Von 1961 bis 1971 war ich kaufmännischer Leiter bei der Interflug in Berlin. Die ganze Zeit habe ich gerudert. 1972 ging ich als Hauptbuchhalter zum Verkehrskombinat nach Frankfurt/Oder. 1974 zog ich zurück nach Beeskow, wo ich mich natürlich gleich wieder im Ruderclub betätigte.
Inzwischen stand in der DDR der Leistungssport im Mittelpunkt, der Freizeitsport wurde in den Hintergrund gedrängt. Aus dem Ruderclub war »Dynamo Beeskow« geworden. Nach und nach gelang es uns trotzdem, für das Wanderrudern wieder einen Platz zu erobern.

Krumme Spree bei Werder

club begannen zu rudern. Dann kam der Krieg – 1920 wurde endlich der Ruderclub Beeskow gegründet und begonnen, die ersten Boote anzuschaffen. Im Club traf sich vor 1945 der Mittelstand, Optiker, Zahnarzt, Lehrer, Geschäftsleute, auch die Stadtoberen waren dabei. Es gab noch einen Kanuverein, in dem eher die Arbeiter waren. Unsere Clubfahne stammt aus dieser Zeit. Sie zeigt einen weißen sechszackigen Stern in einem blauen Kreis. Viele Ruderclubs führen diesen Stern in unterschiedlichen Farben in ihren Emblemen. Manche halten uns, wenn sie unsere Fahne sehen, für Israelis.

Das Bootshaus ist auffällig schön. Aus welcher Zeit stammt es?
Mit einer großen Feier wurde das im Bauhausstil errichtete Gebäude Pfingsten 1933 eingeweiht. Die Beeskower Stadt- und Provinznachrichten berichteten ausführlich. In seiner Weiherede sagte einer der Sprecher, »hoch anzurechnen sei dem Ruderclub Beeskow, dass er diesen Bau in einer Notzeit in Angriff genommen und vollendet habe. Dieses Haus möge für lange Zeiten ein Stützpunkt für das herrliche Wanderrudern sein, denn die große Masse der Ruderer pflegt nicht so sehr das sportliche Wettrudern als das Wanderrudern, das allein geeignet ist, unsere schöne märkische Heimat kennen zu lernen. Wir hoffen, dass alle Ruderkameraden, die in dieses Haus einziehen, Disziplin, Kameradschaft und Vaterlandsliebe üben werden.« Der Bürgermeister führte aus: »Es ist nicht leicht gewesen, aus Wasser, Sumpf und Schutt einen Bau erstehen zu lassen, der unserer Stadt zur Zierde gereichen wird.« Bei der Schlüsselübergabe versprach der neue Hausmeister: »Das Haus zu hüten als treuer Wart – die Jugend zu halten zu deutscher Art – die Boote zu rüsten zu froher Fahrt!« Der Bürgermeister überreichte dem Ruderclub »zur Ausschmückung des neuen Heims das Bild unseres Reichskanzlers Adolf Hitler, dabei betonend, dass das Bild die Ruderkameraden immer an das hohe Ziel, das sich unser Volkskanzler gesteckt hat, die Ertüchtigung unseres Volkes, erinnern möge.«
In der Hitler-Zeit kam es fast zum Zusammenbruch des Vereins. Die Leistungsruderer waren weg. Die jungen Männer wurden eingezogen, die Mädchen mussten zum Arbeitsdienst. Wenn die Soldaten Urlaub hatten, nutzten sie den Club mehr zum Feiern als zum Sport.
In Beeskow gab es vor dem Ersten Weltkrieg einen großen Schwimmclub, hier liegen die Wurzeln für den Ruderclub. Viele Frauen und Männer aus dem Schwimm-

Der Club ist also 1920 gegründet worden. Wie kam es zur Wahl dieses Motivs? Gab es viele Juden in Beeskow?

Wie die Fahne entstanden ist, weiß niemand genau. Viele Berliner und andere Vereine haben ebenfalls einen Stern in der Vereinsflagge. Manche vermuten, dass die Gründer des Clubs jüdische Geschäftsleute waren. In Beeskow lebten viele Juden, vor allem Textilhändler. Es gab eine Synagoge, eher ein Wohnhaus mit einem großen Versammlungsraum. Noch heute existiert ein großer jüdischer Friedhof, der in der Hitlerzeit nicht beseitigt wurde. Er liegt im Wald. Die Juden wurden

auch hier verfolgt – es ist keiner geblieben. Ich hatte eine jüdische Spielkameradin, die neben uns wohnte, eines Tages war sie verschwunden. Ich wunderte mich, doch als Kind begreift man die Zusammenhänge noch nicht ganz.

Als unser Verein achtzig Jahre alt wurde, habe ich als Vereinsvorsitzender eine Rede gehalten, in der ich versucht habe die Ereignisse der Hitlerzeit in Ansätzen aufzuarbeiten. Das war nicht einfach, es ist viel an Dokumenten verloren gegangen. Als 1945 Beeskow von den Russen überrollt wurde, haben die Leute aus Angst alles, was an Weltkrieg und Hitlerzeit erinnerte, vernichtet: Urkunden, Fahnen, Abzeichen, Uniformen …

Seit der Wende habe ich zur Geschichte des Clubs gesammelt, was ich kriegen konnte. Ich habe mir die Aufgabe gestellt, die Geschichte des Ruderclubs Beeskow zu schreiben.

Welche Bedeutung hat der Club für Beeskow?

Wir sind ein Traditionsclub mit über einhundert Mitgliedern. Zu unseren Jubiläumsfeiern kommen bis zu

dreihundert Gäste. An- und Abrudern sowie Bootstaufen sind für die Beeskower wichtige Ereignisse. Der Verein ist vielseitig. Die Ruderer veranstalten den Neujahrslauf, wir haben eine Gymnastikgruppe für Frauen, eine Laufgruppe, Skat und Rommé wird gespielt, wir haben für bestimmte Zeiten eine Sauna und eine Turnhalle gemietet. Aber das Kernstück bleibt natürlich das Rudern. Schon mehrmals haben wir den Stadtpokal gewonnen. Bewertet werden dabei: Jugendarbeit, Vereinsarbeit, Darstellung im Stadtbild – nach außen und nach innen. Wenn wir Preise gewinnen, dient das dem Image der Stadt.

Krefeld ist unsere Partnerschaft – auf der dortigen Ruderregatta erzielen wir große Erfolge und stellen unsere Stadt positiv da. Bei verschiedenen Anlässen sind wir der Stadt behilflich, wenn wir gebraucht werden. Unser Bürgermeister kann sich stets auf uns verlassen.

Berichten Sie von Ihren Erfolgen?

In den Jahren nach der Wende haben wir viele Siege auf nationalen und internationalen Regatten errungen. Wir haben zahlreiche Landesmeistertitel geholt, deutsche Meister gemacht, auf Weltmeisterschaften Gold und Bronze gewonnen. Leistungsträger waren und sind: Maik Haß, Jörg Schulze, Matthias Linnert, Andreas Linnert, Nicole Kühnt, Claudia Busch, Frank Schulze und viele andere. Wir bemühen uns um einen guten Stamm.

Eine Jugendabteilung mit neun- bis zehnjährigen Kindern haben wir gerade wieder aufgebaut. Das läuft gut. Eine Besonderheit unseres Vereins ist, dass die Leistungsruderer sich im Sommer an den Wanderfahrten beteiligen. Die Fahrten legen wir so, dass die Meisterschaften vorbei sind und jeder mitkommen kann. Das ist für alle ein großer Spaß und sorgt für den Zusammenhalt im Verein.

Wie würden Sie die Spree bei Beeskow charakterisieren?

Sie ist urwüchsig geblieben. Außer Wasserdörfern gibt es wenig Bebauung am Ufer. Die Gehöfte gehen bis zur Spree hinunter. Es gibt keine Bungalows, keine Villen, sondern dicke Schilfgürtel und Kiefernwälder bis an den Fluss heran. Keine Industrie, nur Landwirtschaft. Die Spree ist schmal, immer ist man in Ufernähe. So lässt sich die Natur gut beobachten. Ich sehe, wie schnell ich fahre und kann die Menschen an meinem Ufer begrüßen. Wir sind ja hier wie eine große Familie.

Vor der Wende hielten die Russen in den Waldstücken an der Spree ihre Manöver ab. Es gab völlig versandete

Stellen, wo die Panzer alles Schilf zerstört hatten, furchtbar sah das aus. Doch ohne dass jemand es angepflanzt hätte, ist alles wieder angewachsen, die Natur hat sich von selbst regeneriert.

Die Spree ist einer der schönsten und wichtigsten Flüsse Deutschlands. Wir sind hier groß geworden. Wenn wir aus dem Ausland zurückkehren, sagen wir immer wieder: Hier haben wir alles, die Spree ist am schönsten. Die Spree hat keine Dämme zum Hochwasserschutz wie viele andere Flüsse, und es führen keine Straßen an ihr entlang.

Haben Sie Überschwemmungen erlebt? Wie hat sich der Fluss durch den Bau von Talsperren verändert?

In meiner Kindheit hatten wir in fast jedem Frühjahr große Überschwemmungen. 1940 stand das Wasser über das Bootshaus hinaus bis zum Weg, die Boote mussten höher gelegt werden. In den fünfziger Jahren hatten wir zwar nicht so hohes Wasser, doch im Frühjahr konnten wir des Öfteren über die Wiesen rudern. Seit den sechziger Jahren habe ich das nicht mehr erlebt – höchstens einen Anstieg um etwa dreißig Zentimeter.

Früher fuhren hier Schleppkähne, transportierten Ziegelsteine von Kossenblatt nach Berlin für den Wiederaufbau der Stadt. In Beeskow gab es bis Mitte der fünfziger Jahre eine Art Hafen, wo die Zuckerrüben von den Fuhrwerken der Bauern auf Schiffe umgeladen wurden, die sie zu den Zuckerrübenfabriken brachten. Nach 1945 war das der billigste und schnellste Weg. Die Kähne wurden von hier über die Neubrücker Schleuse zum Oder-Spree-Kanal hochgeschleppt. Heute ist das nicht mehr möglich, weil die Spree zu flach geworden ist. Wegen ihrer geringen Fließgeschwindigkeit versandet sie. Man versucht das Wasser hier zu halten, nicht alles weg-

fließen zu lassen. Der Bau von Staudämmen war notwendig.

Zwischen Spreebrücke und Schleuse wurde ein neues, farbenfrohes Boardinghaus für Wassertouristen gebaut. Gibt es viele neue Besucher?

Ja, es hat sich bewährt. Man kann dort kleine Motorboote und Segelboote mieten. Am Anfang befürchtete ich, die würden uns stören, doch sie fahren so langsam und leise, dass es kein Problem gibt. Es hat sich integriert. Das Boardinghaus-Geschäft hängt vom Wetter ab. Es ist gut für die Stadt, dass sie da sind.

Impressionen am Ruderrundweg

Der Fischerkietz wirkt idyllisch …

Hier liegen die Anfänge von Beeskow: ein Fischerdorf auf einer Spreeinsel zu Füßen der Burg – zwischen kleiner und großer Spree. Hier steht unser Bootshaus und das Gästehaus, in dem Ruderer aus aller Welt gern über-

Schleuse Fürstenwalde

Schleuse Beeskow

nachten. Neben dem Club befindet sich die Fischerei und an der großen Spreebrücke gibt es ein gutes Fischrestaurant – die »Spreebrücke«.

Die Marienkirche hat eine neue Spitze …

Sie ist das imposanteste Baudenkmal von Beeskow, eine der größten Kirchen Brandenburgs und eine der interessantesten Deutschlands. Der Bau ist höher als die Länge des Kirchenschiffes. Wenn die Sonne in die Kirche strahlt, ist es wunderschön. Keiner wollte für eine neue Spitze bezahlen. Da habe ich mich engagiert und einen Aufruf gemacht. Innerhalb von vier Monaten haben die Bürger 124 Tausend DM gespendet. Jetzt fühlten sich alle anderen auch verpflichtet: die Denkmalpflege aus Pots-

dam, die Kirche, die Stadt selbst. Es war ein überwältigendes Ereignis für Beeskow, als die Kirchturmspitze von einem riesigen Kran aufgesetzt wurde. Die Spree und die Kirche symbolisieren Beeskow. Auch die Burg, die auf der Fischerinsel steht, ist bedeutend. Mit dem Burgdirektor spiele ich Skat – der ehemalige Landrat gehört auch zu unserer Skatrunde.

Sie scheinen hier sehr vernetzt zu sein. Wie haben Sie denn die Wende erlebt?

Seit 1985 war ich kaufmännischer Leiter beim VEB-Spanplattenwerk Beeskow, dem größten Industriebetrieb in dieser Gegend. Ein gutgehender Exportbetrieb, bestückt mit Maschinen aus Westdeutschland und Finnland. Spanplatten waren gefragt, wir hatten alle Längen und Stärken, überwiegend für die Möbelproduktion. Wir haben auch zugeschnitten. Nach der Wende trennten wir uns sofort vom Holzkombinat der DDR und gründeten eine GmbH. Wir setzten uns mit der Treuhand in Verbindung, verhandelten mit verschiedenen Firmen und entschieden uns für die Firma »Hornitex« aus Horn-Bad Meinburg. Den Betrieb haben wir sehr gut über die Wende gerettet, sechshundert Personen konnten wir weiterbeschäftigen. Noch heute arbeiten dort über vierhundert Menschen.

Wie haben Sie den Tag erlebt, an dem die Mauer fiel?

Ich habe die Wende zu Hause im Fernsehen erlebt. Meine älteste Tochter fuhr am gleichen Tag nach Leningrad, es war ein Schulausflug. Sie musste mit, da blieb ihr nichts übrig. Die restliche Familie machte einige Tage später einen Besuch in West-Berlin. Ich guckte mir den Zoo an, den kannte ich noch aus meiner Kindheit. Bis 1961 waren wir Bengels ständig drüben gewesen.

In Berlin durfte ich nicht studieren. Ich bekam einen Studienplatz in Leipzig zugewiesen, weil meine Familie Verwandte in West-Berlin hatte, andererseits wurden Bewerber aus und um Berlin bewusst in Leipzig und anderen entfernten Orten immatrikuliert. Zu der Zeit gab es noch viele Rucksack-Berliner, die täglich von Beeskow zur Arbeit nach West-Berlin fuhren. Das wurde nicht gern gesehen – es wurde geduldet. '61 wurde es für diese Leute schwierig. Wer sich nicht entschlossen hatte, nach West-Berlin zu gehen, musste sich in der DDR eine neue Arbeit suchen. Für einige Jahre war er gebrandmarkt.

Die Spree hat Ihnen in der stressigen Zeit Kraft gegeben und Ihnen geholfen, Ihre gute Laune zu bewahren?

Das war eigentlich das Wichtigste. Es erzählt sich heute alles leicht, aber natürlich hatte ich viele unruhige Nächte in dieser Umbruchphase. Doch ich nahm mir immer die Zeit, auf der Spree zu rudern. Komme, was da wolle. Meine Termine mit der Spree hielt ich immer ein. Man kann sich die Zeit so einteilen, dass man Zeit findet. Im Betrieb hatte man sich daran gewöhnt, am Mittwochnachmittag ab 16 Uhr ist der Keil auf dem Wasser. Dafür blieb ich an den anderen Abenden – oft recht lange.

Das Rudern an der frischen Luft war für mich immer eine Erholung. Ich baute alles ab, was mich anstrengte, schwitzte die Probleme aus. Die Sonne schien und ich sagte mir: Besser kann es doch gar nicht sein. Wenn ich nach Hause kam und geduscht hatte, war die Welt für mich wieder in Ordnung und ich sah Lösungsmöglichkeiten für scheinbar unüberwindliche Schwierigkeiten.

Wie definieren Sie Fortschritt?

Stillstand ist Rückstand. Fortschritt bedeutet: Neues ausdenken, weiterdenken – weiter nach vorne – an die Zukunft denken. Wenn wir beim Rudern einen Meistertitel geholt haben, können wir uns doch nicht ausruhen. Wir müssen überlegen, wie es im folgenden Jahr weitergeht, besonders an den Nachwuchs denken. Wir haben wieder drei Gruppen eingerichtet, wo wir Kinder mit neun, zehn Jahren trainieren und für Regatten vorbereiten. In jedem Jahr richten wir eine neue Gruppe ein, damit keine Lücke entsteht.

Spreebrücke am Bootsklub Beeskow

Von Königen, Kriegsfürsten, Staatslenkern, Wissenschaftlern und Künstlern stehen an den Ufern der Spree viele Denkmäler – doch von der Dame Spree selbst gibt es bisher nur eine Statue in Berlin. Die von dem Bildhauer Jeremias Christensen vor einhundert Jahren geschaffene Skulptur stand einst vor dem Sitzungssaal des Magistrats von Berlin und erinnerte die Ratsherren daran, den Fluss in Ehren zu halten. Nach dem Krieg wurde sie aus dem zerstörten Rathaus gerettet, in ihrem Exil im Tierpark Friedrichsfelde wartet sie auf ihre Rückkehr ins Rote Rathaus. Die Berliner »Spreegöttin« bekommt ab dem Frühjahr 2005 in Beeskow eine Schwester. Im Zentrum der Stadt hat die aus Schöneiche bei Berlin stammende Künstlerin Erika Doberstein aus flammend rotem Klinkerton einen neuen Marktbrunnen gestaltet, an dessen Kopfende eine zwei Meter zehn große »Spreefrau« steht. In ihren Händen hält sie ein stählernes Tablett, über das sich Wasser wie ein Schleier in das Becken vor der Figur ergießt. Das acht Meter lange, sich trichterförmig wie eine Flussmündung öffnende, in kräftigen Blautönen gehaltene Brunnenensemble besteht aus sechs Stufen, eingefasst von einem reich verzierten Klinkermauerwerk. In halbstündigen Intervallen schwillt die Wasserzufuhr hör- und sichtbar an und ab, erweckt die »Spreefrau« – eine als Hommage an das Wasser und die Spree gedachte Allegorie – den Eindruck von ewig währendem Überfluss. Die neue Beeskower Attraktion ist ein Ort der Ruhe und Besinnung.

Spreegöttinnen in Berlin und Beeskow

DER MÜGGELSEE

»Badewanne« nennen die Berliner liebevoll ihren Müggelsee. Das »Berliner Meer« am Eingangstor zur Stadt ist Oase für Urlaub, Sport, Kultur. Vielerlei Denkmäler sind diesem eigenwilligen See – der nichts anderes ist als die breitgewordene Spree – in Literatur, Malerei und Film gesetzt worden.

Mit elf Jahren saß Jochen Schümann, der »Goldjunge vom Müggelsee«, erstmals an der Pinne eines Segelbootes, mit zweiundzwanzig gewann er erstes olympisches Gold. Weitere Auszeichnungen folgten. Manche sagen, der Segler vom Yachtclub Berlin-Grünau, der über eintausend Segelstunden auf dem See verbracht hat, habe den Erfolg gepachtet. 2000 wurde er »Weltsegler des Jah-

res«, im März 2004 gewann er mit dem Boot »Alinghi« der Welt wichtigste Segeltrophäe, den America's Cup. Der Müggelsee, den Jochen Schümann als sein seglerisches Zuhause bezeichnet, ist mit einer Länge von viereinhalb und einer Breite bis zu drei Kilometern nicht nur der größte, sondern auch der eindrucksvollste See im Berliner Stadtgebiet. Aus allen Richtungen lässt sich der kreisrunde See gut besegeln. Plötzlich und unberechenbar auftretende Unwetter machen ihn gefährlich. Die Fischer von Rahnsdorf – da, wo die Spree den Müggelsee erreicht – waren die Ersten, die den in Seenot Geratenen organisiert zur Hilfe eilten. 1899 riefen sie den »Berliner Wasserrettungsdienst« ins Leben. Ihre traditi-

Herbstregatta,
Finn-Klasse,
1978

onsreiche, ökologisch orientierte Fischerei erlebt gegenwärtig eine Renaissance.

Ausflugslokale, Restaurants, Seebäder und Hotels locken die Berliner ans Wasser. Sandige Uferstreifen laden zum Baden ein und der eindrucksvoll über die Uferböschung aufragende Höhenzug der Müggelberg, von denen der »Große« mit 115 Metern die höchste natürliche Erhebung der Stadt darstellt, bietet mit seinen ausgedehnten Laub- und Fichtenwäldern ein ideales Wandergebiet. »Sie liegen da wie der Rumpf eines fabelhaften Wassertiers, das hier in sumpfiger Tiefe zurückblieb, als die großen Fluten der Vorzeit verliefen… Sie machen den Eindruck eines Gebirgsmodells, etwa als habe es die Natur in heiterer Laune versuchen wollen, ob nicht auch eine Urgebirgsform aus märkischem Sand herzustellen sei. Alles en miniature, aber doch nichts vergessen. Ein Stock des Gebirges, ein langgestreckter Grat, Ausläufer, Schluchten, Kuppen, alles ist nach Art einer Reliefkarte vor die Tore Berlins gelegt …« schreibt Theodor Fontane, der märkische Dichterfürst, über die ihm vertraute Endmoränenlandschaft.

Von der hervorragenden Qualität des Berliner Trinkwassers und seiner naturnahen Aufbereitung ist die aus Süddeutschland stammende Hydrogeologin Dr. Birgit Fritz begeistert. Im Kompetenzzentrum Wasser Berlin, dem internationalen Zentrum für Wasserforschung und Wissenschaftstransfer, arbeitet sie an Technologien und Methoden, um die Trinkwasserversorgung für die Menschen auf der Welt »nachhaltig sicherzustellen«. 124 Liter Trinkwasser pro Tag verbrauchen derzeit die Berliner und nehmen es als Selbstverständlichkeit, dass dieses Lebenselixier für sie Tag und Nacht frisch aus dem Hahn strömt. Wie aus Spreewasser durch Uferfiltration Trinkwasser wird, zeigt das Museum für Wasserwirtschaft im stillgelegten schönsten und ältesten Wasserwerk Berlins am Müggelsee. Einer mittelalterlichen Burg gleich überragt es mit seiner Backsteinarchitektur die Bäume am See.

Seit der Wende erforscht der Biologe Dr. Martin Pusch als Mitarbeiter des am Müggelsee gelegenen Leibniz-Institutes speziell das Leben auf der Gewässersohle der Spree. Vor ihm hat das noch keiner getan. »Die Sohle von Flachland-Flüssen ist gewässerökologisch noch nicht untersucht worden.« Seine Liebe gehört der Großmuschel. Zugleich arbeitet Dr. Pusch mit an einem Leitbild für die Spree. Bis zum Jahr 2020 sollen entsprechend der EU-Wasserrahmenrichtlinie aus dem Jahr 2000 alle europäischen Flüsse in einen guten ökologischen Zustand überführt werden. Um herauszufinden, wie das Referenzbild für eine »naturnahe« Spree aussehen könnte, studiert er anhand von alten Karten und Luftbildern die Geschichte des 15.000 Jahre alten Flusses. Seiner Ansicht nach ist die Spree der Fluss mit den größten wasserwirtschaftlichen Problemen in ganz Deutschland.

Spreewasser ist sanft und weich, fast süß. Im benachbarten Friedrichshagener Bürgerbräu, da, wo die Spree den Müggelsee in Richtung Berlin verlässt, bildet es die Grundlage für Bier, das besonders gern und ausgiebig auf dem jährlich im Mai stattfindenden Bölschefest getrunken wird – seit 130 Jahren.

VORWÄRTS GEGEN DEN WIND

Gespräch mit Jochen Schümann

Ihre erste Erinnerung an die Spree?

Ich bin an der Spree geboren – im Krankenhaus Kaulsdorf. Wir haben in der Nähe der Spree gewohnt, und sobald ich mich selbständig bewegen konnte, zog es mich zum Wasser hin. Wasser ist eine spannende Sache, besonders für Kinder. Man spielt, erlebt viel, alles fließt, alles bewegt sich, alles ist neu. Im Sommer ging es zum Baden an den Müggelsee.

Wie wurden Sie Wassersportler?

Die 2. Oberschule Köpenick liegt direkt am Spreeufer, über den Schulhofzaun konnten wir ins Wasser spucken. Bereits als Kind war ich ein begeisterter Borkeschiffchen- und Modellbootbauer und ich fühlte mich glücklich, als ich in der fünften Klasse endlich Mitglied in der Arbeitsgemeinschaft »Bootsbau und Segeln« werden durfte.

Mein erster Übungsleiter und Werklehrer hieß Karl Lehmann, ein Bootsbaumeister, er weckte in mir den Enthusiasmus zum Segeln. Im Herbst und Winter beschäftigten wir uns mit Bootsbau, im Frühjahr ging es aufs Wasser. Aus mir wurde ein Optimist-Segler.

Von da an waren Sie jeden Tag auf dem Wasser?

Von der Schule an der Spree ging es sofort in den Verein. Zu Anfang war es spielerisch – mit der Zeit wurde es sportlich intensiver. Unser Partnerverein war der SG Dynamo Berlin Süd unweit von der Brauerei in Friedrichshagen am Müggelsee, einen halben Kilometer vom Spreeausgang entfernt. Als Kids segelten wir hauptsächlich auf der Spree, wegen der Übersichtlichkeit. Es gab zwar relativ viel Berufsschiffahrt, doch Land war immer in der Nähe. Mit zunehmender Selbständig-

keit segelten wir wunderbar auf dem Müggelsee. Dieser große, runde See lässt sportliches Segeln bei allen Windrichtungen zu. Berlins idealstes Segelgewässer.

Haben Ihre Eltern sich über Ihre Aktivitäten gewundert?

Ich komme nicht aus einer Segler-Familie. Für meinen Vater habe ich einen Traum verwirklicht. Als Pimpf hat er in Köpenick die Segelschiffe von wohlhabenden Leuten geputzt und durfte mitunter auch mal mitfahren. Mein Vater, Ingenieur bei der Deutschen Reichsbahn, fing mit dem Segeln an, als ich so richtig dabei war. Meine Eltern waren meine ersten Sponsoren. Sie halfen

Optimist: Das erste Boot, 1966

Links: Finn-Klasse, 1971, Müggelsee

Vorwärts gegen den Wind. Gewinn der DDR-Meisterschaft, 1984, Müggelsee

im Verein, begleiteten mich auf Reisen zu Regatten… irgendwann segelte die ganze Familie.

Man sagt, der Müggelsee sei unberechenbar, plötzlich aufkommende oder drehende Winde machen ihn gefährlich, sogar lebensgefährlich. Wie haben Sie den See erlebt?

Der See ist rund, 3,5 oder 4 Kilometer im Durchmesser. Mitten auf dem See hat man's also zu den Ufern in allen Richtungen gleich weit. Wenn es windig ist, können sich auf der Wasserfläche des Müggelsees Wellen gut ausbilden. Für mich ist er mein seglerisches Zuhause. Ich bin mit ihm vertraut und würde ihn nicht als tückisch oder hinterlistig bezeichnen. Hier segle ich immer noch besonders gern.

Ist der Wind Ihr Freund?

Wir Segler müssen uns den Gesetzen der Natur unterordnen, sie gut beobachten und für uns nutzbar machen. Im Sommer müssen wir permanent die eigentlich unsichtbaren, veränderlichen Windverhältnisse erspüren, sie an Bäumen, Flaggen, an Rauchfahnen von Schornsteinen irgendwo am Horizont erkennen. Auch das Wolkenbild spielt eine Rolle und logischerweise der Wetterbericht. All das verrechnet der menschliche Computer im Gehirn zu einem Gesamtbild. Im Laufe der Zeit sammeln sich Informationen, mit denen man vertraut umgehen kann. Für mich trifft das mit Sicherheit auf den Müggelsee zu. Meine Kindheit habe ich auf diesem See zugebracht. Ich halte es für wichtig, dass man sich vor der eigenen Haustür bewegt, es bedeutet wenig Zeitverlust, ist effizient, bringt viele Segelstunden.

1976 — *Sie haben schnell sportliche Erfolge erzielt…*

Auf meiner ersten Wettfahrt bin ich wieder umgedreht, bin gar nicht bis zur Startlinie gekommen, weil es so windig war. Am Ausgang vom Müggelsee muss man genau überlegen, wie die Spree sich verhält. Links und rechts befinden sich Dampferanlegestellen, Wellen schlagen gegen die befestigten Ufer – es bildet sich eine stehende Welle. Im schmalen Kanal über dem Spreetunnel herrschen schwierige Wind- und Wellenverhältnisse. Als kleiner Stift mit einem Opti hatte ich beide Hände voll zu tun. Jede Menge Wasser schlug ins Boot, es schwamm tiefer. Null Wertung für meine erste Wettfahrt – aufgegeben! Aber die Gesamtanzahl der Rennen ermöglichte es, dass ich gerade so weiterkam bis zur nächsten Qualifikation, der Bezirksspartakiade, die ich witzigerweise gewann – eine Riesenüberraschung. Mein erster und einziger großer Erfolg in den Anfangsjahren. Ich erwies mich nicht als Senkrechtstarter, doch der Enthusiasmus reichte. Es machte Spaß dazuzulernen, ein Ansporn war da. 1966 fing ich an. 1972 wurde ich Spartakiade-Sieger – mein erster Meistertitel. Sechs Jahre bis zum ersten ganz großen Erfolg. Recht seicht hoch.

Seitdem sind dreißig Jahre vergangen. Was fasziniert Sie am Segeln? Ist es Spiel oder Arbeit?

Die Komplexität liebe ich. Beim Bootsbau zählt das handwerkliche Detail. Neue Ideen verbessern die Segeltechnologie. Beim sportlichen Wettbewerb bewegt man sich in der Natur. Als kleiner Junge war ich Optimist-Segler, Einhandsegler – allein an Bord. Nach einer kurzen Phase im Zweimannboot segelte ich wieder alleine in der olympischen Finn-Klasse. 1985 stieg ich um in die Dreimannbootsklasse, die Soling. Dieses Segeln im Team stellte für mich eine neue Beschleunigung dar und machte noch viel, viel mehr Spaß. Die Aufgaben sind verteilt. Entscheidend ist, kompetente Partner zu finden, denen man vertraut und mit denen man dieses Abenteuer gemeinsam bestreitet. Viele glückliche Umstände haben dafür gesorgt, dass aus der Soling mit drei Mann größere Boote geworden sind, die »Rubin« mit zehn oder elf, mittlerweile beim America's Cup ein Boot mit 16 Leuten. An der Anzahl der Teammitglieder lässt sich die Größe der Herausforderung ablesen, die zunehmende Komplexität ein Segelschiff zu bewegen.

Sind Sie immer der Kapitän an Bord?

Durch meinen sportlichen Werdegang habe ich mich als guter Steuermann erwiesen. Normalerweise trägt der Steuermann als Skipper die Verantwortung. Bei diesem konsequenter Teamsport ist in der Umsetzung einer gefordert, der das Schiff und die Gruppe führt – ein klares Kapitänsprinzip. Segeln ist mehr als der rein physische Sport, mehr als nur Natur und Technologie. Mit diesen Bereichen muss der Kapitän die Kompetenz der Teammitglieder verbinden, damit es ein gutes Resultat ergibt.

Was hat sich verändert, als Sie mit Ihrer ersten Goldmedaille nach Hause kamen?

Für mich bedeutete es einen sehr wichtigen persönlichen Erfolg, gleichzeitig war es die erste Goldmedaille für die

DDR im Segelsport. Danach wurde es eher schwierig. Man wird zum Gejagten, glaubt die Sache zu beherrschen, macht Fehler. Niederlagen stellen sich ein. Erfolge lassen sich nicht immer so arrangieren, wie es einem passt. Die Welt läuft weiter nach ihren eigenen Gesetzen, die man sich immer wieder neu zunutze machen muss.

Was war Ihr schönstes Erlebnis auf dem Müggelsee?

Schönstes, schnellstes, bestes Resultat oder wichtigster Erfolg, diese Superlative bestimmen mein Leben nicht. Die Gegenwart ist für mich wichtig, immer das, was als Nächstes kommt, wo ich hin will. Meine erste Umkehr ist mir in Erinnerung geblieben, später jede Menge schöner Regatta-Erlebnisse auf dem Müggelsee, auch Badeerlebnisse. Nach dem Olympiasieg pflegte ich weiterhin intensiven Kontakt zu einer kleinen Bootsbauerei direkt neben der Rettungsstelle am Müggelsee in Friedrichshagen. Horst Schreiber hieß der Bootsbauer, der zum Teil meine Boote gebaut hat, dem ich viel geholfen, viel über die Schulter geschaut habe. Mit einer von ihm gebauten Olympia-Jolle habe ich eine Regatta gewonnen.

Es gibt Sommer- und Wintererlebnisse. Irgendwann, ich glaube Ende der Sechziger, war der See so zugefroren, dass sich an den Ufern zwei, drei Meter hohe Packeisberge gebildet hatten, über die man das Fahrrad herübertragen musste. Das Eis war so dick, dass Autos darauf fahren konnten. Auch mit meinen eigenen Kindern gibt es viele Müggelsee-Erinnerungen. Eigentlich zog es mich immer zum See hin.

Die DDR war Ihre Heimat. Früh haben Sie durch Ihre internationalen Erfolge auch den Westen und das andere Deutschland kennen gelernt. Wie haben Sie die Unterschiede erlebt?

Ich bin 1954 geboren und gehöre noch zu der Generation, die Berlin ohne die Mauer erlebt hat. Als ich ein kleiner Junge war, arbeitete meine Mutter bei Siemens in West-Berlin, manchmal holten wir sie von der Arbeit ab. Wir machten auch Weihnachtseinkäufe im Westen – genossen die Highlights – das Schaukelpferd vor »Hertie«. Auf einmal stand eine Mauer da. Das mussten wir akzeptieren – ein Status Quo.

Als Sportler war ich privilegiert. Auf internationalen Wettkämpfen lernte ich Engländer, Amerikaner, Austra-

Olympiasieg 1996 im Soling, vor Savanna

Links: Vor Warnemünde, 1988

lier, Polen … kennen, Sportfreundschaften rings um die ganze Welt entwickelten sich. Man trifft sich bei Wettkämpfen, und so ist es auch mit den Westdeutschen gewesen. Ich war immer offen, sicher gab es bestimmte Spielregeln, die ich eingehalten habe, manche waren unvernünftig oder aberwitzig. Ich war kein Weltveränderer, der das Mittelmeer an den Müggelsee holen wollte. Ziel meiner Reisen war, im Wettbewerb gut zu segeln. Dabei hatte ich Gelegenheit, mich umzutun, die Welt ein bisschen zu beobachten. Logischerweise habe ich mir meine Gedanken gemacht.

Die Regattastrecke in Grünau spielt in den Olympiafilmen von Leni Riefenstahl eine wichtige Rolle. Hatten Sie Gelegenheit, diese Filme in der DDR zu sehen?

Mittlerweile kenne ich sie, damals stammten meine Informationen aus den Zigaretten-Alben meines Opas. Die Sammelbildchen habe ich mit Begeisterung angeschaut und mein Opa konnte schön dazu erzählen. Beide Großelternparteien waren in Köpenick zu Hause.

Die Regattastrecke ist noch heute in guter Verfassung. Obwohl unser Club in Friedrichshagen an der Spree liegt, heißt er Yachtclub Berlin-Grünau. Wassersport in Berlin wurde mit Grünau gleichgesetzt. Wir Segler vom Müggelsee gehörten als Minorität zur gleichen Infrastruktur.

Wie haben Sie die Wende erlebt?

Zurückhaltend. Zu dem Zeitpunkt machte ich einen Sprachintensivkurs: Englisch. Vielleicht habe ich die Zeichen der Zeit schon gespürt. In der Nacht, als die Grenze geöffnet wurde, saß ich über meinen Englischhausarbeiten, die bei einem Intensivkurs sehr umfangreich sind. Ich büffelte und wollte meinen Ohren nicht glauben, was ich im Fernsehen hörte. Wir sahen noch länger fern, als wir eigentlich wollten, jedenfalls bin ich nicht Hals über Kopf zum Brandenburger Tor losgerannt.

Am nächsten Morgen begab ich mich zur normalen Zeit zu meinem Intensivkurs und war überrascht, dass dort nur ein Viertel der Teilnehmer erschienen war. Das passierte in Schulen, in Betrieben … überall. Freunde hatten am selben Tag nach einem Theaterbesuch im Operncafé gegessen, sich angeregt unterhalten und als sie zahlen wollten, war ringsum alles leer. Küchenpersonal und Kellner waren fort, keiner wollte Geld sehen.

Ich habe die Ereignisse der wilden Tage mit einem gewissen Abstand verfolgt. Eine Woche später überquerte ich mit meiner Frau und den Kindern das erste Mal die Grenze. Ein ergreifender Moment, über eine Spreebrücke wieder nach West-Berlin gehen zu können.

Vom Müggelberg sind Sie zum Matterhorn gelangt.

Das war kein gerader Weg. Die Wendezeiten haben mich aus Berlin weggeholt – wie viele. Von Ost nach West über Nord nach Süd bin ich meiner Arbeit hinterhergezogen. Dänemark, Bayern – jetzt die Schweiz. Wo immer die Herausforderung wartet, da bewege ich mich hin.

Vom See aufs Meer – gibt es große Unterschiede?

Als Regatta-Segler fahren wir um Bojen und kreuzen nicht den Ozean. Technisch ist das Meer anspruchsvoller, wegen der Weite und der größeren Wellen. Auf dem Binnensee bleibt das Wasser überschaubar, doch wegen der unregelmäßigen Windverhältnisse muss man schneller reagieren. Süßwasser ist logischerweise deutlich angenehmer, als wenn alles voll Salz ist und die Augen verkrusten und brennen. Aber das Segeln ähnelt sich, die Bojen liegen wie auf einem Schachbrett

Ich bin auch Langstrecken gesegelt um England herum mit Horizont nach allen Richtungen, doch der typische Ozean-Segler bin ich nicht.

Die Hand an der Pinne, den Wind im Segel – was ist das für ein Gefühl?

Der ganze Körper ist davon betroffen. Die Hand lenkt, die Augen nehmen wahr, Haare, Ohren und Nase spüren den Wind, der Hintern fühlt die Bewegung des Bootes – alle Sensoren sind aktiv, um jeden Indikator zu registrieren. Wasser und Luft sind normalerweise nicht fassbar, eine Riesenherausforderung, sie dennoch zu erfassen. Wenn ich das unsichtbare Medium Wind erkennen will, beobachte ich so intensiv, dass die Sinne auch alles Schöne melden. Bestimmte Konstellationen am Himmel, Farbenspiele, Sonnenauf- und -untergänge. Die Stille der Natur, Geräusche bei Sturm und Regen.

Wenn ich ein zweites Segel sehe, beginnt für mich der Wettbewerb, der Vergleich. Es treibt an, das eigene Boot schneller zu bewegen.

Was bedeutet für Sie Fortschritt – ein in der DDR häufig verwendeter Begriff?

Fortschritt, vorwärtsschreiten, progress, das ist es, was für die Menschheit zählt. Dass man sich nicht nur im Kreis bewegt, sondern Entwicklungen anstrebt. Sicher ist es wichtig zu reflektieren, was war, doch entscheidend ist vorauszuschauen, ein Ziel anzustreben, nicht aus Verengung, Ängsten, Sorge um den persönlichen Vorteil jedes Risiko zu meiden. Wer sich nach hinten orientiert, der wird nicht weit kommen, der wird stolpern.

Sie gucken immer nur, wie weit Ihre Verfolger entfernt sind?

Nein, nur wenig. Wir machen etwas, was normalerweise unmöglich ist – wir segeln vorwärts gegen den Wind. Der Wind, der auf uns zukommt, treibt uns voran. Eine Konstellation, die auch fürs eigene Leben spannend ist. Gelegentlich halte ich Vorträge in der Wirtschaft, dann sage ich: Marktbedingungen für Unternehmen oder an der Börse sind wie Segelbedingungen – schwer fassbar, nicht richtig vorhersagbar. Es gibt Prognosen, die man gewichten, Risiken, die man abschätzen muss. Das ist das Umfeld, in dem man sich vorwärtsbewegt.

Mit Sicherheit ist Segeln auch etwas sehr Schönes. Ein großes Segelboot fährt lautlos und bewegt sich doch mit gewaltiger Kraft.

Haben Sie mal nachgerechnet, wie viel Zeit Sie in Ihrem Leben auf dem Wasser verbracht haben?

Erstaunlich ist, was alles an Land erledigt werden muss, um segeln zu können. Etwa ein Drittel der Trainingszeit verbringe ich auf dem Wasser, der Rest ist Vorbereitung, Planen, Bauen, physisches Training. Sicher bin ich viel mehr gesegelt als die meisten anderen Menschen. Trotzdem bin ich kein richtiger Seebär, der sich am liebsten gar nicht mehr vom Schiff herunterbewegen würde. Wenn ich von einer Tour nach Hause komme, nehme ich meine Familie an die Hand und wir gehen in die Berge. Das ist ein Kontrast, eine Auffrischung. Die Berge haben viel mit dem Wasser gemeinsam. Man gibt sich der puren Natur hin, das ist sehr schön.

DIE SPUREN DER MUSCHELN
Gespräch mit Dr. Martin Pusch

Ihre erste Erinnerung an die Spree?

Ich erinnere mich an einen sehr ruhig dahinfließenden Fluss, der viel Wasser führte. Das war Ende 1993. Seither hat sich die Spree verändert: Das Wasser ist knapp geworden und das Plankton, also die Schwebealgen, die damals das Wasser getrübt haben, ist stark zurückgegangen. Stattdessen sind Wasserpflanzen aufgekommen. Beeindruckend ist immer noch, wie naturnah der Fluss ist mit seinen grünen Ufern. Er schlängelt sich durch die Landschaft und vermittelt dabei einen Eindruck von großer Ruhe.

Ich bin in Baden-Württemberg in der Nähe eines Baches namens Zimmerbach aufgewachsen, dort habe ich als Kind herumgeplanscht, bin als Junge in den damals dort noch stehenden Kopfweiden herumgeklettert. Der Bach ist unbedeutend, es gibt Tausende wie ihn. Meine Heimatstadt Esslingen liegt am Neckar. Ende der sechziger Jahre wurde er schiffbar gemacht. Tag und Nacht war zu hören, wie die Spundwände eingerammt wurden. Erste Eindrücke fallen mir ein vom noch nicht schiffbaren Neckar, auf dem im Jahrhundertwinter 1962/63 riesige Eisschollen trieben. Diese Erinnerungen an einen naturnahen Fluss hat die Spree wieder wachgerufen. Auch an der Spree ist das Aufbrechen des Eises nach einem kalten Winter, wie zuletzt 2002/2003, ein faszinierendes Schauspiel. Der Fluss, der vorher von einer trügerischen Eisdecke bedeckt war, verwandelt sich dann in einen Mahlstrom aus Eisstücken.

Haben Sie schon vor 1993 von der Spree gehört?

Ich war bereits zu DDR-Zeiten im Spreewald. Als an Biologie Interessierten faszinierte mich dieses einzigartige Naturgebiet – in Westdeutschland gibt es kaum Vergleichbares. Ich wusste, dass im Spreewald der Schwarzstorch brütet. Mit Verwandten aus der DDR machten wir uns auf die Suche nach ihm. Ich erinnere mich, wie wir mit einem Lada die morastigen Wege entlang gefahren sind – ohne Erfolg.

Sie kamen als Wissenschaftler nach Berlin?

Nach der Wende wurden die riesigen ökologischen Probleme in der ehemaligen DDR sichtbar. Die Wasserqua-

Müggelspree

lität des Müggelsees beispielsweise war katastrophal. Hier in Berlin-Friedrichshagen wurde das Leibniz-Institut für Gewässerökologie und Binnenfischerei gegründet – Wissenschaftler aus Ost und West arbeiten hier seitdem zusammen. Damals war die Spree eine andere als heute. Es gab Wasser im Überfluss.

Aus den Lausitzer Braunkohlegebieten wurden damals über dreißig Kubikmeter Grundwasser pro Sekunde in den Fluss gepumpt – jetzt nimmt man das Wasser der Spree, um die Tagebaurestlöcher voll laufen zu lassen.

Als Wissenschaftler befasse ich mich speziell mit dem Leben auf der Gewässersohle. Bisher war die Sohle von Flachland-Flüssen gewässerökologisch nicht untersucht worden. Bereits technisch war es eine Herausforderung, an die Flusssohle heranzugehen. Gab es Leben auf dem Grund? Manche Kollegen hielten diese Frage für unwichtig – nur Schwebealgen, Planktontiere und Fische interessierten sie. Es war somit sehr spannend, sich ein neues wissenschaftliches Tätigkeitsfeld zu erobern.

Seit wann gibt es die Spree, wie ist sie entstanden?

Die Spree, so wie wir sie heute kennen, hat sich nach der letzten Eiszeit vor etwa fünfzehntausend Jahren gebildet. Abschmelzende Gletscher speisten sie in ihrem Unterlauf mit riesigen Wassermengen. Luftbilder zeigen ehemalige Talbildungen der Spree, Mäander aus der Nacheiszeit von viel größerem Ausmaß als die heute durchflossenen. Mit der nacheiszeitlichen Geschichte haben wir uns in

*Müggelspree,
um 1970*

den letzten Jahren befasst, denn die Gewässerökologie arbeitet an einem Referenzbild, einem Leitbild für die Spree. Flüsse sollen in einen naturnahen Zustand überführt werden – wenn bei Renaturierungen kein Disneyland-Fluss entstehen soll, müssen wir die Geschichte des Flusses kennen. Es hat sich herausgestellt, dass sich das Aussehen der Spree seit der Eiszeit mehrfach wandelte, Klimaschwankungen hinterließen tiefe Spuren. Die massive Besiedelung des Gebietes im 12. und 13. Jahrhundert brachte weitere Veränderungen mit sich. Während der Ostkolonisation der Deutschen wurden innerhalb eines Jahrhunderts riesige Waldflächen abgeholzt oder verbrannt. Diese Reduktion der vorher geschlossenen Walddecke veränderte den Wasserhaushalt völlig. Mehr Regenwasser floss in die Spree ab, Hochwässer waren die Folge. Im 14. Jahrhundert war die Waldfläche nur etwa halb so groß wie heutzutage.

Historisch schwankt die Spree in ihrer Gewässergestalt zwischen zwei Mustern. Führte sie mehr Wasser wie zum Beispiel im 13. Jahrhundert, bildete sie Mäander

*Müggelspreetal
bei Neuzittau-
Hohenbinde,
Januar 1975*

aus. In wärmeren, trockeneren Perioden mit geringerem Durchfluss neigte sie dazu sich zu verzweigen. Anastomosen nennt die Wissenschaft solche Verzweigungen, wie wir sie heute noch im Spreewald sehen. Auf historischen Karten kann man diese Anastomosen auch in anderen Spreebereichen nachweisen, gerade auch hier oberhalb von Berlin im Gebiet der Müggelspree.

Jeder Fluss ist dynamisch, trägt Erde ab, landet Erde an. Man kann davon ausgehen, dass die Spree sich im Laufe der Jahrtausende mäandrierend durch die Aue bewegte und sich dabei an jedem Punkt der Aue einmal befunden hat. Anhand von Infrarot-Luftbildern und Sedimentkernen arbeiten wir an einer Datierung der verschiedenen prähistorischen und historischen Perioden im Hinblick auf Flussbreite und Mäanderradius.

Wie beurteilen Sie den gegenwärtigen Zustand der Spree?
Kritisch – in Teilbereichen ist die Katastrophe schon eingetreten, wenn auch nicht für jedermann sichtbar. Nur Angler und Fischer bemerken das Aussterben bestimmter Fischarten.

Im Fall eines Flachland-Flusses wie der Spree ist es so: Wenn kein Wasser da ist, fällt sie – anders als ein Mittelgebirgsfluss – nicht trocken. Im Mittelgebirgsfluss treten Flächen trockenen Flussbettes zu Tage; bei der Spree hört das Wasser einfach auf zu fließen und steht als Teich. Dem Laien fällt der Unterschied kaum auf, für die Organismen im Fluss und für die Wasserqualität ist es ein Unglück. Tiere und die Pflanzen, die in einem Fluss leben, sind auf die Strömung angewiesen; fehlt sie, sterben sie aus. Die Flussbarbe, früher ein Charakterfisch der Spree, ist schon lange verschwunden. Bei Cottbus hat man versucht, sie wieder einzusetzen, doch weil die Spree keinen geeigneten Lebensraum mehr darstellt, hat die Barbe sich nicht verbreitet. Das ist traurig und ein eindeutiges Zeichen, dass die Spree von einem gesunden Zustand weit entfernt ist.

Der Bürger empfindet die Spree als Idylle. Sie hat grüne, unverbaute Ufer, eine gleichmäßige Wasserführung. Ihre Tiere und Pflanzen sind aber großteils nicht die eines Flusses, sondern eher die eines Teiches. Eine Spree mit wenig Wasser, wie wir sie jetzt sehen, wird von den Menschen noch idyllischer erlebt als die ursprüngliche Spree, die mit mehr Wasser und stärkerer Strömung eine größere Gefahr beim Kanufahren darstellte, während die gegenwärtigen zehn, zwanzig Zentimeter Strömung pro Sekunde im Sommer ideal zum Bootfahren sind.

Sie befassen sich speziell mit der Fluss-Sohle, dem Flussgrund der Spree. Was lebt dort?

Es gibt Abschnitte in der Spree, wo auf einem Quadratmeter zweihundert Großmuscheln sitzen. Muscheln ernähren sich von Algen, sie filtrieren das Wasser. In bestimmten Spreeabschnitten sind die auf der Flussohle lebenden Organismen in der Lage, den gesamten Fluss zu reinigen. Trübes Spreewasser wird klar. Die Reinigung eines ganzen Flusses durch die darin lebenden wirbellosen Tiere war von keinem anderen Fluss bekannt. Auf den Schalen der Großmuscheln sitzen in einem Quadratmeter bis zu zwölftausend kleine Dreikantmuscheln. Dies sind Einwanderer aus dem Gebiet des Kaspischen Meers, die erst seit zweihundert Jahren in der Spree leben. Sie setzen sich einfach auf die Großmuscheln und profitieren von ihnen. Alle Muschelarten zusammen bewirken diese Reinigung des Wassers.

Wie kamen die Dreikantmuscheln vom Kaspischen Meer hierher?

Vor mehreren zehntausend Jahren waren sie bereits hier und sind dann in der letzten Eiszeit ausgestorben. Es gibt verschiedenen Theorien zu ihrer Rückkehr. Vielleicht sind sie im Federkleid von Wasservögeln zurückgekehrt, wahrscheinlicher ist jedoch, dass der Kanalbau im 19. Jahrhundert die Einwanderung auslöste. Der Dnjepr wurde durch einen kleinen Kanal mit dem Bug verbunden, der in die Weichsel fließt, die Weichsel mit der Oder und die Oder mit der Spree. Vermutlich sind die Muscheln angeheftet an Lastkähne hierher gekommen. 1828 werden sie in Berlin erstmals erwähnt.

Ist die Muschel Ihr Lieblingstier?

Das könnte man sagen. Immer wenn ich schnorchle und tauche in der Spree, gucke ich nach Muscheln. Die Muschel ist nicht jedem zugänglich. Gut geschützt lebt sie in ihrer Schale, wird sie gestört, macht sie zu. Man könnte denken: Was ist das für Wesen? Muscheln haben keinen Kopf und keine Augen. Sie haben nur einen einzigen Fuß, mit dem sie sich sehr, sehr langsam bewegen können. Für einen halben Meter brauchen sie mindestens eine Stunde, aber immerhin. Wenn der Wasserspiegel fällt, können die Muscheln, die am Flussufer sitzen, in Richtung Flussmitte laufen – ganz, ganz langsam strecken sie ihren Fuß in den Sand aus, lang und dünn – dann machen sie ihn dick und ziehen den Körper hinterher. Man sieht am Ufer der Spree oft die Spuren der Muscheln. Es sind Furchen im Sand, an deren Ende eine Muschel sitzt, die wandert.

Muscheln sind sehr sensibel und haben ein erstaunliches, wenn auch begrenztes Erinnerungsvermögen. Bei Fütterungsversuchen haben wir festgestellt, dass sie sich an unterschiedliche Nahrungsangebote erinnern. Bei schlechterem Futter haben sie zugemacht und gewartet, ob noch was Besseres kommt – wie in den Tagen zuvor. Wer rechnet schon damit, dass eine Muschel so ein Gedächtnis haben könnte.

Haben Muscheln ein Gehirn?

Die Muschel hat einen Nervenknoten, wo sie solche Erfahrungen offenbar mehrere Tage abspeichern kann. Versetzen Sie sich in die Situation einer Muschel. Sie sitzt auf dem Grund des Flusses, über ihr rauscht das Wasser entlang. Seinen Inhaltsstoffen ist sie auf Gedeih und Verderb ausgeliefert. Sie kann nur das fressen, was gerade ankommt. Bei Hochwasser sind es viele Sandteilchen, die ihr den Filterapparat verstopfen, dann muss sie zumachen. Im Hochsommer wachsen Blaualgen, die Giftstoffe enthalten und sehr schlecht schmecken. Sie muss sehr sensibel sein, erst einmal prüfen und nicht alles filtern. Großmuscheln werden etwa zwölf Jahre alt. In der Spree verringern die Dreikantmuscheln, die sich auf die Großmuscheln setzen, deren Lebensdauer.

Haben Sie auch eine Lieblingspflanze, die unten am Boden lebt?

Die Laichkräuter sind meine Lieblingspflanzen, sie entwickeln sich kräftig, bilden dreidimensionale Unterwasserlandschaften. Als ich an die Spree kam, war der Flussgrund langweilig, eine einzige Sandfläche. Jetzt bilden sich überall Büschel von Laichkräutern. Weil zwischen

ihnen die Fließgeschwindigkeit geringer ist, bleibt Sand liegen, auch Schlamm lagert sich ab. Es bildet sich ein kleiner Hügel – Bult genannt. Die Bulten der Wasserpflanzen bilden eine viel gegliederte, abwechslungsreiche Unterwasserlandschaft. Beim Schnorcheln im Sommer kann man jetzt im klaren Wasser der Müggelspree wunderbare Welten entdecken. Das Licht flimmert zwi-

Schwämme und Plötze

Laichkraut

schen den flutenden Trieben, Lichtflecke wandern auf dem Sandgrund. Das ist wunderschön.

Die Laichkräuter – wie es der Name sagt – bilden im fließenden Wasser eine Struktur, in der einige Fischarten bevorzugt laichen. Auch für den Sauerstoffhaushalt des Flusses sind sie wichtig, durch die Beschattung des Bodens wirken sie auf den gesamten Stoffhaushalt des Flusses. Sechs Laichkrautarten sind häufig. Beim Durchwachsenen Laichkraut sind die Blätter stockwerkartig übereinander angeordnet, es sieht aus, als würde der Stengel durch die Blätter hindurchwachsen. Das Kammlaichkraut, eine der häufigsten Wasserpflanzen in der Müggelspree, erinnert mit seinen fein zerfiederten Blättern, die aussehen wie kurze Fadenstücke, an einen Kamm. Mit seinen charakteristischen, pfeilförmig geformten Blättern ist daneben das Pfeilkraut eine der schönsten Pflanzen in der Spree. Ihre Unterwasserblätter formen ein langes ungegliedertes Band, doch im Frühsommer streckt die Pflanze ihre Blätter wie eine Pfeilspitze mit zwei Widerhaken über die Wasseroberfläche hinaus und hebt auch ihre Blüte, die von Luftinsekten bestäubt wird, über den Wasserspiegel. Darin ist eine erstaunliche Leistung der Pflanze zu erkennen. Sie scheint zu wissen, wo die Wasseroberfläche ist und wie hoch sie ihre Blüte strecken muss, damit sie nicht wieder untertaucht, wenn das Wasser steigt.

Sehen Sie sich als Arzt der Spree?

Das ist zu viel der Ehre, das wäre eine Anmaßung. Es gibt viele Menschen, die sich beruflich mit der Spree auseinandersetzen und sich um sie kümmern, z.B. an den staatlichen Umweltämtern und den Universitäten, sowie ehrenamtliche Mitarbeiter in den Naturschutzverbänden. Mir persönlich ist die Spree allerdings sehr ans Herz gewachsen.

Die Spree ist der Fluss mit den größten wasserwirtschaftlichen Problemen in ganz Deutschland, ihr Wasserproblem hat schon europäischen Rang. Die gigantische Umgestaltung der Landschaft in der Lausitz, europaweit ohne Beispiel, verursacht nie da gewesene Probleme. Und niemand hat es für möglich gehalten, dass es in Deutschland einen Fluss geben könnte, der abschnittsweise stehen bleibt oder sogar rückwärts fließt.

Im Sommer 2003 ist die Spree unterhalb des Müggelsees bis zur Einmündung der Dahme wochenlang rückwärts geflossen. Wegen des geringen Zuflusses in den Müggelsee, der indirekten Wasserentnahme zur Trinkwasserge-

winnung und wegen der Verdunstungswirkung des Müggelsees blieb für die Berliner Stadtspree kein Wasser mehr übrig. Dadurch kam sie zum Stillstand. Unterhalb des Müggelsees leiten die Dahme und ein Klärwerk Wasser in die Spree ein. Es bildete sich so ein kleiner Wasserberg, der nach rechts und links abfloss. Wir haben Farbe in die Spree gegeben, um die Fließrichtung beobachten zu können und dabei festgestellt, dass das Wasser an der Oberfläche mit einem zusätzlichen Schub durch eine westliche Brise innerhalb von wenigen Minuten etwa fünfzig Meter Richtung Müggelsee zurückfloss. Das ist ein bedenklicher Vorgang, der bei keinem anderen Fluss in Deutschland beobachtet werden kann.

Trinken die Berliner Wasser aus der Spree?

Bei dem geförderten Wasservorkommen handelt es sich überwiegend um ufernahes Grundwasser. Der Fachwelt ist völlig klar, dass es sich bei diesem Grundwasser zumeist um Uferfiltrat handelt, das aus der Spree abgezogen wird und nach etwa zwei Monaten im Trinkwasserbrunnen erscheint.

Berlin ist die einzige Großstadt in Deutschland, wo unterhalb von Abwassereinleitungen wieder Trinkwasser gewonnen wird. In anderen Großstädten ist es umgekehrt. Und bis zur nächsten Großstadt sind durch natürliche Selbstreinigung und Verdünnung die Verschmutzungen stark reduziert. Dass es in Berlin anders ist, hängt in erster Linie mit dem Wassermangel in der Region zusammen. Im Prinzip ist es ja vernünftig, das Wasser zweimal zu verwenden, eine nachhaltige Nutzung der Ressource. Es hat sich auch auf Grund der politischen Teilung so entwickelt, Westberlin brauchte seine eigene Trinkwasserförderung und Ostberlin leitete seine Abwässer schon oberhalb in den Fluss.

Wie hat man die Spree noch genutzt?

Die Umformung der Spree im Stadtbereich begann schon mit der Gründung von Berlin. Bereits im Mittelalter bauten die Berliner Fischwehre mit Reusen in die Stadtspree und rotteten so innerhalb kurzer Zeit alle wandernden Fischarten aus. Diese Wehre kollidierten – im wahrsten Sinne des Wortes – mit den Interessen der Schiffahrt, so dass Friedrich der Große sie in der Havel abreißen ließ. Für die Schiffahrt wurden schon früh Mäander durchstochen und abgetrennt, der Fluss vertieft, und Uferbäume abgeholzt, damit die Schiffe und Treideltaue nicht hängen blieben. Durch Schaffung neuer Abflusskanäle versuchte man die Hochwässer einzudämmen. Um die Nutzung der Spree detailliert darzustellen, müssten wir tief in die Geschichte der Region eintauchen.

Heute haben wir die erfreuliche Situation, dass z.B. die Müggelspree, die Krumme Spree und Abschnitte im Cottbusser Raum von der Transportschifffahrt nicht mehr genutzt werden. Für diese Flussabschnitte ist der derzeitige Flussausbau nicht mehr erforderlich, im Gegenteil – der Ausbauzustand schadet dem Fluss, weil der Querschnitt zu groß ist, der Wasserspiegel bei Niedrigwasser zu sehr absackt. Der geringere Nutzungsdruck öffnet den Weg für eine naturnahe Umgestaltung des Flusses. Selbst die Landwirte, denen die Wiesen im Sommer vertrocknen, befürworten eine Renaturierung des Flusses. Eine neue Chance für die Spree.

Wie weit kann man den Fluss im Berliner Stadtgebiet renaturieren?

Vielleicht haben Sie von der EU-Wasserrahmenrichtlinie vom Dezember 2000 gehört. Diese besagt, dass bis zum Jahre 2020 alle Flüsse in einen guten ökologischen Zustand überführt werden müssen. Es gibt Abstufungen, was ökologisch erreicht werden kann, aber es gibt auch einen strikten Zeitplan, so dass die Wasser- und Schifffahrtsverwaltung des Bundes gefordert ist, Planungen zu entwickeln.

Man könnte sich vorstellen, dass dort, wo die Spree breit genug ist, wie oberhalb der Mühlendamm-Schleuse im Osten der Stadt, die Ufer wieder mit Schilf bepflanzt werden. So könnten sich in der strukturarmen Stadtspree mit Hilfe von Pflanzcontainern wieder grüne Ufer entwickeln, wo Fische ablaichen. Zur Zeit können sich dort die Fische nicht reproduzieren, weil ihr Laich an den Steinmauern und Spundwänden nirgends festhaften kann. Eine grüne Schilfreihe kann ich mir auch vor dem Bundeskanzleramt vorstellen.

Wie definieren Sie Fortschritt in Ihrer Arbeit?

An unserem Institut erforschen wir unter anderem, wie Fortschritt bei gleichzeitiger nachhaltiger Nutzung der Ressourcen aussehen kann. Wir erkennen am Beispiel der Spree, welche Nutzungen man nicht dauerhaft und gleichzeitig aufrechterhalten kann. Wenn wir in die Zukunft blicken, müssen wir damit rechnen, dass es in Deutschland weniger Einwohner und weniger Wirtschaftskraft geben wird. Es wird weniger Geld für öffentliche Aufgaben zur Verfügung stehen – auch für die Gewässerunterhaltung.

Eine kluge Strategie ist es daher, den Fluss so einzurichten, dass er sich selbst hinsichtlich Wassermenge und Wasserqualität reguliert, man ihn nicht krauten, nicht aufstauen muss – dass man keine Bäume fällen, keine Wehre unterhalten und auch das daraus gewonnene Trinkwasser nicht aufwändig reinigen muss. Wenn wir es schaffen, die Spree in einem solchen Zustand mit möglichst wenig Lasten an die nächste Generation zu übergeben, dann ist es dies für mich Fortschritt – zeitgemäßer Fortschritt.

Müggelspree bei Spreeau

ACHTET DAS WASSER
Gespräch mit Dr. Birgit Fritz

Was ist Ihre erste Erinnerung an die Spree?
1987 kam ich zum Studium nach Berlin. Ich wusste, es gibt einen Fluss in der Stadt und Kanäle, richtig wahrgenommen habe ich die Spree aber erst bei einem Ausflug an den Müggelsee. Seine Größe faszinierte mich, der Wind, die vielen Segelboote, eine schöne Stimmung. Ich fing an mich für Berlins Seenlandschaft zu interessieren – und mir wurde klar, dass der Müggelsee der Anfang von der Spree in Berlin ist.

Wie sind Sie zur Wasserspezialistin geworden?
Geologie und Mathematik interessieren mich. Geologie hat zunächst mit Steinen zu tun, doch es gibt ein Spezi-

Berliner Kinder an der Pumpe, um 1892

algebiet, die Hydrogeologie – ein spannendes Gemisch aus Chemie, Mathematik, Geologie und Wasser. Sie ermöglichte mir, am Wasser zu arbeiten.
Ich stamme aus der Schwarzwaldregion, da gibt es kaum Seen. Meine Eltern fuhren mit uns Kindern den weiten Weg in die Rheintalebenen, damit wir schwimmen lernten. Das viele Wasser in und um Berlin erfreut mich sehr. Ich besitze zwei Kanus, wir haben auch ein Segelboot.

Trinken die Berliner Wasser aus der Spree?
Wer im Südosten Berlins lebt, trinkt Wasser aus dem Müggelsee. Das Trinkwasser aus dem Wasserwerk Friedrichshagen ist zu achtzig Prozent uferfiltriertes Wasser, also Müggelsee-Wasser, das durch den Untergrund gefiltert wurde. Es fließt viele Wochen durch den Boden zu den Brunnen und wird dabei gereinigt. Das ins Wasser-

werk gepumpte Wasser unterscheidet sich chemisch stark vom Wasser im See. Aus Oberflächenwasser ist Trinkwasser geworden. Durch den Absaugvorgang wird ein künstliches Fließen hervorgerufen. Normalerweise fließt das Grundwasser zum Fluss oder See. Durch das Abpumpen zwingt man es, in die andere Richtung zu fließen, vom See ins Grundwasser. Deswegen spricht man auch von einer Anreicherung des Grundwassers. Wenn der Brunnen pumpt, zieht er Wasser von allen Seiten – radial. Im Brunnen mischt sich das Seewasser mit dem vorhandenen Grundwasser.

Warum wird das gemacht? Warum hält man nicht einfach einen Schlauch in den See?

Früher entnahm man das Wasser direkt aus den Oberflächengewässern. Doch deren Qualität war damals viel schlechter als heute. 1850 gab es in Berlin eine Choleraepidemie. Man begriff, dass diese Krankheit mit der Wasserqualität zusammenhing, und erkannte, dass man von der direkten Nutzung des Fluss- oder Seewassers wegkommen musste.

Die Stadt Berlin holte sich einen Experten aus England, Henry Gill. Der hatte die Idee, das Wasser aus den Seen abzupumpen und mit einem Gefälle über Sandfilter zu leiten. Erstmals wurde dieses Verfahren in Friedrichshagen erprobt, wo es heute noch besichtigt werden kann. Auf diese Weise wurde das Wasser gereinigt – die epidemischen Krankheiten waren besiegt. Es funktionierte wunderbar. Der nächste Schritt war der Beschluss, den in Berlin reichlich vorhandenen Sandboden direkt zu nutzen. Die Brunnen entstanden nun in einigen Metern Entfernung vom Seeufer. Diese natürliche Nutzung des Sandes klappe so gut, dass das Prinzip vom Müggelsee aus seit 1850 auf das gesamte Stadtsystem ausgedehnt wurde.

Wie beurteilen Sie die Qualität des Berliner Wassers?

Das Berliner Wasser ist hervorragend. Viele Städte wären froh, wenn sie ein so wunderbares Wasser hätten. In Deutschland gibt es eine sehr strenge Trinkwasserverordnung, das Wasser wird stark kontrolliert und muss hohen Qualitätskriterien entsprechen. Das Berliner Wasser liegt weit unter den Richtwerten, die festlegen, was an Fremdstoffen im Trinkwasser enthalten sein darf. Jeder Berliner kann das Wasser ohne Bedenken aus dem Hahn trinken, es wird täglich frisch geliefert. Das Trinkwasser kommt nicht aus Speichern, sondern geht direkt aus den Brunnen ins Netz, nachdem es belüftet worden ist, um das im Sediment unter Berlin reichlich vorhandene Eisen zu eliminieren. Aus den Wasserhähnen der Berliner strömt permanent frisches Wasser.

Werk Müggelsee der Städtischen Wasserwerke von Berlin, Schöpfmaschinenanlage

Müggelsee-Anlagen der Städtischen Wasserwerke von Berlin, Inneres eines Filters, 1890

Müggelsee-
Anlagen der
Städtischen
Wasserwerke
von Berlin,
Ausschachtung
der Fundamen-
te für die Ma-
schinenhäuser
am Ufer, 1890

Das Besondere am Berliner Wasser ist seine naturnahe Aufbereitung – ohne chemische Zusätze. In Paris bekommt man kein ungechlortes Wassers. Auch in vielen anderen europäischen Städten schmeckt Wasser aus dem Hahn nicht. Dank der Uferfiltration kann Berlin auf die Chlorung des Wassers verzichten. Das ist ein großes Geschenk. Wir müssen der Spree dankbar sein und unserer Geologie.

Wie tief sind die Brunnen?

Die für Uferfiltration gebauten Brunnen sind im Schnitt um die vierzig Meter unter Grund. Innerhalb der untersten Meter ist ein Filter eingebaut. Die Entfernungen vom Ufer sind verschieden. Am Wannsee liegen Brunnen nur ein bis zwei Meter vom Ufer entfernt. Am Müggelsee dagegen beträgt die Distanz 150 bis zweihundert Meter, vom Strand aus kann man sie nicht sehen.

Der geologische Untergrund besteht in Berlin aus einer Folge von Sand und Ton mit großen Unterschieden auf kleinem Raum. Von diesen Bodenverhältnissen hängt die Plazierung der Brunnen ab. Das Wasser soll lange unterwegs sein Denn es wird bei dieser Bodenpassage nicht nur gefiltert. Mikroorganismen im Boden setzen auch Inhaltsstoffe um und bauen sie so ab. Und schließlich wird das Wasser mit Mineralien angreichert. Ein langsames Fließen garantiert, dass diese im Untergrund stattfindenden Prozesse Zeit haben. Ein Gesetz in Deutschland besagt, dass das Wasser mindestens fünfzig Tage unterwegs sein muss. Innerhalb dieses Zeitraums sterben die meisten Bakterien ab. Manche leben länger. In Berlin ist das Wasser mehrere Monate unterwegs. Das gibt den Wasserwerken Sicherheit. Wenn ein furchtbarer Schaden stattfinden sollte, beispielsweise eine Verunreinigung der Gewässer mit Öl, bleiben fünf bis sechs Monate zu reagieren. Man versucht dem Wasser viel Zeit zu geben.

In welcher Geschwindigkeit saugen die Brunnen das Grundwasser auf?

Das hängt vom Pumpentyp ab. Das Wasser bewegt sich mit einer Fließgeschwindigkeit von wenigen Zentimetern pro Tag. Die Geschwindigkeit hängt ab von der

Durchlässigkeit des Sediments. Sediment ist der Fachbegriff für eine locker gelagerte geologische Einheit. Es handelt sich um Sand, der aus Gestein entstanden ist. Die Steine erodieren durch Wind, Wasser und Luft, werden immer mehr zerkleinert. Die Korngrößen unterscheiden sich. Es gibt Bereiche mit Kiesen, da fließt das Wasser schneller, weil zwischen den größeren Steinen mehr Platz ist. In Bereichen mit sehr feinen Sanden fließt das Wasser automatisch langsamer. Vor dem Bau der Brunnen macht man genaue Untersuchungen des Untergrundes und berechnet dementsprechend, wie und wo sie gebaut werden müssen und welche Pumpleistung notwendig ist.

Was ist das Besondere am Spreewasser?

H_2O, jeder kennt diese wunderbare, klar definierte chemische Formel. Wasser hat jedoch die Fähigkeit, vieles zusätzlich aufzunehmen. Wasser aus der Leitung enthält zahlreiche Kombinationen von Substanzen. Was im Wasser gelöst ist, hängt davon ab, in welcher Umgebung es sich befindet, welche Gesteine, Pflanzen, welche Tiere es dort gibt. Grundwasserzuströme und Untergrund beeinflussen seine Qualität. Die Seen hier sind flach, relativ langsam fließend mit einer ganz speziellen Ökologie. Das gesamte Ökosystem mit Geologie, Biologie und menschlichen Einflüssen prägt den Charakter des Spreewassers.

Wie viele Liter Wasser verbraucht jeder Berliner pro Tag?

Verbaucht ist das falsche Wort, nutzt wäre besser, denn Wasser verschwindet nicht. Momentan sind wir in Berlin bei 119 Litern pro Einwohner und Tag, mit fallender Tendenz. Täglich werden im Jahresdurchschnitt rund 575.000 Kubikmeter bereitgestellt. Das klingt viel, ist aber vierzig Prozent weniger als 1990 und wenig im Vergleich zu dem, was in den Flüssen fließt. Die Entnahme des Oberflächenwassers ist nicht bedenklich für den Fluss.

Wie sieht der Kreislauf des Spreewassers aus?

Neben der Wassermenge, die aus Sachsen und Brandenburg kommt, leiten die Klärwerke das gereinigte Abwasser wieder ein. Wir entnehmen dem System Wasser und geben etwa die gleiche Wassermenge wieder zurück. Es wird kein Wasser verschwendet. Das Wasser, was die Wasserbetriebe den Menschen zur Verfügung stellen, sammeln sie später wieder ein. Das verschmutzte Wasser wird aufbereitet und dem Spree-Havel-Fluss-System wieder zugeleitet. Viel Geld, Technik und Wissen werden in dieser Kreislaufwirtschaft eingesetzt, um das Wasser wieder sauber zu bekommen, nachdem es benutzt – gebraucht – wurde.

Der gesamte hydrologische Kreislauf ist etwas komplizierter, die Meere sind mit eingebunden. In Berlin haben wir zwei Wetterlagen: das trockne, kontinentale Klima kommt vom Osten, vom Meer im Westen kommt das feuchte Atlantikwetter. Wasser, das über den Meeren verdunstet, steigt als Wolken in die Atmosphäre, diese Regenwolken transportiert der Wind zu uns. Den Weg des Wassers vom Atlantik nach Berlin kann man chemisch verfolgen, indem man die Wasserisotope untersucht. Jedes Wasser hat eine bestimmte Zusammensetzung. Wenn Meerwasser verdunstet, kondensieren eher die schwereren Isotope, während das »leichte« Wasser in den Niederschlägen angereichert wird.

Wenn diese über dem Kontinent abregnen, geben sie einen bestimmten Teil zuerst ab, einen anderen Teil später

Spree bei Köpenick, 1941

Oder-Spree-Kanal bei Hartmannsdorf

– eine Fraktionierung lässt sich beobachten. Wenn das Wasser abregnet und ins Grundwasser übergeht, verändert es wieder seine Zusammensetzung. So kann man Grundwasser von Oberflächenwasser und Meerwasser unterscheiden, doch sie gehören zu einer Familie. Der Kreislauf kann wissenschaftlich nachvollzogen werden.

Gibt es auf der Erde ausreichend Süßwasser für alle Menschen?
Mengenmäßig ja, denke ich, doch ist es ungleich verteilt und von unterschiedlicher Qualität. Es ist aufwendig oder nicht machbar, Wasser aus Gebieten mit Wasserüberfluss in Gegenden mit Wassermangel zu transportieren.

Berlin hat eine spezielle Situation. Wenn wir von Grundwasser reden, meinen wir Süßwasser. Dieses Wasser befindet sich bis in etwa zweihundert Metern Tiefe im Boden. Darunter folgt eine bis zu dreißig Meter dicke Tonschicht. An manchen Stellen fehlt sie, die Gletscher der Eiszeit haben Löcher ausgeschabt. Unter dem Ton befindet sich auf mehreren Hundert Metern Salzwasser. Wir haben also gar nicht so viel trinkbares Grundwasser zur Verfügung in einem Gebiet wie Berlin mit seiner Millionenpopulation. Würde man zu viel pumpen, käme Salzwasser hoch – ein Problem. Im südlichen Müggelsee und auch im südlichen Wannsee befinden sich Bereiche, wo Salzwasser aufsteigt. Im Wannsee haben wir bereits in einer Tiefe von vierzig Metern eine erhöhte Salzkonzentration gemessen. Das salzige Wasser ist nicht nutzbar, voller organischer Substanzen – eklig. Auch unter Berlin gibt es Braunkohle in dünnen Lagen – geologisch gesehen die gleiche wie in den mächtigen Schichten der Lausitz. Diese Kohle reagiert mit dem Wasser. Es nimmt einen Teil der organischen Stoffe aus der Braunkohle auf, wird dunkelbraun und extrem salzig. Das Salzwasser

erreicht unterschiedliche Höhen. In Spandau liegt es sehr viel tiefer als unter dem Müggelsee.

Womit beschäftigt sich das Kompetenzzentrum Wasser?
Einerseits haben wir die Aufgabe, Verfahren zu entwickeln, wie man verschmutztes Wasser wieder sauber bekommt. Andererseits machen wir prinzipielle Untersuchungen zu Grund- und Oberflächenwasser: Wie kann man es schützen? Was ist zu tun, um die Trinkwasserversorgung nachhaltig sicherzustellen? Wir entwickeln Technologien und Methoden, um Wasser für die Menschen auf sinnvolle Art zur Verfügung zu stellen.

Es gibt eine Tendenz in der Welt, das Wasser stärker zur Ware zu machen. Sehen Sie darin eine Gefahr für die Versorgung der Menschen?
Wasser steht nie unabhängig und frei zur Verfügung. Die Frage ist, wer für die Versorgung zuständig ist. Nicht das Wasser selbst, sondern die Dienstleistung wird verkauft. Bezahlt wird für Bereitstellung, Qualität, Abwasserentsorgung und Wiederaufbereitung. Ob Sie den Hahn aufmachen oder eine Flasche kaufen – für das Wasser müssen Sie immer bezahlen. Öffentliche Wasserversorgung wird über Preise, Gebühren oder Beiträge finanziert. Eine Mischform aus öffentlicher und privater Dienstleistung, wie wir sie jetzt in Berlin haben, finde ich gut. Es ist wie in der Natur, »Reinformen« enthalten alle Vor- und Nachteile – durch Mischung können Nachteile ausgebügelt werden. Wenn zwei Pole unterschiedliche Ideen haben und miteinander diskutieren, wie ein Problem zu lösen ist, kommt im Endeffekt mehr dabei heraus, als wenn eine Seite allein entscheidet.

Wie beurteilen Sie das Verhältnis der Berliner zur Spree?
Über Motorsportler, die meinen, unbedingt auf dem Müggelsee Benzin tanken zu müssen, ärgere ich mich. Für die meisten ist es selbstverständlich, dass die Spree und die Seen da sind, sie gehen davon aus, dass sich schon einer um die Wasserqualität kümmert. Die meisten Menschen genießen Seen und Flüsse, doch vielen fehlt es am ökologischen Bewusstsein – sie verhalten sich unbedacht, verantwortungslos. Da West-Berlin lange vom Umland abgeschlossen war, wissen die wenigsten, wo die Spree herkommt, und machen sich kaum Gedanken darüber. Als Hydrogeologin rate ich dringend: Achtet das Wasser!

TREPTOW

Zwischen Elsen- und Oberbaumbrücke, da, wo früher im Osthafen Lagerhallen, Verladekräne und Frachtschiffe das Bild der Spree prägten, pulsiert seit der Wiedervereinigung der beiden Stadthälften neues Leben. Statt Frachtgut wird heute Unterhaltung geliefert. Im modernisierten Eierspeicher der DDR, direkt an der Oberbaumbrücke, residiert der Musikkonzern Universal Music, aus einem umgebauten Getreidespeicher im Osthafen sendet MTV popige Botschaften an die Jugend, und in den Glasfassaden des Versicherungskonzerns Allianz spiegelt sich die Spree wie ein modernes Wandgemälde. Auf der Fahrt von »Stadtmitte zum Müggelsee« wird sich so mancher Wassertourist seine Gedanken über die Bedeu-

tung des »Molecule Man« machen – dieses dreißig Meter hohen Aluminiumgiganten, den der amerikanische Bildhauer Jonathan Borowsky im Spreewasser vor den »TrepTowers« zu einer löchrigen Plastik zusammengestellt hat.

Als der junge Schauspieler und »Entertainment-Tycoon« (zitty) Falk Walter 1994 mit Freunden nach geeigneten Atelier- und Proberäumen suchte, stießen sie dabei auf ein brachliegendes Industriegelände an der Spree. Zehn Jahre später ist aus dem ehemaligen Busdepot eine der innovativsten Kulturadressen Berlins geworden.

Herzstück der Anlage ist die 1927 von dem Architekten Franz Ahrens erbaute siebentausend Quadratmeter große

*»Molecule Man«
an den
»TrepTowers«*

119

Veranstaltungshalle. Als Omnibushauptwerkstatt konzipiert, war sie zu dieser Zeit Europas größte freitragende Halle, in der 240 Busse Platz fanden. Während des Zweiten Weltkriegs wurden hier Panzer gewartet, nach dem Krieg war die Halle ein Flüchtlingslager und nach der Teilung der Stadt wurde der gesamte Berliner Nahverkehr durch das »Kombinat Berliner Verkehrsbetriebe« vom »Hof T« abgewickelt. Unmittelbar am »Eisernen Vorhang« zwischen Ost- und Westberlin gelegen, war das Gelände nur den Beschäftigten der Verkehrsbetriebe und den DDR-Grenztruppen zugänglich – und in keiner Landkarte verzeichnet.

Das Element Wasser spielte in Falk Walters Leben schon immer eine besondere Rolle. In Cottbus an der Spree aufgewachsen, erkannte er schnell, dass das entdeckte Gelände, dieser »unwirkliche Ort voller sprödem Charme«, für die enthusiastischen Pläne des neu gegründeten »Art Kombinats« wie geschaffen war. »Strom, Wasser, Heizung – alles war abgestellt. Ein verlassener und dem Verfall preisgegebener Gebäude-Komplex – von den damaligen Eigentümern mehr oder weniger als unnütz und unwirtschaftlich abgeschrieben«, erinnert sich Falk Walter. »Es war unser Ziel, einen neuen subventionsfreien Kulturstandort in Berlin zu schaffen.«

Mit dem Festival »46 Tage junger Kultur« wurde die arena im Sommer 1995 eröffnet. Doch sollten noch schwere Jahre vergehen: »Bei Konzerten pfiff der Wind durch die bröselnde Halle und bei Regen tropfte den Besuchern Wasser auf den Kopf – wir beschlossen, das alte Depot denkmalgerecht und ökologisch zu sanieren.« Nicht ungern denkt Falk Walter an die Umbauzeiten zurück, denn aus vielem, was damals als Improvisation entstand, wurde später Programm. Was einst mit einer kleinen idealistischen Gruppe auf Vereinsebene begann, ist heute ein etabliertes Kulturunternehmen, ein Wirtschaftsfaktor an der Spree, mit über sechzig Mitarbeitern und mehreren zusätzlichen Spielstätten: dem Restaurantschiff »Hoppetosse«, dem »Glashaus«, dem »Club der Visionäre« sowie dem »Freischwimmer« am nahegelegenen Flutgraben, dem »Big Eden« am Kurfürstendamm. Neu dazugekommen ist das Metropol-Theater am Bahnhof Friedrichstraße – wieder an der Spree.

Weit über die Grenzen Berlins bekannt geworden ist die arena mit einem Jahrhundertprojekt, Peter Steins einundzwanzig Stunden dauerndem »Faust I und II«. Auch die Brodway-One-Man-Show »Cavemann« – in der Falk Walter gelegentlich als Schauspieler auftritt – entwickelte sich über die Jahre zu einem sensationellen Publikumserfolg.

Unter den Dächern der arena ist auch das Botanische Büro des Landschaftsplaners Ralf Steeg beheimatet. Mit seinem Projekt berlinbeach arbeitet er an einer Vision: Das Wasser der Spree soll wieder Badequalität bekommt, damit die Berliner sich – so wie früher – in der Stadtspree tummeln können.

Das Jahr 2004 stand für das Unternehmen arena ganz im Zeichen des Wassers. An den Kaimauern des Kulturtempels dockte das von der Künstlerin Susanne Lorenz erdachte und in Zusammenarbeit mit dem Verein Stadtkunstprojekte realisierte Badeschiff »Spreebrücke« an – so als hätte die arena den Erfolg gepachtet, lockte diese Badewanne in der Spree im ersten Jahr Tausende zum »Beach feeling« an den Fluss – in dem Falk Walter als Kind schwimmen lernte.

arena – sandbestreuter Kampfplatz, Sportplatz, Manege im Zirkus, auch Sommerbühne – ein Ort, der der Spree gut tut.

WIE AUS DER PISTOLE GESCHOSSEN, RIEF SIE »HOPPETOSSE«
Gespräch mit Falk Walter

Ihre erste Erinnerung an die Spree?

Mit sieben Jahren bin ich von Schwalbe, einem kleinen Ort nahe der Neiße, nach Cottbus an die Spree gezogen. Meine ersten Spree-Erinnerungen sind eng mit meinem Vater verbunden. Er war Offizier der Volksarmee – das pure Preußen, auch in der Erziehung. Die Momente, die sich davon wegbewegten, ereigneten sich alle an der Spree, am Wasser. Er war leidenschaftlicher Angler und hat mich und meinen älteren Bruder oft mit an den Fluss genommen. Wenn wir am Ufer saßen, uns über Fische unterhielten, erzählte er Geschichten, die er als Junge mit seinem Vater beim Angeln erlebt hatte, oder erklärte alles, was beim Angeln wichtig ist. In der Ruhe dieses Zusammensitzens war er ganz weich, nicht mehr Offizier. Einmal, als mir das Angeln zu langweilig wurde, kletterte ich auf einen Baum, der über die Spree ragte. Plötzlich stand unter mir ein riesengroßer Hecht im Wasser, den Schrecken werde ich nie vergessen, voller Angst sprang ich vom Baum und rannte weg. Vater versuchte den Hecht zu fangen, vergebens. Oft sind wir am Sandelberg baden gegangen. Ich möchte nicht wissen, in was wir da hineingesprungen sind. Es trieb viel Schaum um uns herum und wenn man Wasser in den Mund bekam, musste man sofort spucken. Ein Textilkombinat befand sich ganz in der Nähe. Über Belastungen des Wassers machten wir uns noch keine Gedanken.

Als ich etwa zehn war, fuhren wir oft mit dem Fahrrad die 16 Kilometer von Cottbus bis Burg im Spreewald. Wir haben uns an die Schleusen gestellt und die Bootsfahrer waren froh, wenn wir für sie die Tore auf und zu gemacht haben – sie also nicht aus den Booten klettern mussten. Die Touristen legten uns Geld auf die Schleuse, sie hatten ihren Spaß an den eifrig herumrennenden Jungen. Als ich einmal mit Westgeld nach Hause kam, gab es einen Heidenärger. Ich fand das toll, Vater nicht. Ich war der Jüngste und machte viel Blödsinn, bei jeder Kleinigkeit gab es Stubenarrest, Prügel waren an der Tagesordnung. Ich versuchte so selten wie möglich zu Hause zu sein. Aus der Schule raus, rein, weg und so spät wie möglich zurückkommen.

Einmal fand ich mit einem Freund auf einer Spreewiese einen Futtertrog aus Aluminium. Wir planten eine Reise wie Tom Sawyer, der Trog sollte unser Boot sein. Das Ding war groß und schwer. Vierzehn Tage holperten wir damit über die Wiese, um es zur Spree zu hieven, immer so Stück für Stück. In der Zwischenzeit sammelten wir Proviant in einem Rucksack: Käse, Brot. Doch als wir bereit waren abzufahren, ging das Ding beim Einsetzen in die Spree sofort unter.

Mein Bruder hatte oft unter meinem Übermut zu leiden – er wurde Offizier wie unser Vater. Die Dinge eskalierten. Ich wollte dem, was mich während meiner Kindheit umgeben hatte, etwas entgegensetzen, mich in eine andere Richtung bewegen. Mit fünfzehn verließ ich mein Elternhaus und ging nach Berlin. Zwanzig Jahre lang hatte ich wenig, und wenn dann nur konfliktreich, mit meinem Vater zu tun. Jetzt lebe ich hier an der Spree. Eines Tages besuchte er mich, wir saßen am Fluss auf dem Steg und unterhielten uns sofort über das Angeln. Seit meiner Kindheit hatte ich selten geangelt – jetzt traf ich den Mann wieder, der in mir die Liebe zu diesem Sport geweckt hat. All die Vorwürfe, Disharmonien, Konflikte bis Lossagungen der vergangenen Jahre waren nie wieder Thema. Ich erlebte am Wasser meinen Vater als einen humorvollen älteren Mann, der sich am Hier und Jetzt erfreute und sich wirklich dafür interessierte, was ich hier tue. Ich muss keinem Menschen, der seinen Lebensweg gegangen ist, der sich weit von meinem unterscheidet, der viele Fehler gemacht hat, von sich selbst das Gefühl hat, versagt zu haben oder benutzt worden zu sein, Vorwürfe machen über das, was früher war. Wir saßen einige Stunden. Ein überraschend schönes Wiedertreffen nach vielen, vielen Jahren – ein klärendes Treffen an der Spree.

Ich habe nicht bewusst nach einem Ort gesucht, um das zu realisieren, was es jetzt hier gibt. Ich war Schauspieler

1980, mit S 50 Simson

in Stuttgart und meine Freundin in Berlin wurde schwanger. Wir brauchten eine Wohnung, ich machte mich auf die Suche, kletterte überall herum. Schließlich entdeckte ich das Arena-Busdepot, stand plötzlich auf einem Balkon über der Spree. Mitten in Berlin öffnete sich ein großzügiger Blick über das Wasser. Die Twin-Towers waren gerade gebaut.

Die Schauspielerei hatte ich für meinen Traumberuf gehalten, war mit Begeisterung eingestiegen und spielte von oben bis unten alles, was man so spielen konnte. Doch die Begegnung mit dem Beruf ernüchterte mich, blieb unbefriedigend. Selten traf ich Darsteller, vor denen ich Respekt hatte, die Werte verkörperten, die mir wichtig waren: gradlinige Männlichkeit, Klugheit, Leidenschaft, einen Willen, Neues zu gestalten. Die meisten Kollegen waren ohne Stolz, ertränkten ihr Feuer im Alkohol. Da konnte nicht meine Zukunft sein, wo so wenig brannte. Ich stellte mir die grundsätzliche Frage: Will ich das weitermachen? Die Unklarheit mit dem Beruf und die plötzliche Schwangerschaft brachten mich zurück nach Berlin, führten mich an die Spree. Abends saßen wir auf dem Steg, redeten und planten, was hier entstehen könnte. Weshalb es uns gelungen ist, das Ganze hier zu entwickeln, hat mit der Sehnsucht des Menschen zu tun, auf das Wasser zu schauen. Ob es der »Club der

Visionäre«, der »Freischwimmer«, die »Arena«, das »Glashaus« oder unser Restaurantschiff, die »Hoppetosse«, ist. Die Menschen kommen an und genießen es erst einmal, sich an das Wasser, an die Reling zu stellen. Es ist Feuer und das weite Schauen aufs Wasser – der freie Blick. Wir haben einen Ereignisort geschaffen, der funktioniert, weil er auch Fehler verzeiht, die wir in der Entwicklung am Anfang gemacht haben, aber der Ort ist nicht verbrannt, die Menschen kommen wieder, um das zu genießen, was sie hier erleben dürfen.

Was macht das Wasser mit den Menschen, was macht es mit Falk Walter?

Es gibt Tage, an denen ich aus dem Fenster schaue und mich über die glatte Wasseroberfläche freue, die mir ein Gefühl von Ruhe vermittelt. Dann wieder sind es Wellen von großer Kraft. An heißen Sommertagen kann es passieren, dass die Spree rückwärts fließt. Die Stimmungen der Jahreszeiten, das Licht, die Wolkenspiegelungen – im Winter das Eis. Ich laufe zum Steg und freue mich über die Möwen, die kommen und gehen. Es gibt Tage, da sind es Hunderte, und Tage, da fliegt keine einzige. Das Wasser zieht merkwürdige Gestalten an. Unterschiedlichste Figuren von Anglern, Sportive, heimliche Trinker, Türken, die mit dem Fang ihre Großfamilie versorgen.

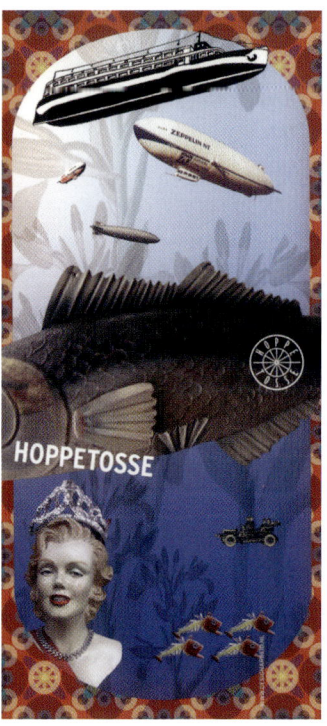

Polnische Schiffe fahren vorbei, die Dekadenz der Yachten, Kontrollboote der Polizei – Vergnügen und pure Arbeit. Alle Facetten des Umganges mit dem Wasser erlebe ich hier, auch ein Bewusstwerden seiner Bedeutung für die Stadt. Jeder, der irgendwo die Möglichkeit hat, einen Liegestuhl in Richtung Spree zu lenken, tut es. Das hätte man vor fünf Jahren nicht erwartet.

Es hat lange gedauert, bis ich hier die Spree angefasst habe. Mehr als zwei Jahre, dann habe ich mir ein Paddelboot gekauft. Es gab Zeiten, da bin ich fast jeden Morgen bis zur »Insel der

Jugend« gepaddelt und wieder zurück – so zwanzig Minuten, eine halbe Stunde. Das mache ich immer noch
gerne und es bereitet mir einen Heidenspaß, Richtung
Müggelsee zu fahren, Villen rechts und links. Was sich
dort alles verbirgt an alten Rudervereinsgebäuden, das
zusammengebrochene Industriegebiet Oberschöneweide
mit riesigen Fabrikhallen, das Eierhäuschen und der fast
schon mystische Plänterwald.

Paddeln ist Entspannung – auch Sport. Nachdem ich
zweimal gekentert bin, nehme ich kein Handy mehr
mit, weil es dann immer futsch ist. Keiner kann mich an-
rufen. Ich sehne mich nach Verantwortungslosigkeit: Es
will niemand was von mir. Oft paddle ich mit meiner
Tochter Pauline und dem Hund, aber auch immer wieder gerne alleine. Bei Dunkelheit ist es noch mal ganz anders, stockfinster, kein Licht mehr, nichts, gar nichts, absolute Einsamkeit.

*Das Restaurantschiff »Hoppetosse« gehört auch zur Arena.
Wie kam es dazu und was bedeutet der Name?*

Wir haben in der Arena das Faust I und II Projekt von
Peter Stein, das er für die Expo entwickelt hat, aufgeführt. Jede Aufführung ging über 21 Stunden und in der
Halle hatten wir keine Möglichkeit, die Gäste zu bewir-
ten. So kamen wir auf die Idee, ein Schiff vor der Arena
auf der Spree vor Anker zu legen.

Wir haben lange gesucht, wir wollten nicht irgendein
Schiff, schließlich entdeckten wir an der Ostsee dieses
großartige Salonschiff aus den dreißiger Jahren. Im Krieg
war es durch Bomben versenkt worden, lag zwei Jahre in
der Jade, dann haben sie es wieder hochgeholt. Als wir es
hierher bringen wollten, stellten wir fest, dass es mit seiner Höhe durch keine Berliner Brücke passte. Wir
schnitten es in der Waagerechten auseinander und nahmen vom Oberteil nur die Fenster mit. Das restliche
Blech verschrotteten wir an der Ostsee und bauten das
Oberdeck in Berlin vollkommen neu auf. Das Schiff
hieß »MS Deutschland«, aber auf eine »MS Deutschland«
hatte hier keiner Lust. Wir überlegten lange hin und her,
niemandem kam eine gute Idee. Schließlich fragte ich
meine Tochter: Sag mal, wie nennen wir unser neues
Schiff? Wie aus der Pistole geschossen rief sie: »Hoppetosse!« So heißt das Piratenschiff von Pipi Langstrumpfs
Vater. Es klang ein bisschen nach Kinderladen, aber
überzeugend.

Welche Visionen werden im »Club der Visionäre« geboren?
Es ist ein Ort, der dir das Gefühl vermittelt, du darfst einfach sein. Du kannst dir den Stuhl dahin schieben, wo du ihn möchtest, du kannst deine Beine ins Wasser baumeln, dich auf den Stein, auf den Fußboden, aufs Geländer setzen, auf ein Sofa lümmeln – dich auf die Planken der Flöße legen – es gibt keine Hinweisschilder außer einem Fluchtwegsschild. Großzügigkeit hat für mich mit Vision zu tun.

Wie kam das Lokal »Freischwimmer« zu seinem Namen?
Hier war früher ein altes Berliner Spreebad, das um die Jahrhundertwende geschlossen wurde. Früher lagen im Flutgraben große hölzerne Gitterkästen. Lieferanten aus Westdeutschland brachten lebende Fische und setzten sie hier ins Wasser, Hechte, Plötzen, Bleie … was es auch immer gab. Die Westberliner Fischhändler holten sich den frischen Fisch. Erst wollten wir unser Lokal Fischclub nennen. Das erschien uns zu schwer. Gegenüber ist das »Glashaus«, das gehörte zum Osten. Auf seinem Dach liefen Grenzsoldaten entlang, denn es gab immer wieder Vorfälle. Menschen flüchteten von dort aus durch den Flutgraben in den Westen – Freischwimmer!

Das neueste Projekt ist die »Spreebrücke« mit Badeschiff.
Beach-feeling an der Spree?
Wenn wir über »Spreebrücke« und Badeschiff sprechen, muss ich zwei Namen nennen, Ralf Steeg und Susanne Lorenz. Beide haben das Baden in der Spree zu ihrem Anliegen gemacht. Ralf Steeg kam mit dem Berlin-Beach-Thema zu uns, bei dem es um die Revitalisierung der Spree als Bademöglichkeit geht. Diese Begegnung gab den Anstoß für unser Spreebrücke-Badeschiff-Projekt, mit dem die Tradition der alten Flussbäder wieder aufgenommen wird. Das Badeschiff ermöglicht ein Schwimmen in der Spree, ohne in der Spree zu schwimmen. Durch das Ensemble von Strand, Stegen, Plattformen und Schiff der Künstlerin Susanne Lorenz entsteht eine lebendige Brücke in den Fluss, ein Ort der Begegnung, eine Hommage an die Spree. Das Projekt ist zeitlich begrenzt auf fünf Jahre und gibt einen Vorgeschmack darauf, wie es sein wird, in der sauberen Spree zu schwimmen. Nach dieser Zeit der Überbrückung soll das Badeschiff abgebaut werden, man springt vom Steg direkt in die Spree – das ist die Vision. Es ist ein fabelhaftes Gefühl und ein grandioser Ausblick, wenn man in dem Schiff badet. Viele aus dem Arena-Team nutzen diese

Möglichkeit, vor der Arbeit einige Runden »in der Spree« zu schwimmen. Mit dem von uns neu eingerichteten Wassertaxiservice kommen die Angestellten der gegenüber liegenden Studios von MTV und Universal in ihren Pausen zu einem Erfrischungsbad herüber.

Was waren Ihre Gründe, aus der DDR wegzugehen?
Jugendliche Naivität, Aufbegehren gegen meine Eltern, ich wollte auffallen, anders sein. Auf meiner Jacke trug ich den verbotenen Sticker »Frieden schaffen ohne Waffen«. Ich hatte mich in eine Dänin verliebt, die die DDR mit mehr Sympathie betrachtete, als ich sie noch hatte. Ich war 16, 17 und nur weil ich mit einer schönen Dänin herumknutschte, wurde ich zum Staatsfeind, wurde observiert, aus Telefonzellen gezerrt, der Hörer aufgelegt – in der DDR gebe es doch auch schöne Frauen, wurde mir nahegelegt. Ich empfand mich nicht als Oppositioneller, geriet da hinein, dann aber auch deutlich. 1985, da war ich 19 Jahre alt, verschaffte ich mir ein Visum für die Mongolei und flüchtete über China nach West-Berlin.

Gibt es hier noch Angeln?

Am Abend, als die Mauer fiel, arbeitete ich in einem Lokal zu Füßen des Funkturms am ICC. Das Radio lief, kein Mensch war in der Kneipe. Ich wollte zum Brandenburger Tor, zur Bernauer Straße, wo Unfassbares geschah. Der Chef, einer mit dem man wenig Freude hatte, ein Schwabe, sagte: Du bleibst hier. Für mich war das ein deutliches Zeichen: mein letzter Tag in dieser Schwabenkneipe. Ich nahm meine Tasche und ging. Die ganze Nacht lief ich umher, aufgeregt, irritiert. Auf die andere Seite der Mauer traute ich mich nicht. Es war großartig zu sehen, was passierte, aber auch schnell vorbei.

Was bedeutet für Sie »Fortschritt«?

»Überholen ohne einzuholen« lautete die Fortschrittsparole der DDR, die Maschinen mussten laufen. Heute bedeutet Fortschritt, bewusster mit der Welt umzugehen, Umorientierung, Ruhe statt Geschwindigkeit. Rückbesinnung, sich die Natur nicht untertan zu machen. Der Spreewald, wo mein Vater jetzt lebt, ist ein gutes Beispiel.

Arena vor dem Umbau

und danach

Falk Walter, 4. von rechts, in der Mongolei

Ja. Es gibt drei oder vier, ich angle mit meiner Tochter.

Ich habe gelesen, dass Sie bei Ihrem Wechsel von Cottbus nach Westberlin auch durch die Mongolei und die Wüste Gobi gezogen sind. Haben Sie dabei an die Spree gedacht?

Ja, auch dort wurde geangelt – auf eine merkwürdige Art. Die Mongolen benutzten drei bis vier Meter lange gebogene Stöcke, an denen oben ein Stahlhaken festgebunden war. Diese tauchten sie in den Fluss und die neugierigen Forellen wurden ihre Beute. Ihre Art zu angeln war viel effektiver als unsere mit Angelschnur und auf den Haken aufgespießten Heuschrecken, die wir mühsam fangen mussten.

In der richtigen, der harten Wüste Gobi wäre ich alleine jämmerlich zugrunde gegangen. Mich faszinierte, wie die Nomaden ihr Wasser für den ganzen Tag sammelten. Zwischen Stäben spannten sie senkrecht lange weiße Leinentücher, auf denen sich der Morgentau niederschlug. Ohne Wecker erwachten sie kurz vor Sonnenaufgang und wrangen die Tücher aus.

Wie haben Sie die Wende erlebt?

Angefangen hat es in den achtziger Jahren bei einem Urlaub in der Schweiz. Mitten durch Bern fließt die Aare, schnell, klar, kalt, in fast Trinkwasserqualität – Gletscherwasser vom St. Gotthard. An heißen Tagen springen die Berner jubelnd in den Fluss und lassen sich treiben. An den steilen Ufern der kanalisierten Aare sind eiserne Haltebügel und Leitern angebracht, damit die Schwimmer ihre rasende Fahrt, wann immer sie wollen, ab- oder unterbrechen können. Diese Volksfeststimmung erinnerte den heutigen Diplom-Ingenieur Ralf Steeg an Goethes »Osterspaziergang«: »Aus dem hohlen, finstern Tor

dringt ein buntes Gewimmel hervor…« Zurück in Berlin dachte er am Gröbenufer – in unmittelbarer Nähe zur Oberbaumbrücke – mit Blick auf die dreckige, träge, graue Spree an sein Berner Erlebnis und stellte sich die Frage: »Was muss getan werden, um in der Spree wieder baden zu können? Denn ein Fluss, in dem man nicht baden darf, kann keine Lebensader einer Stadt mehr sein.«

Zwanzig Jahre später lautet Ralf Steegs Antwort *berlinbeach*. Der gelernte Gärtner hatte beschlossen, seine Energie ganz in den Dienst der Spree zu stellen, um deren Wasserqualität zu verbessern.

Bald war klar, die Ursachen für das Badeverbot liegen nicht in erster Linie bei Industrie oder Schifffahrt, sondern sind bei Berlins Mischkanalisation zu suchen. Alle Abwässer der Stadt fließen in einem riesigen unterirdischen Kanalsystem zusammen und werden zu Kläranlagen transportiert. Diese Kanäle haben nur eine bestimmte Kapazität. Um bei starken Regenfällen Überschwemmungen zu verhindern, gibt es Sonderkanäle zum Ableiten der überschüssigen Wassermassen, die sich durch Öffnungen zur Spree in den ungeschützten Fluss ergießen. Mehrmals im Jahr strömen auf diese Weise nicht nur die Industrie- und Haushaltsabwässer ungeklärt in die Spree, sondern auch das die Stadt erfrischende und reinigende Regenwasser ist, wenn es über die Straßen in den Gullys verschwindet, voll von Schadstoffen – Reifenabrieb von Autos, Kadmium oder auch Blei aus Autoabgasen. Aus einem Rohr in der Nähe des Ostbahnhofs zum Beispiel strömen im Extremfall bis zu

50.000 Kubikmeter innerhalb mehrerer Stunden in den Fluss. Ein zusätzliches Problem besteht darin, dass die Spree sehr langsam durch die Stadt fließt, sie braucht sechsundzwanzig Tage (bei MNQ – Mittlerer niedrigster Abfluss im Beobachtungszeitraum) vom Müggelsee bis zur Havel – wenn sie eine Abwasser-Überschwemmung vor die Stadt geschoben hat, kommt schon die nächste. »Diese Situation führt dazu, dass die Spree zeitweise bakteriologisch extrem hoch belastet ist«, erklärt Ralf Steeg. »Erlaubt sind 500 Einheiten Kolibakterien pro Messeinheit, gemessen werden extrem hohe Werte, die die Grenzwerte weit überschreiten.«

»Baden in der Spree« war auch das Thema seiner Diplomarbeit, die er zusammen mit Kollegin Cathrin Berger an der Technischen Fachhochschule Berlin geschrieben hat. Als ihnen bewusst wurde, dass es sich bei den Gründen für die Spreeverschmutzung nicht um einzelne Verursacher handelte, sondern um eine historische Gegebenheit, war Ralf Steeg froh. »Wir hatten nicht die Konfrontation Fabrikdirektor und Bevölkerung, wie wir es häufig im amerikanischen Kino finden, sondern es handelte sich um ein Problem, von dem alle gleichmäßig betroffen waren. Deutschland ist ein reiches Land und wir haben die nötigen technischen Mittel«, sagte er sich in den folgenden Jahren, »wenn sich alle, die mit dem Thema befasst sind, zusammenfinden, müsste es möglich sein, den Fluss in absehbarer Zeit sauber zu bekommen«. Folgerichtig überlegte er: Wie kann verhindert werden, dass Abwasser weiter ungehindert in die Spree fließt? Ein neues, größeres Abwässersystem zu bauen oder zusätzliche Speicherbecken unterirdisch in der Stadt anzulegen, wäre aufwändig und extrem teuer. »Wie ein Blitz« kam ihm eines Tages die Idee zu einem Lösungsmodell, mit dem er bei den Verantwortlichen im Senat und bei den Wasserwerken schnell Zuspruch fand. »Wir haben einen ganz einfachen Vorschlag gemacht. Da, wo das Abwasser in die Spree fließt, fangen wir es in Behältern auf, lagern es darin für einige Stunden oder Tage und wenn die Regenfälle vorbei sind, wird es in die Kanalisation zurückgepumpt – dahin geschickt, wo es hingehört – ins Klärwerk.«

Wie diese Behälter aussehen werden, ob sie unsichtbar im Wasser verankert oder als begrünte oder bebaute Inseln zukünftige Teile des erweiterten Ufers sein werden und wie sie technisch ausgestattet sein müssen, damit sie umweltfreundlich funktionieren – wird in naher Zukunft mit einer Demonstrationsanlage erprobt. Geplant sind Tankanlagen mit einer Fläche zwischen zehn- und fünfzehntausend Quadratmetern über eine Strecke von vier Kilometern, von der Elsenbrücke am Osthafen bis zur Mühlendammschleuse. Von solchen Bauten würde die Spree zusätzlich profitieren. Für die Wassermenge, die sie gegenwärtig führt, ist sie zu breit, selbst durch eine minimale Verengung würde sich ihre Fließgeschwindigkeit erhöhen – sie könnte mehr Sauerstoff aufnehmen, was der Tier- und Pflanzenwelt sehr zugute käme. Die Tanks könnten in Form und Material einer vielfältig gestalteten Unterwasserwelt entsprechen, Nischen und Hindernisse würden den behäbigen Lauf der Spree beleben.

Baden in der Spree hat in Berlin Tradition. Zum Vergnügen, zur Reinigung und körperlichen Ertüchtigung standen den Berlinern seit dem 19. Jahrhundert Flussbäder und Badeschiffe zur Verfügung. 1802 eröffnete der Obermedizinalrat und Stadtphysikus Dr. Welpert an der Langen Brücke, im heutigen Bezirk Mitte, das »Welpert'sche Badeschiff«. Die im klassizistischen Stil nobel ausgestattete Badeanstalt bot ihren Besuchern neben kalten und warmen Bädern auch verschiedene medizinische Bäder wie Kleie-, Schwefel- und Meerwasserbäder. Auch aromatische Tropfbäder waren im Angebot.

Schwimmkenntnisse können Leben retten. Das wußten schon die alten Griechen und nahmen das Schwimmen so wichtig wie das Lesenlernen. Auch der spätere preußische Ministerpräsident und Kriegsminister Ernst von Pfuel hatte das erkannt und eröffnete 1817 die auf Stelzen errichtete »Pfuelsche Badeanstalt«. Pfuel gilt als der Schwimmvater des preußischen Heeres, wer sich bei ihm ein Diplom verdienen wollte, mußte den »Spree-

gang« ablegen: In Begleitung eines Kahns einmal quer durch die an dieser Stelle einen Meter breite Spree und wieder zurück schwimmen. 70.000 Rekruten des Heeres machten dort ihr Schwimmabzeichen. Zeitweise veranstaltete Pfuel Schwimmfeste, die Ufer waren dann gedrängt voll von Zuschauern, weil die Schwimmer ihre Darbietungen im Kostüm von Fröschen, Fischen und komischen Wassertieren vorführten.

Auf der Weltausstellung 1897 in Brüssel bestaunten die Besucher erstmals das Modell einer schwimmenden Badeanstalt aus Berlin. Diese lag seit 1896 an der Cuvrystraße vor Anker, modern mit Umkleidekabinen ausgestattet und einer Trennwand in der Mitte des Badebeckens versehen, so daß Männer und Frauen dort gleichzeitig ihrem Badespaß nachgehen konnten, ohne durch den Anblick des anderen Geschlechts irritiert zu werden. Der Ausstellungswert dieses mit Spitzdächern, Türmchen und Wandelgängen einladend ausgestatteten schwimmenden Standortes bestand in seiner neuartigen Konstruktion. Das aus Pinien- und Zeternholz gebaute Badehaus schwamm auf einer floßähnlichen sogenannten »Badeprahme«.

Da, wo heute die kultigste Berliner Badeattraktion, das »Spreebrückenbad« vor dem Veranstaltungszentrum »Arena« schwimmt, eröffnete 1849 der Kaufmann Maaß das erste Wellenbad Berlins. 1863 kaufte ein Herr Sachse diese bei den Berlinern beliebte Einrichtung und taufte sie auf seinen Namen »Sachsesche Flussbadeanstalt«. Hier konnten Männer und Frauen das Bad gemeinsam nutzen, um sich zu vergnügen. Hauptattraktion war – neben dem von einer Dampfmaschine erzeugten Wellenspass – das abendliche »Lichttauchen«. Auf Wunsch wurden die Badenden mit einer Lampe ausgestattet, um sich damit im und unter Wasser zu tummeln. Ein überdachter Laufgang, ähnlich einer Arkade, führte um das gesamte Schwimmbecken, so daß man von allen Seiten ins Wasser steigen oder springen konnte. Damit sein Badeparadies von Berlin bequem zu erreichen war, eröffnete Herr Sachse eine Dampferlinie, die als der Grundstein für die heutige »Stern- und Kreis-Schiffahrtsgesellschaft« anzusehen ist.

Um 1930 wurden wegen starker Verschmutzung der Spree alle Flussbäder geschlossen, es gab damals ein neu-

Schwimmender Park

Sachsesches Wellenbad, Außenansicht und Lichttauchen

es Kinderspiel: Die Kinder hielten Feuer an den Fluss, und aufgrund der aufsteigenden Gase züngelten Stichflammen über die Spree.

Im spielerischen Umgang mit feurigen Wassergedanken entwarf Ralf Steeg seine Vision und verfolgt seit 2001, seit 2003 unterstützt von der ecom.AG, mit seinem »Botanischen Büro« für Landschaftsarchitektur das Projekt Baden in der Spree – berlinbeach. »Während sich das Leben im Wasser erholt, Flora und Fauna zurückkehren, wird sich auch an seiner Oberfläche ein neues Zusammenleben entwickeln. Die Inspiration Fluss wird den Menschen im täglichen Leben, beim Feiern und Baden einen neuen emotionalen Bezug zu ihrer Metropole eröffnen.«

OBERBAUMBRÜCKE

Im Stil eines altmärkischen Stadttores gebaut, ist die Oberbaumbrücke die markanteste Spreebrücke in Berlin. Besonders wenn die Abendsonne den ziegelroten Backstein glühen lässt oder der Vollmond in der Spree baden geht und die Oberbaumbrücke in gleißendes Silber taucht, wirkt sie wie ein Märchenschloss.

Für seinen Film »Lola rennt« suchte der Regisseur Tom Tykwer Drehorte mit außergewöhnlichen Wandstrukturen. Ein Drittel der Zeit rennt Franka Potente durch den Film, da ist es wichtig, wo sie vorbeikommt. Die Oberbaumbrücke mit ihren vielen Öffnungen, Verschließungen, Durchblicken, ihren neogotischen Gewölben und

Ornamenten ermöglichte Tom Tykwer eine Steigerung der Dynamik. Im Film überträgt sich die Energie der auf der Brücke verkehrenden U-Bahn auf »Lola«, die unterhalb der Hochbahn durch die Bögen rennt.

Bereits um 1737 führte da, wo heute die Backsteinbrücke steht, ein auf dichtgesetzten Pfählen ruhender hölzerner Steg über die Spree. In der Mitte war zwischen den Pfählen eine Durchfahrt für die Schiffe angelegt. Der Baumstamm, der hier beim Oberwasser der Spree des Nachts den schmalen Schiffsdurchlass in die Stadt versperrte, konnte mittels eines Zugmechanismus hochgeklappt werden und gab der 1894 neu gebauten Brücke den Namen: Oberbaumbrücke. Die sieben Bögen zählende Brücke ist die größte und eine der ältesten Verbindungen über die Spree. Die auf ihrer Krone verkehrende Hochbahn – Linie 1 – wird verdeckt durch ein Spitzbogenviadukt mit Zinnen und Giebeln, von dessen Dächern der rote Adler Brandenburgs und das Berliner Stadtwappen grüßen.

Die rasante Montage, mit der Tom Tykwer in seinem Filmfeuerwerk »Lola rennt« die Oberbaumbrücke porträtiert, gehört zu den besten Szenen des Films. Mit seinem unterhaltsamen, publikumswirksamen Film über postmodernen Realitätsverlust, über Zeit und Zufall schrieb der Wahlberliner aus Wuppertal deutsche Filmgeschichte. »Wuppertal liegt an der Wupper, Berlin an der Spree – Städte ohne Flüsse sind undenkbar. Film und Fluss sind Freunde, fließen in Zeit und Raum.«

Gegen Ende des Zweiten Weltkrieges sprengte die Wehrmacht aufgrund des sogenannten »Nerobefehls« von Adolf Hitler das Mittelstück der Oberbaumbrücke, um der herannahenden Roten Armee den Übergang über die Spree zu erschweren. Nach dem Krieg blockierten zerstörte Ufermauern, Brückenfragmente, Gebäudetrümmer und viele gesunkene Frachtschiffe den Schiffsverkehr auf der Berliner Spree. Von August 1961 bis zum Oktober 1998 waren Brücke und Fluss Teil der Sperranlagen, die Westberlin nicht nur von seinen Stadtteilen im Osten trennten, sondern auch zu einer westdeutschen Insel in der DDR machten.

Heute hat der Besucher von der 28 Meter breiten und 150 Meter langen Brücke, die die Stadtteile Friedrichshain und Kreuzberg verbindet, einen weiten Blick. In Richtung Westen – stromab – schaut er bis ins Herz der Stadt: Rotes Rathaus, Dom und Fernsehturm. In Richtung Osten – stromauf – erinnern Verladekräne und Hafenanlagen an die Bedeutung der Spree als Wasserstraße. In die alten Industriebauten ist neues Leben eingezogen. Dank der neuen Nutzer »Universal Music« und »MTV« und mit den dazugehörenden Clubs, Restaurants mit Spreeterrassen und Bootsanlegestegen entwickelt sich das Quartier um die Oberbaumbrücke zur Musiccity Deutschlands.

In einem ehemaligen Kühlhaus, einem Speicher für 60.000 Eier, wird heute von jungen Universal-Dienstleistern im trendy Outfit neue Musik erfühlt, erdacht, formatiert und vermarktet. Eine typische Berliner Band, geheimnisvoll düster wie die Spree, ist »Rammstein«. Vor dem Zweiten Weltkrieg befand sich hier der schwedische Lindström-Konzern mit seiner Plattenfirma Odeon und ihrem Superstar Hans Albers.

Für Tom Tykwer ist Berlin voller faszinierender Drehorte. Aus seiner Zeit als Vorführer und Programmacher des Kreuzberger Kinos Movimento kennt er die Filmbilder Berlins – das Kino der Welt wurde zu seinem Lehrmeister.

DIE SPREE WIE EIN RUHIGER AKKORD
Gespräch mit Tom Tykwer

Deine erste Erinnerung an die Spree?
1977 kam ich das erste Mal nach Berlin. Meine Eltern hatten in Wuppertal einen Laden mit Trödelkram und fuhren zu der Zeit oft nach Berlin, um neue Ware einzukaufen. Die Stadt traf mich wie ein Schock, es war ein magisches Erlebnis. Bereits mit meinen zwölf Jahren empfand ich: diese Stadt ist mein Schicksal – dort muss ich leben. Ich war immer ein sehr heimatverbundener Wuppertaler und bin davon geprägt, dass eine Stadt von einem Fluss beherrscht wird – nicht von so einem Riesenfluss wie dem Rhein in Köln – ich war an das breite Rinnsal gewöhnt, als das sich die Wupper wie eine Hauptschlagader durch meine Heimatstadt schlängelt. So gab es eine visuelle Anknüpfung an die Spree. Sie ist für mich kein Fluss, sondern ein durch die Stadt gelegtes Netz von Adern. Ein Maschennetz, das die Stadt mit Bewegung und Flüssigkeit versorgt. Die Breite der Spree fiel mir erst bei den Dreharbeiten zu »Lola rennt« auf der Oberbaumbrücke auf.
Schon als Kind faszinierte mich, dass man in eine ummauerte Stadt hineinfuhr, sogar die Straßen waren zugemauert, doch die Spree durfte weiterfließen. Für sie gab es keine Grenzen, ihr konnte man die Freiheit nicht nehmen. Dieses Adernetz hatte etwas heimlich Tiefgründiges. Die Spree floss hinein, sie floss hinaus – wie sie wollte.

1986 bist du tatsächlich nach Berlin gezogen.
Es war wirklich ein starker Ruf. Die Filmmetropole Berlin zog mich an. Berlin macht es Menschen aus mittleren Städten leicht, Zugang zu finden, weil es selbst aus vielen kleinen Städten besteht. Ich kenne keine Stadt mit einem paradoxeren Stadtbild, mit größeren Widersprüchen in der Architektur und einer derartigen Parzellierung – betont durch die Spree. Begeistert bin ich von der Naturpräsenz in Berlin, das so urban erscheint, ohne einen mit Beton zu erschlagen. Das viele Wasser begünstigt üppiges Grün. Für mich gilt unumstößlich: ich werde in Berlin bleiben. Hier spiegle ich mich und fühle mich aufgehoben.

Du reist viel. Wie gehen andere Städte mit ihren Flüssen um?
Das Besondere an der Spree ist ihre Vielgestaltigkeit. Im Gegensatz zur Themse oder zur Seine dominiert sie nicht durch herausragende Repräsentanz. Von den Londoner Brücken bietet sich ein gewaltiges Panorama, der Fluss prunkt in der Mitte. Das Verhältnis der Berliner zur Spree ist eher mit dem Verhältnis der New Yorker zum Hudson River zu vergleichen. Auf ihren Fluss sind die New Yorker emotional nicht stark bezogen, wichtiger sind ihnen die Brücken.

In »Lola rennt« spielt die Oberbaumbrücke eine wichtige Rolle. Wieso hast du diesen Drehort ausgewählt?
Dieser Film setzt stark auf die Bewegung des Körpers. Wir wollten diese Dynamik in einem natürlichen Verhältnis zur Architektur darstellen. Hintergrund und Vordergrund kam entscheidende Bedeutung zu. Ein Drittel der Zeit sieht man einfach nur eine Frau rennen, da ist es relativ wichtig, wo sie vorbeikommt. Ich habe mich bewusst entschieden, dem Film keine plausible Geografie zu geben – aus dramaturgischen, vor allem aber emotionalen Gründen. Wenn man durch Berlin rennt, hat man das Gefühl, innerhalb von zwanzig Minuten durch zehn Bezirke zu laufen. Du kommst um die Ecke und ein völlig anderes Weltklima brettert auf dich ein. Das Antihomogene, für mich ein Bauprinzip dieser Stadt, wollte ich betonen. Wir suchten nach Stellen, an denen sich ein offener Hintergrund gestalten ließ, sowie nach außergewöhnlichen Wandstrukturen.
Die Oberbaumbrücke mit ihren vielen Öffnungen, Verschließungen, Durchblicken und mit dieser Kurve auf

Blick aus einem Turm der Oberbaumbrücke auf Treptow

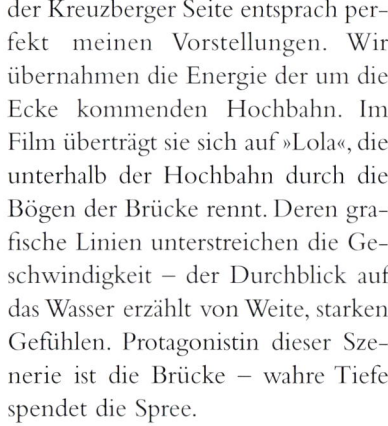
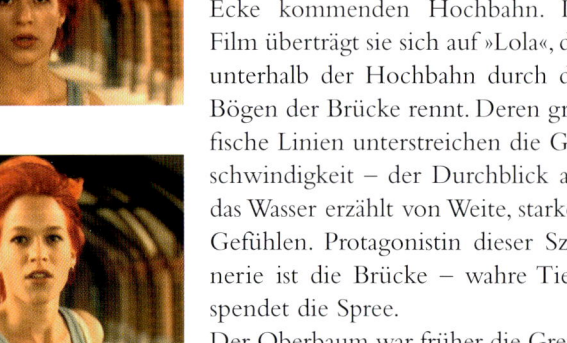

der Kreuzberger Seite entsprach perfekt meinen Vorstellungen. Wir übernahmen die Energie der um die Ecke kommenden Hochbahn. Im Film überträgt sie sich auf »Lola«, die unterhalb der Hochbahn durch die Bögen der Brücke rennt. Deren grafische Linien unterstreichen die Geschwindigkeit – der Durchblick auf das Wasser erzählt von Weite, starken Gefühlen. Protagonistin dieser Szenerie ist die Brücke – wahre Tiefe spendet die Spree.

Der Oberbaum war früher die Grenze zum historischen Berlin – nach der Teilung der Stadt verlief die Grenze zwischen Ost und West durch die Spree über die Oberbaumbrücke.

Hast du dich mit der Geschichte der Brücke beschäftigt?

Im Zusammenhang mit dem Film war es – typisch für mich – eine rein ästhetische Auseinandersetzung. In meiner Kreuzberger Zeit habe ich lange in der Nähe der Oberbaumbrücke gewohnt. Ich liebe die Ziegel, die Farbigkeit der Brücke und ihre Ornamente. Sie hat etwas Verzaubertes – eine Märchenbrücke. Dass sie ein Grenzort war, erfüllte mich mit Bedauern: so eine schöne Brücke. Sie verkörperte genau das Gegenteil von dem, was sie symbolisieren sollte – Trennung statt Verbindung.

Zusammen mit Wolfgang Becker schrieb ich das Drehbuch zu dem Film »Das Leben ist eine Baustelle«. Eine Trennungsszene darin spielt auf der Oberbaumbrücke, am frühen Morgen zur Magic Hour. Bei Wolfgang Becker geht der Blick von der Brücke stromab, man sieht ein herrliches Panorama von Berlin: Alexanderplatz, Fernsehturm, Rotes Rathaus. Solch einen Blick hat man nur von der Oberbaumbrücke.

Die Szene, nur eine zehnsekündige Einstellung, ist von magischer Kraft. Die Brückenlampen ließen wir einschalten, es war hell, wunderschön. Die Spree ist hier sehr breit, sie wird schmaler nach Berlin hinein, zieht sich zurück in die Innenstadt, ist überall, doch unaufdringlich. Beschützt uns eher im Stillen in diesen schmalen Ecken.

Erst beim Drehen wurde mir klar: wir sind auf der Spree. Jemand aus dem Team fragte: Ist das die Spree, der Landwehrkanal oder die Havel? Bei der Havel weiß man, dass sie etwas weiter draußen ist, doch bei den vielen Kanälen und Nebenarmen ist den meisten nicht klar, wo die eigentliche Spree verläuft. Ich habe zwei Jahre am Weigandufer in Neukölln gewohnt, am Landwehrkanal, aber letztendlich ist es Spreewasser.

Du hast zehn Jahre das Kino Movimento in Kreuzberg geleitet, als Vorführer und Programmmacher gearbeitet. Sind dir Filme in Erinnerung, in denen die Spree eine Rolle spielt?

»Unter den Brücken« von Helmut Käutner ist einer meiner Lieblingsfilme – ein stimmungsvoller Film, der zu großen Teilen auf und an der Spree spielt. Eine Dreiecksgeschichte, in der es um die Liebe zweier Schiffer zu einem Mädchen geht. Die drei Helden fahren auf dem Kahn »Liselotte«, mit dem die Männer seit Jahren unterwegs sind. Es ist das deutsche »Jules und Jim« ohne tragisches Ende. Der Film wurde in den letzten Kriegsmonaten gedreht, Berlin war schon stark zerstört, doch der Krieg kommt im Film nicht vor. Auf der Spree zu drehen, war eine Notlösung, man wollte keine zerbombte Stadt zeigen. Kulissentechnisch hatte man kaum noch

Möglichkeiten. So ging man auf den Fluss und ließ die Geschichte vor Kaianlagen und unter Brücken spielen. Der Fluss hat geholfen, das zerstörte Berlin zu verstecken und die Menschen zu beruhigen. Der Fluss verstärkt die melancholische, warmherzige Stimmung des Films.

Ich habe natürlich einen Film gemacht, in dem die Wupper vorkommt. In »Der Krieger und die Kaiserin« sieht man den Fluss – nicht so viel, wie ich es mir erwünscht habe, aber so viel wie die Dramaturgie des Films ermöglichte. Zum Finale springen meine Helden vom Dach. Man denkt, sie springen in den Tod, sie fallen und fallen, landen in der Wupper – gerettet.

Du komponierst die Musik zu deinen Filmen selbst?

Mir ist wichtig, dass visuelles und akustisches Konzept sich von Anfang an zusammen entwickeln. Mit zwei Freunden mache ich Musik. Ich suche Töne, die dem Film entsprechen. Bei »Lola rennt« hatten wir zu Beginn ein Layout, das über zwei Stunden die Beats pro Minute festlegte. Wir fragten uns: Welches Instrument macht am deutlichsten klar, dass hier die Uhr tickt und gleichzeitig ein Herz schlägt? Beide Elemente haben diese Penetranz: Uhren und Herzen. Sie schlagen immer weiter und weiter, das Herz manchmal schneller und manchmal langsam. So kam die Basedrum-Idee auf, Ausgangspunkt des gesamten musikalischen Konzeptes. Als Kontrapunkt zum hysterischen Sound fließt die Spree wie ein ruhiger Akkord. Mathilde Bonnefoy, die Cutterin, bestand darauf, nicht auf dem Beat zu schneiden, sondern die antirhythmischen Strukturen der Brücke zu nutzen, um Spannung und Dynamik zu erhören.

In »Lola rennt« schreit Manni ins Telefon: »… Ich treibe in hunderttausend Aschekörnchen die Spree runter bis in die Nordsee.«

Stimmt, die Spree ist offensichtlich völlig in meinem Bewusstsein und schleicht sich in meine Drehbuchtexte ein. In »Das Leben ist eine Baustelle« gibt es Freddie. Er ist Vorsitzender von einem Tanzclub. Nachts um vier

suchten wir nach einem passenden Namen – »Berlin-Teddys« gefiel uns nicht. Darum entschieden wir uns für »Spree-Teddy-Verein«. Die Spree – das ist Berlin, sie ist mit der Stadt verankert.

Flüsse vermitteln den Eindruck, dass sie nicht altern. Man hat das Gefühl, sie sind immer da, dabei strömt ihr Wasser ständig fort – vorbei. Das hat viel mit der Vergänglichkeit von Film zu tun, der auch momenthaft ist – vorbeifließt. Gleichzeitig hält der Film die Zeit fest, vermittelt die Illusion von Unendlichkeit – eine kurze Berührung mit der Ewigkeit. Ein großes Thema für mich ist, dass Film die Zeit bezwingt und zugleich das Medium ist, das du nicht festhalten kannst. Es existiert nur in der Bewegung. Der Film geht einfach weiter, geht vorbei. Auch die Spree fließt vorbei. Da kannst du gar nichts machen. Aber sie ist die ganze Zeit da – ein Wunder.

Luft ist auch ein großes Thema von mir. Ein ganz entscheidender Grund, Orte zu lieben, ist für mich ihr Geruch. Die Berliner Luft ist die leckerste der Welt, ja. Berlin ist die bestriechende Stadt der Welt.

Die Spree hat einen schwer zu definierenden Geruch. Ein Mix aus Kohleofen und verdunstendem Wasser unterschiedlichster Verschmutzungsgrade. In der Stadt ist die Spree kein sauberer Fluss, ich weiß es, ich habe am Ufer gewohnt. Doch Berlin ist keine stinkende Stadt. Wegen des vielen Grüns liegt auch immer der Geruch von Wald, Wiesen und Natur in der Luft. In keiner Metropole mischen sich klassische urbane Ausdünstungen so stark mit Naturpräsenz.

Wie hast du die Wende erlebt?

Meinst du den Tag? Ich war allein zu Hause, meine Freundin war nicht da. Als Linker fühlte ich mich verunsichert. Der einzige Film, der das richtig rübergebracht hat – wie kompliziert Linke mit der Wende umgegangen sind – ist, »Die Unberührbare« von Oskar Roehler. Der beste deutsche Film der letzten zwanzig Jahre. Sensationell.

Als die Nachrichten vom Fall der Mauer kommen, sitzt Hannelore Elsner allein vor der Glotze. Mir ging es ähnlich wie ihr. Es ist eine sonderbare Erfahrung, dass man sich an einem Ort weiß, wo gerade Geschichte passiert, aber keine Euphorie von innen heraus empfindet.

Ein Volksaufstand, der gut ausgeht. Ich bin da und gucke das im Fernsehen. Das kann ich doch nicht machen, das ist doch absurd. Alleine ging ich raus auf die Straße. Ein irrer Kontrast zur stummen Wohnung. Die U-Bahn war brechend voll, die Leute schrieen und johlten. Ich quetschte mich hinein und fuhr so herum.

Die Wende war für mich die begeisterten Menschen und die gellenden Pfeifkonzerte gegenüber den Politikern, die die Nationalhymne singen. Auch die Verwirrungen, dass man nicht wusste, wie man das finden sollte. Ich wurde oft umarmt, ließ mich mitziehen – blieb aber Beobachter. Dem Volksfest schloss ich mich nicht an. Weil mein Bezug zu Berlin so stark ist, fragte ich mich, was sich für mich verändern würde – jetzt wohne ich im Osten. Fühle mich in den Gipshöfen geborgen, obwohl ich in meiner Seele ein Kreuzberger bin.

Fortschritt: Was bedeutet für dich dieses Wort?
Fort ist woanders. Wenn ich fort ernst nehme, bedeutet es weg. Fortschritt führt fort vom Jetzt. Ich bin eher für Weiterschritt.

Oft ist Fortschritt an Leistung gekoppelt. Ich fühle mehr wie Hesse, »Stufen«, mein Lieblingsgedicht, beschreibt es … wir sollen heiter Raum um Raum durchschreiten – das finde ich toll. Durchschreiten ist etwas anderes als Fortschritt. Das Leben ist eine nicht enden wollende Bewegung. Es sollte ein langer ruhiger Fluss sein – wie es in dem berühmten Filmtitel heißt. Die Bewegung kommt von selbst, durch die Zeit. Wenn man sich zu sehr beeilt, verpasst man leicht den Augenblick. Im Augenblick zu verweilen, habe ich mir erst in den letzten Jahren angewöhnt. Ich habe im Leben lange Zeit wahnsinnig Tempo gemacht.

TU DEM BERLIN

Berlin, Bärlin, Stadt am Wasser, »Stadt am Meer«, die »aus dem Kahn gebaute« Großstadt. Aus der Luft betrachtet, beim Ab- und Anflug, glitzern vielgestaltig Seen, Kanäle – die Spree und ihre Zuflüsse: das Fredersdorfer Mühlenfließ, die Erpe, das Dämnitzer Mühlenfließ, die Dahme, die Wuhle – unsichtbar fließt die Panke unter der Stadt, mündet am Schiffbauerdamm in den Fluss, an dessen Ufern die deutsche Hauptstadt liegt. Wie eine Diagonale durchfließt die Spree die Stadt, um bei Spandau

fast im rechten Winkel in die Havel einzumünden. Deutlich sichtbar führt die Spree bei dieser Begegnung zwei Drittel mehr Wasser als die Havel, die eher wie ein Nebenfluss, ein Zufluss zur Spree wirkt. Das Land bis zur Elbe könnte auch Spreeland heißen.

1237 werden die Partnerstädte Berlin und Cölln rechts und links der Spree, die sich 1307 zu Berlin vereinigen, erstmals urkundlich erwähnt. Die beiden märkischen Siedlungen verband eine für den transeuropäischen Han-

Spreebogen mit Bundestagsbauten

delsverkehr wichtige Furt. Diese strategisch günstig auf Talsandinseln gebauten Orte entstanden zwischen den zu dieser Zeit bedeutenden, durch die Spree verbundenen Burganlagen Spandau und Köpenick. Vierhundert Jahre später zeigt der gleiche Siedlungsort ein stark verändertes Gesicht. Aus dem runden, ländlich geprägten märkischen Städtchen ist eine sternförmige königliche Festungsanlage geworden. Unter dem Einfluss des in den Niederlanden an der Universität Leiden ausgebildeten späteren Kurfürsten Friedrich Wilhelm (1620-1688) – dem eine »Verholländerung« der Stadt nachgesagt wird – und durch den Zuzug der verfolgten Hugenotten als »Neuansiedler« entwickelte sich Berlin zu einer modernen Stadt, einem wichtigen Machtzentrum im Spannungsfeld der europäischen Herrscherhäuser. Durch Ausbau und Nutzung der Spree wurde die neue Residenz verkehrspolitisch zu einem bedeutenden »Knoten« im Netz der großen Wasserstraßen zwischen Oder und Elbe. Die Spreefurt wurde bereits 1295 »im Zuge der frühdeutschen Besiedlung« durch einen Damm ersetzt, den »Mollendamm«, heute »Mühlendamm«. Bis heute wird er als die Wiege Berlins angesehen und entwickelte sich »zum ersten und für lange Zeit wichtigsten Standort gewerblicher Produktion«. Er staute das Wasser der »Zprewa« zu einem großen Wasserkessel auf, die Fischerei blühte – Wassermühlen entstanden an den Ufern, Windmühlen auf den Höhen. Der Damm regelte den Lauf der Spree durch die wachsende Stadt und verteilte das überschüssige Wasser auf zwei weitere Arme, welche die entstehende Residenz erfrischend und schützend umflossen. 1638 begannen großangelegte Rekonstruktionsarbeiten des gesamten Mühlendamms, der Fluss wurde reguliert und die Brücke mit »Buden« bebaut, ein Anblick, wie er sich heute noch auf der Krämerbrücke in Erfurt und auf dem Ponte Vecchio in Florenz bietet. 1838 zerstörte ein mächtiger Brand große Teile der Brücke, deshalb wurde in den achtziger Jahren des 19. Jahrhunderts der Mühlendamm erneut umgebaut und für den anschwellenden Schiffsverkehr eine Schleuse eingerichtet. 1937 wurde die Wiege Berlins komplett um- und ausgebaut, der Grundstein gelegt für die heutige Form mit Doppelkammerschleuse und Spannbetonbrücke über die Spree, Marke DDR 1968. Auf der achtspurigen Autorennbahn – zwischen Fernsehturm und Potsdamer Platz – führt der Geburtsort ein wenig beachtetes, vernachlässigtes Dasein.

Kaum einer forscht so gründlich und mit Ausdauer, kennt so viele Details über die Geschichte Berlins von dessen Anfängen bis in die Gegenwart wie Laurens Demps, Professor für Territorialgeschichte an der Humboldt-Universität Berlin. Im Gespräch erläutert er seine Theorie zur Namensgebung von Berlin, das er als »Zufallsprodukt der Verkehrsgeschichte« bezeichnet. »Früher war das Pferd der Maßstab«, stellt Laurens Demps fest. Berlin entstand als Rastplatz an einer Handelsstraße. Dem Spazierweg entlang der Mühlendammschleuse gehört die spezielle Liebe von Laurenz Demps.
Schutzpatron der Schiffer und Kaufleute ist der heilige Nikolaus. Der Bau der ihm geweihten St. Nikolaikirche prägte seit dem 13. Jahrhundert die Silhouette Berlins. Das 1220 als spätromantische Feldsteinkirche begonnene und im 14. und 15. Jahrhundert in spätgotischer Backsteinbauweise erneuerte Gotteshaus wurde im Zweiten Weltkrieg schwer beschädigt. 1987 wurde diese alte Hauptkirche Berlins zur 750-Jahrfeier der Stadt als Museum wiedereröffnet. Als der »protestantische Liederfürst« Paul Gerhardt 1657 seine erste Stelle als »Diakonus« an der Nikolaikirche antrat, war die Stadt von den Folgen des Dreißigjährigen Krieges stark gezeichnet, 300 von 850 Häusern standen leer. Der im Volk beliebte Dichter und Prediger, der gottergebene »Paulus Gerhardus theologus«, vertrat in der Frage der Trennung von Staat und Glauben Ansichten, die den Forderungen des politisch und ökonomisch erfolgreichen Großen Kurfürsten konträr entgegenliefen. Nach heftigen öffentlichen Auseinandersetzungen, an denen sich auch der Adel und der Berliner Magistrat beteiligten – »ergab« sich der »orthodoxe Lutheraner« Paul Gerhardt und verließ 1668 Berlin in Richtung Lübben im Spreewald. Das lutherische Gesangbuch »Praxis Pietatis Melica« in der Ausgabe von 1653 mit 82 Gerhardt-Liedern, das zur »Übung der Gottseligkeit in christlichen und trostreichen Gesängen …« anregte, war zum Bestseller geworden. Zeitlos sind seine Lieder und die aus seinen Texten entstandenen Oratorien – in denen des Predigers »Widerstand und Ergebung« lebendig fortwirken – sie sind feste Bestandteile christlicher Liturgie und deutschsprachiger Kultur.
Bildsprache und poetischer Realismus des Liedermachers, seine Art, »das Leben mit den Augen Gottes zu sehen«, regten die in England, den USA und Berlin ausgebildete Sängerin Sarah Kaiser dazu an, Paul Gerhardts Lieder musikalisch neu, jazzig zu präsentieren – gefühl-

voll frisch als Glaubensbekenntnis. »Befiehl Du meine Wege« – eines der schönsten Liebeslieder, öffnet das Herz.

Im Dezember 1845 verlobt sich auf der Weidendammer Brücke – die heute zwischen Berliner Ensemble und Bahnhof Friedrichstraße die Spree überspannt – ein junger Apotheker, der spätere Dichter, Erzähler, Romancier, Reiseschriftsteller, Chronist und Journalist Theodor Fontane, mit Emilie Rouanet-Kummer. Auf die Frage, welche Bedeutung die Spree im Werk von Theodor Fontane habe, reagiert der langjährige Fontane-Forscher, Verleger und Autor Gotthard Erler zunächst überrascht und begibt sich dann begeistert und erfolgreich auf Spurensuche. Theodor Fontane war über mehrere Jahre verehrtes, aktives, wenn auch nicht unumstrittenes Mitglied der literarischen Vereinigung »Tunnel über der Spree«. In geistig luftiger Höhe trugen sich in verqualmten Hinterzimmern öffentlicher Kaffeehäuser schriftstellernde Männer unter Pseudonym – Fontane hieß Lafontain – gelegentlich feucht-fröhlich ihre Werke, sogenannte »Späne«, vor. Eine frühe »Gruppe 47«. Fontanes Texte aus »Spreeland«, Band IV der »Wanderungen durch die Mark Brandenburg«, sind bildhaft gestaltete, einfühlsame Porträts von Menschen, beschreiben Orte und Landschaften, die Fontane auf seinen Reisen entlang der Spree besuchte. Zeitlos gültig zieren Worte des eifrigen Journalisten gegenwärtig Speisekarten, Reiseführer und Werbebroschüren im Spreeland. Der in der DDR zu Unrecht als »Preußensänger« gehandelte Fontane nutzte die Spree in seinen Werken als wissendes, erlösendes, kühlendes, bedrohliches – »strukturbildendes Handlungselement«. Im Roman »Der Stechlin« setzte Fontane dem derzeit dem Zerfall preisgegebenen, für die Berliner Kulturgeschichte bedeutenden »Eierhäuschen« an der Spree in Treptow ein lebendiges Denkmal.

Seine Leidenschaft für Fontane entdeckte Gotthard Erler durch dessen kleines Meisterwerk »Schach von Wuthenow«. In schwierigen Zeiten gab ihm der Dichter Kraft. »Der gute Fontane hatte völlig Recht, wenn er mit zunehmender Intensität darauf beharrte: Im Leben ist alles Glück und Gnade, weniger eigenes Verdienst.«

Als Heinrich George, Volksschauspieler und Charakterdarsteller, in dem 1933 uraufgeführten Film »Schleppzug M17« den Binnenschifferkapitän Henner Classen spielte, war Berlin eine hochentwickelte Industriestadt mit modernsten Verkehrsverbindungen, auf der Straße, der

Schiene, in der Luft und auf dem Wasser. Zu dieser Zeit brauchte der »Moloch« Berlin täglich neue Lieferungen, um sich am Leben zu erhalten. Millionen Tonnen von Gütern kamen per Schiff in die Stadt. Fieberhaft wurde am Ausbau der Wasserstraßen gearbeitet. Als Jan George, ältester Sohn des Künstlerpaars Heinrich George und Berta Drews, den Film nach langer Zeit wiedersieht, ist er von der »dokumentarischen Authentizität« dieser Milieustudie fasziniert. »Schleppzug M17«, Heinrich Georges einzige Filmregiearbeit, konfrontiert kritisch das »Glück« der Familie, das »schöne Schifferleben« mit den Verführungen und »erotischen Abenteuern« der Großstadt, deren Bewohner im Film als kriminell, sündig und vom Alkohol zerstört dargestellt werden.

Ungewöhnlich der Blick auf die Stadt, geschickt gewählt der Drehort – Georges Kahn liegt unmittelbar zu Füßen des Berliner Doms an der Kaimauer der Spree. Der Film liefert unersetzbare Aufnahmen von der Stadt, die es zwölf Jahre später so nicht mehr geben wird. 1933 wird Berlin die Hauptstadt, des »Dritten Reichs«, das Weltzentrum der Filmkunst untersteht fortan den neuen nationalsozialistischen Machthabern. In ihrem nächsten Film »Hitlerjunge Quex«, den Sohn Jan George als »Pimpf« in einer Sonntagsmatinee im Kino Lumina in Schlachtensee sieht, spielen die Schauspielereltern wieder ein Paar. Wir sehen die proletarische Familie Völker im verzweifelten Existenz- und Orientierungskampf um »Zugehörigkeit« zwischen »kommunistischer Internationale« und der »neuen Bewegung«. Sohn Heini Völker zieht es zur »Fahne«, zur Hitlerjugend – am Ende des »künstlerisch besonders wertvollen Films«, des »von echtem, nationalsozialistischem Geist getragenen Stoffes«, stirbt Heini mit dem für den Film komponierten Heldenlied »Unsere Fahne flattert uns voran« auf den Lippen. Die Spree erscheint in diesem Film missbraucht als Synonym, als Orientierungspunkt für Heimat und ideologische Ortsbestimmung.

In der Neuen Nationalgalerie Berlin hängt, 1935 von Max Beckmann gemalt, das »Familienbild George«. Es zeigt den kleinen Jan puppenhaft im Nachthemd in den Armen seiner fragend in die Ferne schauenden Mutter, groß daneben ein schwarzer Hund. Im Hintergrund des Bildes überlebensgroß Vater Heinrich beim Rollenstudium mit seiner Souffleuse, Fischharpunen an der Wand über seinem Kopf. Das Bild Beckmanns, eines von den Nationalsozialisten als »entarteter Künstler« verurteilten, entrechteten, ausgesonderten Malers – hing in der Zeit des »Dritten Reiches« unbeanstandet im Haus George am Kleinen Wannsee.

In der Mitte von Berlin liegt die Spreeinsel. Am südlichen Ende dieses Eilandes liegt der Geburtsort von Berlin, stand die Wiege von »Spree-Athen«. Am nördlichen Ende, da wo der Kupfergraben sich wieder mit der Spree vereint, befindet sich die »Museumsinsel«, stehen, als Weltkulturerbe geschützt, fünf Museen, die Berliner Geistesgeschichte repräsentieren, eine »Arche Noah der Kunst«, die Visitenkarte gegenwärtigen Kunstverständnisses der Deutschen als Nation.

Nirgendwo auf der Welt drängeln sich so viele bedeutende, reichhaltig bestückte Museen aneinander wie an diesem Ort – im Herzen Berlins. Die von ihren Auftraggebern und Schöpfern als »Freistätten für Kunst und Wissenschaft« geplanten und errichteten Bauten, die der »hohen Kunst« von der Antike bis zur Moderne eine Heimat geben sollten, werden seit dem nach der Wiedervereinigung erfolgten Zusammenschluss der Staatlichen Museen Berlin auf der Grundlage von »Masterplänen« neu aufgebaut, restauriert, gesichert, umgebaut, erweitert, miteinander verbunden – zu einem Ensemble, einer »Museumscollage«. Für den Kunsthistoriker Professor Dr. Peter-Klaus Schuster, seit 1999 Generaldirektor dieser »Akropolis der Kunst«, ist die Museumsinsel »zur Lebensaufgabe« geworden. »Schuster tut alles, um die Museumsinsel populär zu machen«, wird dem »Wirbelwind« nachgesagt, der »stets mit neuen Ideen und Projekten« seine Mitarbeiter überrascht. Seine Aufgabe ist es, diese einzigartige Kunstlandschaft Berlins so zu gestalten, dass sie den Anforderungen hochmodernen Museumsbetriebes gerecht wird. Viele Besucher sollen sich wohlfühlen, geleitete Touristenströme können zukünftig auf Kurzrundgängen die Meisterwerke erleben, gleichzeitig dürfen die Stammbesucher in entspannter Umgebung so viel Zeit verbringen, wie sie wünschen.

Eine »Passage durch die Zeit« soll für die Besucher entlang einer im Museumskomplex zentral angelegten »archäologischen Promenade« komfortabel und anregend verlaufen. In den Augen des Gestalters und Managers Peter-Klaus Schuster symbolisiert das »scheinbar auf dem Wasser schwimmende Bodemuseum« eher den Bug eines Dampfers, eines Traumschiffes, das mit der Spree über Havel und Elbe, vom Alltag entrückt, aufs offene Meer hinaus in die Welt schwimmt.

Von der Quelle bis zur Mündung ereignet sich viel an der Spree – Geschichte und Geschichten. An der Wasserachse zwischen Köpenick und Spandau reiht sich ein bemerkenswerter Ort an den anderen: die Schlossanlagen Köpenick, Bellevue, Charlottenburg… die Industriereviere Spindlersfeld, Oberschöneweide, die Heeresbäckerei… die Hafen- und Schleusenanlagen, das Kraftwerk Ernst Reuter – das neue Regierungsviertel am Spreebogen mit seinen modernen Märchenschlössern und Promenaden, die Mündung in Spandau mit der Zitadelle. Vieles könnte noch genannt werden. Ja und die Faule Spree, Geheimtip des Schauspielers Hanns Zischler, ein Wasserbiotop zwischen Schleuse Jungfernheide und Mündung Spandau…

Ein Beispiel dafür, wie wenig die Spree im Bewusstsein der Berliner existiert, ist das Buch »Aufgetaucht« von der »Ex-Wasserratte«, der »Wasser-Lolita«, dem »Goldfisch« Franziska van Almsick. In der flott geschriebenen Biografie erzählt die Autorin viel von ihrem Sport und – das macht es besonders interessant – von ihrer Beziehung zum Wasser. »Ich schwimme mit dem Wasser, niemals dagegen. Ich nutze den Fluss und die Wasserverdrängung. Ich kann mich abdrücken vom Wasser, und ich kann es anfassen.« Doch auf keiner Seite, in keinem Satz, nicht mit einem Wort erwähnt die »Schwimmerin der Herzen« die Spree. Dabei hat dieser Fluss das Becken des Sportforums Berlin-Hohenschönhausen gefüllt, in dem Franziska van Almsick in fünfzehn Trainingsjahren 30.000 Schwimmkilometer zurückgelegt haben soll.

Er ist eine Legende und wahrscheinlich der Mann in Berlin, der den Namen Spree am häufigsten ausgesprochen hat. In vielen Titeln seiner populären Radio- und Fernsehsendungen verwendete der Journalist und Sportreporter Heinz Florian Oertel den Namen des Flusses, der für ihn Symbol und Heimat ist: »Spreequartett«, »Nach Berlin fließt noch immer die Spree«, »7 bis 10 – Sonntagmorgen in Spree-Athen« und »He, he, he – der Sport an der Spree«. In Cottbus an der Spree geboren, arbeitete er Jahrzehnte im Rundfunkhaus an der Nalepastraße in Berlin unmittelbar an der Spree. »Erst intuitiv, dann bewusst war ich stolz und zufrieden, dass mein Heimatort Cottbus sich durch die Spree mit Berlin verbinden ließ. Schwimmen, Paddeln, Schlittschuhlaufen, Eishockeyspielen – auf den Wiesen der überschwemmten und vereisten Spree – waren die Freuden meiner Kindheit«, verrät der um die Welt gereiste Sportunterhalter. Wenn der Radiomann das »r« zwischen »Sp« und den beiden »ee« rollend betont, wird aus dem Wort ein Fluss, beginnt der Name Spree zu fließen.

Auf der Weidendammer Brücke, da, wo Fontane sein Heiratsversprechen gab, ist in der Mitte des reich verzierten gußeisernen Geländers ein großes Wappen mit dem preußischen Adler angebracht. Einen »Song aus unseliger Zeit ...« nennt der Liedermacher Wolf Biermann seine »Ballade vom preußischen Ikarus«, zu der ihn das historisch bedeutsame Brückenensemble der Weidendammer Brücke angeregt hat. »Da, wo die Friedrichstraße sacht den Schritt über das Wasser macht...«. Die Spree ist vergleichsweise wenig angedichtet worden. Es gibt volkstümliche Texte, Schlager, Gassenhauer, auch in

der modernen Popmusik kommt sie vor, mit »Dickes B an der Spree« ist der Gruppe »Seeed« ein echter Hit gelungen, doch noch fehlt die wahre Spreehymne für Lady Spree.

Als Kulisse, Thema, Inspiration sind Berlin und die Spree im Film gut vertreten. »Kuhle Wampe« am Müggelsee, »Die Legende von Paul und Paula« in der Rummelsburger Bucht, die Spreewaldgurke in »Goodbye Lenin«.

In dem »besonders wertvollen« Buch »Die Stadt im Kino« von Guntram Vogt zeigt sich das gleiche Phänomen wie bei Franziska van Almsick. Obwohl in dem Buch viele Berlinfilme besprochen werden, wird der Spree wenig Aufmerksamkeit geschenkt, als Stichwort kommt sie nicht vor. Filmhistoriker Guntram Vogt lebt am Fluss Laber, aber er meint: »Die Laber weiß das nicht.«

1702 ließ Friedrich I. die erste Schiffslinie, den ersten Fahrgastbetrieb zwischen dem Hof in Berlin und Schloss Charlottenburg, später bis Spandau erweitert, einrichten. Täglich zweimal verkehrte eine Treschute, eine Barke nach holländischem Vorbild, auf der »allwo stets Kompanie und Spielleut anzutreffen waren«.

Viele Berlintouristen suchen in der alten Preußenstadt nach Spuren aus dem Dritten Reich und der Zeit des Kalten Krieges – sehr beliebt bei ihnen sind Dampferfahrten auf der Spree.

Auf einer »Tour« in Schottland kam Theodor Fontane 1859 der Gedanke, sich als »Tourist« die eigene Heimat zu erobern. »Sieh, das Gute liegt ganz nah«, notierte er. Dieses Motto gilt.

»Kinder- und Jugend- spartakiade.« Jörg Hoffmann und Franziska von Almsick, Berlin, Juli 1989

Gespräch mit Professor Laurenz Demps

Ihre erste Erinnerung an die Spree?
Am Reichstag bin ich mit meinem Vater in der Spree baden gegangen – 1947/48. Dort gab es eine Tunnelanlage, vom Krieg übriggeblieben, die später zugeschüttet wurde. Es sah wüst aus, aber da es überall wüst aussah, nahm ich das nicht besonders zur Kenntnis. Heute bin ich erschrocken, wenn ich diese Bilder sehe, damals war es normal. In den Jahren danach wurde noch jede Menge Kriegsmaterial aus dem Trümmergelände herausgeholt. Das sind meine ersten Erinnerungen an die Spree.

Seit wann gibt es Aufzeichnungen über die Spree?
Im »Gau Slowani« lebten die Heveller und die Spreewaner. Aus der Slawenzeit, vor dem 12. Jahrhundert, gibt es keine Schriftlichkeit – wie ich das so gerne nenne. Wir wissen nicht, in welcher Sprache sich diese Menschen ausdrückten; dank archäologischer Ausgrabungen können wir ihre materiellen Hinterlassenschaften untersuchen und interpretieren – Artefakte, Überreste.
Ab dem 12. Jahrhundert finden sich dünne Berichte, in diesem wasserreichen Gebiet war der Fluss etwas Normales – Verkehrsweg, ein Nutzgegenstand, über den man nicht redet und der sich selbst nicht zu Wort melden kann.

Berlin ist ein Zufallsprodukt der Verkehrsgeschichte. Seine Anfänge liegen in der Entwicklung des Handels im 12./13. Jahrhundert. Die heutigen Städte entstanden als Unterbrechungspunkte an den Handelsstraßen, als Raststätten für den Verkehr und als Tauschplätze. Maßstab war dabei nicht der Mensch, sondern das Pferd. Es musste alle vier bis fünf Stunden getränkt werden, brauchte eine Ruhepause – mußte über Nacht sicher eingestellt sein. Heute denken wir in schnelleren Kategorien.
Handelsstraßen wurden systematisch angelegt, sie erschlossen Gebiete, die oft militärstrategisch nicht wichtig waren. Die Ursprünge von Berlin liegen zwischen der Spandauer und der Köpenicker Burg, fernab von beiden. Im Verkehrsnetz bot die Lage von Berlin besonders günstige Voraussetzungen für die Verteilerfunktion eines Handelsplatzes. Die künstlich angelegte Handelsstraße kreuzte sich mit dem natürlichen Transportweg Spree, der

»An der Fischerbrücke«, im Hintergrund der Mühlendamm, 1855

über Havel und Elbe die Verbindung zur Nordsee ermöglichte.

Woher kommt der Name Berlin?
Es gibt alle möglichen Theorien … aus dem Slawischen, aus dem Litauischen, aber keine eindeutige Antwort. Eigentlich heißt die Stadt »Tu dem Berlin«, also »Zu dem Berlin«.
Wir haben Seen, die Berlin heißen. In Halle haben wir den Großen und den Kleinen Berlin. Ich bin der Meinung, Berlin ist die Bezeichnung für einen Platz, einen Ort, der sicher ist, der in einer Sumpf- und Waldlandschaft festeren Baugrund garantiert. Das ist meine Theorie.

Der Mühlendamm ist die Urzelle von Berlin – ursprünglich eine Furt durch die Spree, eine schmale Stelle zur Überwindung des Verkehrshindernisses Fluss. Dort wurde ein Damm errichtet, lange Zeit die einzige Verbindung zwischen Berlin und Cölln. Wer den Mühlendamm kontrollierte, hatte die Macht in der Stadt. Vor dem Mühlendamm staute sich ein großes Wasserbecken auf, Anlaufpunkt für den auf Berlin zukommenden Handel aus dem Süden. Schiffe mit weiterentfernten Zielorten umfuhren die Stadt auf dem östlichen Spreearm. Den Druck des durch den Damm gestauten Wassers nutzte man als Antrieb für Mühlen unterschiedlichster Art, z.B. Korn-, Gerber-, Tabaksmühlen … Der Mühlendamm entwickelte sich zum ersten und für lange Zeit wichtigsten Standort gewerblicher Produktion in Berlin. Ich nehme an, der Mühlendamm entstand um 1200. Aber das wissen wir nicht, alles, was die Frühgeschichte der Stadt betrifft, ist bei dem Stadtbrand 1380 verloren gegangen.

Beim Umbau des Dammes 1936 wurde versäumt, die 10. 000 Baumstämme, die man aus dem Wasser gezogen hatte, dendrologisch zu untersuchen. Durch den Vergleich der Jahresringe der damals zum Dammbau gefällten Bäume hätte man Anhaltspunkte zur Erforschung seiner Entstehungsgeschichte gewinnen können.

Worauf bezieht sich der Name Schiffbauerdamm?

Nach dem Dreißigjährigen Krieg suchte man ein Modell für den Wiederaufbau des Landes. Der Große Kurfürst Friedrich Wilhelm hatte in Holland studiert und dort das erfolgreichste Modell dieser Zeit kennen gelernt. Er versuchte es zu übertragen: den Sklavenhandel, den Schiffs-

Handelszentrum im Netz europäischer Wasserstraßen, zum Herzen Europas.

Auch die Anfänge der Gewerbeentwicklung vollzogen sich am Wasser – am Mühlendamm und später an der Panke, die am Schiffbauerdamm in die Spree mündet. Die Erfindung der Dampfmaschine machte die Gewerbestandorte unabhängig von Wasser oder Wind. Damit verlor die Spree für die industrielle Entwicklung an Bedeutung. Als Möglichkeit für Anlieferung und Abtransport in die Ferne blieb der Fluss jedoch wichtig. Die Eisenbahn machte dem Schiffsverkehr zwar Konkurrenz, doch mit der Kohle gewann das Wasser wieder Bedeutung zurück. Ihr Transport mit der Eisenbahn war zu teuer, also wurden die Wasserstraßen ausgebaut. Bei der Kohle, die aus Oberschlesien oder dem Ruhrgebiet kam, spielten Termingeschäfte keine so große Rolle – ob sie morgen oder übermorgen ankam, das war nicht das Ent-

bau und den Ausbau der inneren Kommunikation durch den Bau von Kanälen – Wasserstraßen als Verbindungswege.

Es gelang, in Berlin eine Werft aufzubauen. Ein Holländer, Herr Pekelharing, errichtete eine Schiffsbauanstalt in der Dorotheenstraße, da, wo sich heute das Bundespresseamt befindet. Es gelang hochseetüchtige Schiffe zu bauen, doch bei Niedrigwasser war es schwierig, sie über Spree, Havel und Elbe zum Meer zu bringen. Oft mussten die Schiffe wochenlang in Berlin liegen bleiben. Deshalb gingen die hier angesiedelten holländischen Schiffsbauer dazu über, Lastschiffe für den Binnenverkehr zu bauen. Berlin entwickelte sich zum

scheidende. Massengüter zur Versorgung der großen Stadt wurden auf dem ruhigen Wasser transportiert.

Kam der Spree aus militärischer Sicht Bedeutung zu?

Wasserstraßen spielten stets eine wesentliche Rolle bei der Truppenversorgung. Eine mögliche Ursache für das Scheitern von Napoleons Russlandfeldzug war der niedrige Wasserstand in den Kanälen und Flüssen Mitteleuropas, insbesondere in Preußen im Jahre 1812. Der Transport des Nachschubs auf dem Wasserweg stockte und das große Heer musste auf dem Vormarsch nach Moskau mehr als einmal pausieren.

Militärstrategisch war die Spree durch ihre Einbindung in das märkische Wasserstraßennetz für die materielle und

Kupfergraben, rechts: »Neuer Packhof«, links: Das Magnus'sche Haus

Lastschiff auf der Spree mit Kolonialmuseum und Lehrter Bahnhof, 1910

*Gesprengte
Mühlendamm-
brücke,
31. Juli 1945*

technische Versorgung von Truppen wichtig, aber nicht entscheidend. Die Eisenbahn funktionierte wesentlich schneller und pünktlicher. Moltke ließ ein Drittel des Truppenkörpers mit der Eisenbahn aufs Schlachtfeld fahren, der Zug kam pünktlich an und die Soldaten konnten formiert aus den Eisenbahnenwaggons in die Schlacht eingreifen. Für zielgerichteten Truppentransport ist auf Wasserstraßen die Abhängigkeit vom Wasserstand viel zu groß.

In der Schlacht um Berlin am Ende des Zweiten Weltkriegs bildeten die Spree und die Dämme der S-Bahn große Hindernisse. Wenn Sie sich ansehen, wie zerschossen die Pergola um die Staatlichen Museen ist, erkennen Sie, was es für heftige Kämpfe im Bereich der kanalisierten Spree gegeben hat.

Gehen Sie oft an die Spree?

In der Innenstadt bin ich mit der Spree ständig konfrontiert, ich laufe herüber oder an ihr entlang. Wenn ich ein wenig Muße habe, spaziere ich den Spreeweg entlang, zwischen Rathausstraße und Karl-Liebknecht-Straße. Manchmal setze ich mich auf eine Bank und sehe sogar die Touristen mit freundlichen Augen an, obwohl ich sie sonst nicht mag – aber auf dem Wasser stören sie mich nicht.

Ist dort Ihr Lieblingsort?

Nikolaus Lenau hat gesagt: »Das Bett ist die Urheimat aller Kulturmenschen.« Ich habe sehr viel Kultur. (lacht) Nein, einen Lieblingsort habe ich eigentlich nicht. Ich bin neugierig und guck in jede Baugrube hinein, das finde ich am spannendsten, aber nach einer Weile ist die Grube ja wieder verschwunden.

Was bedeutet für Sie »Fortschritt«?

Gestern habe ich über diese Frage meditiert. In meiner Kindheit mussten wir die Kohle für die Heizung aus dem Keller holen. Heute drehe ich die Heizung morgens auf und abends ab.

Fortschritt ist immer Luxus, man kann schnell zurückgeworfen werden. Gerade die Kriegsgeneration weiß das. Man kann einen Wasserhahn haben, aber kein Wasser, einen zerschossenen Ofen, aber kein Holz. Brüchig ist der Fortschritt, doch die Fortschrittsgläubigkeit verbreitet. Die Triebfedern des Fortschritts sind Neugier und Faulheit. Je mehr Menschen sich an einem Ort zusammenballen, um so modernere Formen muss man für die Organisation des Zusammenlebens finden. Daraus erwachsen politische Fragen.

Anstatt Berlin zu modernisieren, lässt Friedrich Wilhelm IV. Kirchen bauen. Tief deprimiert über die großen Wohnmaschinen und riesenhaften Fabriken, die er vorgefunden hat, kommt Schinkel von einer Reise aus England zurück. Er ahnt, dass diese Entwicklung auch in Berlin unvermeidlich sein wird und sucht nach besseren Konzepten. Ein Beispiel ist der Luisenstädtische Kanal: nicht nur als Verkehrsweg, sondern zur Durchlüftung der Stadt gebaut. Im europäischen Vergleich zählt Berlin zu den modernsten und hygienischsten Städten.

Wie sehen Sie die zunehmende Vermarktung des Wassers?

Alles, was mit der Grundversorgung des Menschen zusammenhängt, sollte nicht privatisiert werden – und Wasser gehört zur Grundversorgung des Menschen. Es zu privatisieren, halte ich für eine zweischneidige Sache. Eine Theorie besagt, dass Kriege der Zukunft nicht um Macht und Einfluss, sondern um Wasser geführt werden.

SIE MERKEN, ICH GERATE INS SCHWÄRMEN
Gespräch mit Dr. Gotthard Erler

Ihre erste Erinnerung an die Spree?

1951 hatte ich gerade das Abitur gemacht. Wir jungen Leute wurden geschlossen zu den Weltfestspielen nach Berlin gekarrt und in einer Schule in Treptow untergebracht. Dort muss meine erste Begegnung mit dem Fluss stattgefunden haben – die Erlebnisse in einer so großen, weitgehend noch vom Krieg lädierten Stadt überwältigten mich. Berlin war eine offene Stadt. Wir hatten zwar strenge Auflagen, um Gottes Willen nicht in die Westsektoren zu gehen, dass hielt uns aber nicht ab. Am wenigsten interessierte uns das Jugendtreffen. Es gab Ärger. Uns konnte aber nichts mehr passieren, wir hatten das Abitur längst in der Tasche. Die Weitläufigkeit dieser Stadt beeindruckte mich ungeheuer! Mit der S-Bahn sind wir gefahren – hin und her. Mir imponierte, dass man immer wieder an Gewässer kam, Flussläufe, Kanäle, Seen. Spät habe ich schwimmen gelernt. Ich bin auf dem Dorf groß geworden, dort gab es weit und breit kein Wasser. Mein Vater bewirtschaftete nebenher das Gut eines Onkels, der sich noch in Kriegsgefangenschaft befand. Im Sommer arbeitete ich in der Landwirtschaft. Ich war hoch spezialisiert und kann Gott sei Dank heute noch mit der Sense umgehen. Ich mähte ein großes Getreidefeld an und fuhr dann mit der von zwei Zossen gezogenen Mähmaschine darüber. Es blieb keine Zeit, die 15 Kilometer zum nächsten Freibad zurückzulegen. Als ich schon verheiratet war und wir bereits eine Tochter hatten, redete mir meine Frau gut zu, es mit dem Schwimmen zu probieren.

Und Ihre erste Erinnerung an Fontane?

Ich sehe ein zerfleddertes kleines Exemplar von »Schach von Wuthenow« vor mir, das wir zu Hause gehabt haben. Wie es dahin gekommen ist – in den Nachkriegswirren mitgebracht von einem Flüchtling – weiß ich nicht. Das Buch fiel mir bereits vor dem Abitur in die Hände. Noch heute lese ich dieses kleine Büchlein mit roten Ohren und bin jedes Mal wieder überrascht, was ich alles neu entdecke.

Welche Bedeutung hat die Spree im Werk Fontanes?

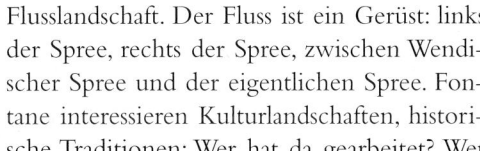

»Wanderungen durch die Mark- Spreeland« fällt mir ein. Uralte Kulturansiedlungen, Konzentrationen, alles, was um den Fluss herum entstanden ist: Strukturen in der Flusslandschaft. Der Fluss ist ein Gerüst: links der Spree, rechts der Spree, zwischen Wendischer Spree und der eigentlichen Spree. Fontane interessieren Kulturlandschaften, historische Traditionen: Wer hat da gearbeitet? Wer hat da gewohnt? – mehr als das bloße Gebilde Fluss. Andererseits hat Fontane in Berlin ganz in der Nähe der Spree gelebt – Potsdamer Straße. Auf seinen Spaziergängen begegnete er ihr immer. Und mich wundert eigentlich, dass er nicht mehr über die gute Spree geschrieben hat. Klopft man wiederum die Romane daraufhin ab, taucht der Fluss häufig als strukturbildendes Element der Handlung auf.

Die schönste Beschreibung der Spree finden wir wahrscheinlich im Roman »Der Stechlin«.

In dem Kapitel »Nach dem Eierhäuschen« beschreibt er einen Ausflug von der Jannowitzbrücke nach Treptow durch die damals noch nicht so zersiedelte und industrialisierte Uferlandschaft. Alles wundervoll nachvollziehbar. Diese Ausflugsfahrt auf der Spree ist voller Anspielungen auf die Romantik des Flusses mit seinen kleinen Inseln, die man Liebesinseln nennt. Die Halbkreise der Stadtbahnbögen, die der Dampfer passiert, stellt Fontane als Lunetten dar, durch die man in die Landschaften hineingucken kann. Er schafft kleine Fokusse, konzentriert den Blick. Es ist zauberhaft. Sie merken, ich gerate ins Schwärmen.

Das Eierhäuschen gibt es noch heute, leider heruntergekommen, ein altes Backsteingebäude.

Zu der Zeit, als wir im Baumschulenweg lebten, war es noch ein richtiges Ausflugslokal. Man konnte Kaffee trinken, Kuchen essen – oder eine Bockwurst. Bei Fontane spaziert die Ausflugsgesellschaft an der Spree entlang und blickt in Richtung Spindlersfelde – benannt nach dem einflussreichen Wäscherei- und Färbereibesitzer Spindler. Der alte Spindler spielte auch im Stadtrat von Berlin eine große Rolle und erreichte gemeinsam mit Rudolf Virchow soziale Verbesserungen. Das alles wird im »Stechlin« beiläufig erörtert. Liebevoll erläutert Fontane die Gepflogenheiten einer Landpartie, was man dabei isst und trinkt. Während er beschreibt, wie's da so mit dem Dampfer langsam rausgeht, konterkariert der Dichter die Handlungsführung mit einer Szene, die den Kutscher des Grafen Barby in einem Gespräch über die Themse und London zeigt. Natürlich geschieht das mit Absicht.

Die Spree kommt auch in einem relativ frühen Roman Fontanes vor. In »L'Adultera, die Ehebrecherin«, knistert es auf einem Ausflug zur Halbinsel Stralau, damals noch Stralow genannt. Für Melanie Van der Straaten und ihren Mann, den reichen Bankier Van der Straaten, gibt es historische Vorbilder. Beim Spielen auf den Wiesen an der Spree beginnt die Dreiecksgeschichte sich zu bewegen. Die Beteiligten fahren mit kleinen Kähnen von Stralau nach Treptow und warten dort auf den Dampfer, der sie zurückbringen wird. Bei diesem Übersetzmanöver passiert es. Die Liebesgeschichte zwischen Melanie von der Straaten und dem jungen Mann beginnt. Ich stelle mir vor, das könnte auf der Höhe des Spreetunnels gewesen sein. Der gute Fontane erzählt romantisch, gefühlvoll, fast sentimental. Er hatte schon was mit der Spree, sonst hätte er das nicht auf dem Fluss stattfinden lassen.

Es gibt noch einen dritten Roman, in dem die Spree eine Rolle spielt, und zwar »Frau Jenny Treibel«. Der alte Treibel wohnt mit seiner Familie in der Köpenicker Straße. Das Villengrundstück zieht sich bis zum Fluss hinunter.

Einer der Söhne, Leopold, der kleine Dummlack, ist etwas schwächlich. Der Arzt hat ihm das Reiten verordnet. Und Leopold reitet, wenn das Wetter einigermaßen zuträglich ist, morgens von der Köpenicker Straße bis nach Treptow. Im »Restaurant am Spreeufer« hat er ein Abkommen mit dem Kellner. Leopolds Mutter hat dort angeordnet, was der Sohnemann zu trinken hat: nämlich Milch. Doch der Kellner erfüllt Leopolds Wunsch nach Kaffee. Liebevoll schildert Fontane, wie so eine Gartenwirtschaft funktioniert. Was mich – ich bin verkrachter Ornithologe – besonders anregt, ist die Tatsache, dass Fontane die Spatzen, die frechen Berliner Spatzen beschreibt, die immer darauf warten, dass sie was kriegen, aber auch auf den Tisch kommen, so wie man das heu-

te Unter den Linden und überall noch erlebt. Die sind kess und niedlich – also auch das an der Spree.

Eine Stelle in »Frau Jenny Treibel« halte ich für besonders schön gelungen. Nach einer Party in der Villa Treibel bringt Marcel Wedderkopp Corina Schmidt, seine zukünftige Ehefrau, nach Hause. Sie stehen an der Spree bei der Fischerbrücke, die es heute nicht mehr gibt, und gucken zum Singuhr-Turm der Parochialkirche, der mit holländischen Glocken »Üb immer Treu und Redlichkeit« spielt. Im Hintergrund spukt: Wem bin ich treu, wen mag ich – auch erotisch? Eine poetische und symbolträchtige Stelle, Nebel liegt über der Spree.

In »Spreeland« gibt es ein Kapitel: An Bord der »Sphinx«. Eine Bootsexpedition von Köpenick über die Wendische Spree, die eigentlich Dahme heißt, nach Teupitz – über eine prächtige Seenfläche, die durch einen dünnen Wasserfaden verbunden ist. Start ist am Frauentog, am Köpenicker Schloss. Bemerkenswert finde ich in diesem Kapitel die eingefügte Geschichte vom »Fischer von Kahniswall« am Seddinsee. Das Gewässersystem der Spree ist an dieser Stelle so verzweigt wie Fontanes Erzählungen mit ihrer reichhaltigen, malerisch poetischen Sprache.

Hat er die Spree in Gedichten bedacht?

Eines meiner Lieblingsgedichte ist ein ganz frühes, es heißt »Berliner Republikaner«. Mal sehen, ob's klappt:

> Berliner Republikaner
> Der Apfel fällt nicht weit vom Stamm.
> Berliner Jungen scharten sich
> Vor ein'ger Zeit allabendlich
> Nicht weit vom Kupfergraben
> Und schrieen gottserbärmlich:
> »Wir brauchen keenen Kenig nich,
> Wir wollen keenen haben.«
> Da plötzlich packt ein Fußgendarm
> Nicht eben allzu zart am Arm
> Den allergrößten Jungen
> Und spricht: »He, Bursch, juckt dir das Fell?
> Du Tausendsappermentsrebell
> Was hast du da gesungen?«
> Doch der Berliner comme-il-faut
> Erwidert: »Hab' Er sich nicht so,
> Un laß Er sich bejraben!«
> Wozu denn jleich so ängstiglich?
> Wir brauchen keenen Kenig nich,
> Weil wir all eenen haben.«

Niedlich … 1842, Vormärz-Zeit. Es war zu politisch, revolutionär, keine Berliner Zeitung hat es Fontane abgenommen. Er hat es in Leipzig veröffentlicht, an der Plei-
ße, da ging so was.

Als Fontane »Auf der Kuppe der Müggelberge« dichte-
te, hatte er ein berühmtes Gemälde von Karl Blechen
vor Augen: »Semnonenlager am Müggelsee«. Über Blechen und das Bild hat er mehrfach geschrieben. Die
Semnonen waren ein westgermanischer Volksstamm, der
in der Völkerwanderung nach Westen ausgewandert ist.
Am Schluss heißt es:

> So ziehen sie südwärts mit Kiepen und Kobern,
> Von der Müggel aus die Welt zu erobern.

Was hatte ich denn noch? Na klar: »Land Gosen«. Es bezieht sich auf die biblische Geschichte bei Moses, Land
Gosen meint aber Berlin:

> »Oft hör' ich: Unsre gute Stadt
> Augenscheinlich eine Verheißung hat,
> Der Himmel, der uns hegt und pflegt,
> Hat uns alles wie vor die Tür gelegt.
>
> Und gesorgt vor allem auch (und nicht schlecht)
> Schon für unser kommendes Geschlecht. –
> *Des* sind uns Gewähr unsere lieben, strammen
> Und fast unmöglichen Spreewaldsammen.«

Was Romantisch-Poetisches fällt mir noch ein, eine Stelle in der Autobiographie »Von Zwanzig bis Dreißig«, seine frühen Jahre bei Onkel August in der Burgstraße gegenüber vom »Grünen Hut«, dem ältesten Stück vom
alten Schloss. Das war architektonisch die interessanteste
Ecke im alten Berlin – ist alles weg.

In seinen Erinnerungen schwärmt Theodor Fontane:
»An Sonnabenden lagen wir im Fenster und sahen die
Spree hinauf und hinunter. Es war mitunter ganz feen-
haft. In dem leisen Abendnebel stieg links hinten das
Standbild des Großen Kurfürsten auf und dahinter das
Schleusenwerk des Mühlendamms. Gegenüber aber lag
das Schloss mit seinem grünen Hut … während sich in
der Spree selbst endlose Lichter spiegelten.«

*In Ihrem Buch »Das Herz bleibt immer jung« verraten Sie,
dass sich Fontane mit Emilie, seiner zukünftigen Frau, auf der
Weidendammer Brücke verlobt hat.*

Auf der Brücke oder am Spreeufer muss es geschehen
sein. Ich habe das rekonstruiert. Emilie wohnte in der
Oranienburger Straße gegenüber vom Posthof und Theodor arbeitete in der Polnischen Apotheke in der Frie-

*Weidendammer
Brücke, 1889*

*Mühlengraben,
1880*

drichstraße. Sie müssen den Weg über die Brücke gegangen sein, oder er hat sich's gut ausgedacht, wenn es nicht wirklich so gewesen ist.

Sind Sie Fontanes Spuren nach Beeskow gefolgt?
Beeskow ist ein ganz berührendes kleines Ackerstädtchen. Der dortige Kulturbund hat mich mehrfach zu Vorträgen eingeladen. Das habe ich gern gemacht.

Was mich seit langem und bevor ich an eine Emilie-Biografie dachte, an Beeskow bindet und was ich ganz beharrlich verfolge, ist der Wiederaufbau der zerstörten Marienkirche. Vor einem halben Jahr haben wir zum ersten Mal den wiedererrichteten Turm gesehen. Dann die olle Burg, die auch Fontane immer bewegt hat. Diese Festung an der Spree sicherte den uralten Handelsweg von Leipzig in die baltischen Staaten. Zu DDR-Zeiten diente sie als biologisches Heimatmuseum.

Emilie wurde in Beeskow gezeugt, das Ergebnis einer leidenschaftlichen Abschiedsnacht. Sie wuchs nicht bei ihrer Mutter in Beeskow auf, sondern war von dieser zur Adoption freigegeben worden. Später renkte sich die Beziehung zwischen Mutter und Tochter wieder ein. Von Emilies Großvater findet sich in der Stadt ein Grabstein, auf dem steht: »Seine Enkelin war die Gattin des märkischen Dichters Fontane.« In seinen »Wanderungs«-Notizbüchern bemerkt Fontane: »Beeskow ist nicht so schlimm, als es klingt.«

Aus Fontanes »Spreeland« möchte ich Ihnen etwas vorlesen: »Der Ruf einer alten Firma hat etwas Langlebiges und Unverwüstliches, er sei nun gut oder schlecht. Die österreichische Landwehr könnte noch so rasch marschieren, sie hieße doch ›langsam voran‹. Diese Unverwüstlichkeit eines Renommées hat auch unsere arme Spree zur Genüge an sich erfahren müssen. Vergeblich fließt sie in blauer Stattlichkeit am Stralauer Kirchturm vorüber, vergeblich reiht sie – ähnlich wie ihre glücklichere Schwester, die Havel – See um See an ihrem Bande auf, sie bleibt was sie war, ein Gegenstand des Spottes, und wenige deutsche Dichter, vor und nach Rückert, hat es gegeben, die nicht schwach genug gewesen wären, an der ohnehin gedrückten Existenz der Armen ihr Mütchen zu kühlen. Sie hat oft die Streiche auffangen müssen, die dem Berlinertum galten, und Berlin, wie sich von selbst versteht, hat ihr's nicht gedankt. Unter ihren Spöttern und Verächtern steht der Spree-Athener oben an. (Vielleicht, dass er in sich ginge, wenn er sich entschließen könnte, öfter zu ›den Quellen und der Jugend seines Stromes‹ emporzusteigen. Eine Reise in den Spreewald, das ist's, was wir mei-

nen. Ein einziger Sommertag genügt, um alte Vorurteile zu beseitigen.« – Fontanes Worte gelten noch für heute. Haben Sie seine Spreeland-Tour nachvollzogen?
Im Spreewald bin ich oft gewesen, sehr gerne habe ich ausländische Gäste, auch Gäste des Verlags hingeführt. Durch die Fontaneforschung bin ich ein ziemlich bunter Hund in der Welt geworden. Ich durfte auch reisen. Nach England, Frankreich, Italien, in die Schweiz durfte der Nicht-Genosse fahren – Reisegeld bekam er nicht. Ausländische Freunde halfen mir – ich habe Glück gehabt mit Fontane und verdanke ihm viel.

»Tunnel über der Spree«, was war das für ein Verein?
Der »Tunnel über der Spree« war das Gegenstück zum Tunnel unter der Themse. Herr Spitzer, flotter Journalist und Literat aus Wien, hatte die witzige Idee, diese Berliner Literarische Gesellschaft so zu benennen. Ein gewisser Spott liegt darin, einen Tunnel, der unten sein müsste, nach oben zu verlegen.

Ein geistiger Tunnel?
Es handelte sich um eine langlebige und stinklangweilige Einrichtung, der Fontane immerhin über zehn Jahre angehörte. Wöchentlich traf man sich an unterschiedlichen Orten, in verschiedenen von Tabaksqualm durchzogenen Cafés … Eine Versammlung von begabten Dilettanten, die ganz gut reimen konnten, auch Erzählungen schrieben – lauter »Werdende«. Dass echte Dichter dabei waren, sieht man an Fontane. Die Standesunterschiede in der Gruppe reichten vom Bäckermeister über Schauspieler, Arzt und Offizier bis zum Grafen. Um das Ganze auf eine pseudo-demokratische Grundlage zu stellen, erhielt jeder Teilnehmer einen neuen Namen, einen »Nom de guerre«, als Necknamen. Es gab einen Lessing, einen Eichendorff. Fontane hieß Lafontaine. Damit hatte man einen Umgangscodex gefunden, der eine gewisse Gleichstellung aller Beteiligten ermöglichte. Die Gefahr, einem Herrn Grafen oder Herrn Baron auf den Fuß zu treten, war gebannt.

Es gab Tabus und Rituale. Politik hatte draußen zu bleiben. Seine Vormärz-Gedichte wie die »Berliner Republikaner«, politische Texte, die ihm am Herzen lagen, konnte Fontane im »Tunnel über der Spree« nicht vortragen. Gelegentlich unterlief er die strengen Regeln. Eine große Rolle spielte für ihn, seine Werke – wie das Epos »Die schöne Rosamunde« – einem Publikum vorzustellen – ein Forum zu haben. Die kleinen Texte, die vorgelesen und beurteilt wurden, hießen Späne. Alle Anmerkungen wurden in Protokollen festgehalten, die man heute in der Universitätsbibliothek studieren kann.

Jedes Jahr wechselte der Präsident der Versammlung, »das angebetete Haupt«. Sein Zepter war ein übermannshoher Stab, auf dessen oberem Ende eine vergoldete Eule thronte. Schutzpatron des Tunnels war Till Eulenspiegel. Der Präsident lud ein, trug die Verantwortung. Auch Fontane hatte eine Zeitlang diese Position inne. Es war ein bunter Haufen. Immerhin ging Fontane als berühmter Dichter hervor aus diesem »Tunnel über der Spree«.

Wie erleben Sie die Spree heute?

Wir wohnen in Müggelheim am Ostabhang der Müggelberge, zwischen Müggelspree und Dahme, der Wendischen Spree. Aus praktischen Gründen, wegen des kürzeren Weges, gehen wir zum Baden zur Dahme. Die Wasserqualität ist ausgezeichnet. Gegenüber DDR-Zeiten, wo alles Mögliche eingeleitet worden ist, hat sie sich wesentlich verbessert. Wir erleben die Wendische Spree als einen lebendigen, sehr angenehmen Fluss. Es ist wirklich eine Freude, dort zu leben.

Mich interessiert auch das Angeln. Ich schaue geduldig den Anglern zu, die gelegentlich einen armen Fisch herausholen. Obwohl ich gerne Fisch esse, würde ich sie lieber schwimmen lassen. Sie sind schmackhaft, Zander, Aal grün. Der Fluss transportiert nicht nur das Wasser, in dem man baden kann, er ist auch Lebensraum.

Als verkrachter Ornithologe gucke ich nach den Vögeln. Ich erzähle Ihnen mein größtes Erlebnis. Vor zwei Jahren spazieren wir vom Wald runter zur Dahme. Plötzlich ein merkwürdiges Geräusch, ein Ruf – Adlerruf. Ich gucke hoch. Tatsächlich – zwei Seeadler am Himmel. Fischadler kenne ich, Seeadler hatte ich noch nie gesehen, kannte sie vom Flugbild her aus Bestimmungsbüchern. Zwei Meter fünfzig Spannweite, die Flügel wie ein Brett. Aus dem Brutversuch auf den Gosener Wiesen ist leider nichts geworden.

Baumbestand in Wassernähe zieht Vögel an. Als wir noch im Baumschulenweg wohnten, liefen wir oft zum »Zenner«. Im Spätherbst ist dort ein Krähenruheplatz, Tausende von Krähen kommen von den Feldern in die Stadt, um auf den Bäumen zu übernachten. Wir fühlten uns an Hitchcock erinnert – gespenstisch.

Zurück zum Wanderer durch die Mark Brandenburg, Theodor Fontane, und einer anderen wichtigen Persönlichkeit seiner Zeit – dem Landschaftsgestalter und Reiseschriftsteller Fürst Pückler. Sind diese beiden sich jemals begegnet?

Fontane hat sich mit Pückler beschäftigt, persönlich begegnet ist er ihm nicht. Pückler war Fontane durch dessen abenteuerliche Geschichten bekannt. An den »Briefen eines Verstorbenen«, Pücklers England-Irland-Berichten, hat Fontane sich orientiert und in gewisser Weise gerieben. Ein schönes Kompliment macht Fontane Pückler und seiner Frau Emilie. 1870 weilt diese mit ihrer Tochter in London und schreibt ihrem Mann hinreißende Briefe. Der ist begeistert und vergleicht ihre lebendigen Schilderungen der Großstadt mit Fürst Pücklers Briefen. Der Pückler ist eine hochinteressante Figur – auch politisch. Ich kenne mich mit dem Fürsten relativ gut aus, weil meine Frau über ihn gearbeitet hat.

Am Eingang zum Muskauer Schlosspark war zu DDR-Zeiten eine Bronzetafel angebracht. Auf der war oben viel frei, unten stand der Name des Gärtners. Pückler selber kam nicht vor. Wozu brauchten wir Fürsten?

In einem Vortrag brach meine Frau eine Lanze für Pückler und widerlegte die simple These, die da lautete: Der alte Pückler hat die Bauern hier ausgebeutet und alles auf Reisen und mit mehreren Frauen verprasst. Meine Frau verwies ganz sachlich auf die Anlagen in Branitz und Muskau, in die der Fürst investiert hat – die heute Weltkulturerbe sind. Heftiger Kontrahent meiner Frau war der damalige Bürgermeister von Muskau, ein Herr Sauer. Auf dem Höhepunkt der Auseinandersetzung ereignete sich Folgendes: Die Saaltür geht auf, eine Kellnerin tritt ein und ruft laut: »Ist hier ein Herr Sauer?« Und er war sauer, der gute Herr Sauer. Fürst Pückler war wirklich ein toller Hecht.

Wie kam es dazu, dass Sie Ihr Leben Fontane gewidmet haben? Oder hat Fontane sein Leben in Ihre Hände gelegt?

Ich bin ein Mensch, der Glück gehabt hat im Leben. Der gute Fontane hatte völlig Recht, wenn er mit zunehmender Intensität darauf beharrte: Im Leben ist alles Glück und Gnade, weniger eigenes Verdienst.

Nach meiner frühen Begegnung mit »Schach von Wuthenow« studierte ich in Leipzig, es war die Hochzeit der Germanistik, der Geisteswissenschaften, 1951 bis 1955, mit Hermann August Korff, Hans Mayer, Ernst Bloch. Mit einem Referat über Schiller fiel ich dem alten Hermann August Korff auf. Er hatte ein vierbändiges Werk über den Geist der Goethe-Zeit verfasst und ließ Staatsexamensarbeiten nur im zeitlichen Rahmen dieses Geistes zu. Das war etwas bedrücklich für uns Studenten. Nach dem Referat kam er zu mir und fragte: »Hätten Sie

Lust, bei mir Hilfsassistent zu sein?« Wer errötete bis auf die Knochen? Ich sagte: »Na selbstverständlich, Herr Professor.« Das brachte mir 180 Mark Stipendium zusätzlich ein, und was ich damals noch nicht ahnte: Es bedeutete für mich die Grenzüberschreitung vom Geist der Goethe-Zeit.

Als Korff mich nach dem Thema für meine Staatsexamensarbeit fragte, wagte ich zu sagen: »Ich würde gerne was über Fontane machen.« – »Ja, sehr gerne, interessanter Autor, schreiben Sie.« Korff hat Fontane sicher gar nicht gut gekannt, unterstelle ich ihm heute noch.

Voller Glücksgefühl begann ich mich umzusehen und siehe da, gerade erschien bei Quelle & Meier in Heidelberg ein neues Buch: »Theodor Fontane – Briefe an Georg Friedlaender«. Damals war es schwer, an Westpublikationen heranzukommen. Über x-Sondergenehmigungen kriegte ich das Buch leihweise durch die Deutsche Bücherei. Jetzt hatte ich alles, um etwas ganz Neues über den alten Fontane zu schreiben. Mit der Veröffentlichung dieser Briefe Fontanes an Georg Friedlaender wurde das angestoßen, was später die Fontane-Renaissance genannte wurde: Eine völlige Neubewertung Fontanes, die ihn als kritischen Autor würdigte.

Mein Glück setzte sich fort. Ich wollte zum Fernsehen, aber in Adlershof klappte es nicht. Stattdessen arbeitete ich für den Mitteldeutschen Rundfunk in Leipzig – im schönen alten Funkhaus in der Springerstraße, besprach Picasso-Ausstellungen, Ballettaufführungen und machte Literaturkritik. Eine spannende Tätigkeit. In Berlin, wo meine zukünftige Frau arbeitete, traf ich – ein weiterer glücklicher Umstand – meinen alten Deutschlehrer wieder. Dieser war inzwischen über die Arbeiter- und Bauernfakultät beim Aufbau-Verlag gelandet.

Es war das Jahr '56, die Stasi und Ulbricht hatten zugeschlagen, Walter Janka und Wolfgang Harich verhaftet. Der Verlag, ziemlich am Boden, suchte nach neuen Mitarbeitern und neuen Programmen. »Haben Sie nicht Lust, für uns zu arbeiten?«, fragte mein alter Deutschlehrer. So bin ich in den Verlag gekommen.

Zum 150. Geburtstag Fontanes plante der Aufbau-Verlag eine eigene Werkausgabe. Nebenher arbeiteten wir immerzu daran und brachten 1969 die erste achtbändige Ausgabe der Romane und Erzählungen heraus. Nach und nach wurde ich mit dem Werk Fontanes immer vertrauter. Die Hauptwerke von »Vor dem Sturm«, »Über Effi Briest« bis zum »Stechlin« hatte ich für mich reservieren lassen. Als ich daran ging, »Mathilde Möhring«, diesen nachgelassenen Roman, für eine neue Ausgabe vorzubereiten, stieß ich auf merkwürdige Formulierungen des ersten Herausgebers. Er habe stilistische Nachbesserungen vornehmen müssen. Fontane stilistisch zu verbessern ist ziemlich unverfroren, ich fing an, nach der Handschrift zu fahnden.

Nach vielen vergeblichen Versuchen kam mir schließlich die Erleuchtung. Ich rief in der Staatsbibliothek Unter den Linden an, und Frau Dr. Winter sagte: »Ja, die haben wir.« Zum ersten Mal hielt ich das Manuskript von »Mathilde Möhring« in der Hand. Es waren sieben Kapitel, von Fontane wohlgeordnet, mit Regieanweisungen zur Verbesserung und Veränderung versehen.

In den siebziger Jahren bereitete ich die vollständige Ausgabe der »Wanderungen« vor. Das war mühsam wegen politischer Vorurteile der damaligen Behörden, die – völlig unbeleckt von allen Kenntnissen – davon ausgingen, Fontane wäre ein Preußensänger gewesen, hätte die märkischen Adligen verherrlicht. Was musste ich nicht alles erörtern und beschreiben, um die Behörden zu überzeugen, dass man das vollständig drucken konnte, ohne der DDR Schaden zuzufügen.

Die erste Ausgabe 1862 hieß »Wanderungen in der Mark« – ohne nähere Bezeichnung. Am Schluss zeigte sich, es werden vier Bände und der vierte Band ist »Spreeland«.

Wie haben Sie die Wende erlebt?

Den Begriff Wende betrachte ich mit Skepsis. Der Fall der Mauer ist ein klarer Vorgang. Wir haben beides verschlafen, Bau und Abriss der Mauer. Wir wohnten nah am Grenzübergang Sonnenallee. Am 13. August 1961, einem Sonntag, wachten wir auf, ich zog den Vorhang auf und sagte zu meiner Frau: »Du, da ist was passiert.« Alles war dicht, der Grenzübergang Sonnenallee-Baumschulenstraße abgeriegelt. Nachmittags fuhren wir ins »Café Dorsch« am Scharmützelsee. Der Kellner begrüßte uns mit dem unvergesslichen Satz: »Na, haben Sie och den letzten Zug verpasst?«

ICH FAHR' AUF MEINEM STOLZEN KAHN
Gespräch mit Jan George

Ein Jahr ist er alt, als seine Eltern, Heinrich George und Berta Drews, mit den Dreharbeiten zu dem Film »Schleppzug M17« beginnen. Nach langer Zeit sieht Jan George den Film im Zeughauskino an der Spree wieder und ist beeindruckt von der dokumentarischen Authentizität. »Schleppzug M17«, auf dem Wasser in und um Berlin gedreht, präsentiert ein Familiendrama, eine Milieustudie aus dem Leben der Zillenschiffer. Der Film erzählt die Geschichte von Kapitän Henner Classen und seiner Familie, die mit ihrem Kahn am Kai zu Füßen des Berliner Doms festgemacht haben und dort mit dem morbiden Leben der Großstadt konfrontiert werden. »Die Stadt, der Alkohol, die Weiber« – das Motto des Films weist auf das daraus entstehende Elend hin. Der kraftstrotzende, von einer fernen Welt träumende Bootsführer verliebt sich in eine Schönheit aus der Unterwelt und erliegt ihren erotischen Reizen. Für kurze Zeit stürzt er sich mit seiner neuen Liebe ins pulsierende Nachtleben der Stadt – um am Ende doch zu seiner Familie zurückzufinden.

»Als mein Vater Ende der zwanziger Jahre in Kohlhasenbrück lebte, hatte er ein großes Motorboot mit Kajüte«, erzählt Jan George, Heinrich Georges ältester Sohn. »Bei seinen Bootsfahrten auf den Gewässern in und um Berlin begegnete er ständig diesen großen Schifferkähnen und da ist bei ihm der Wunsch entstanden, selbst einmal so einen Schlepperkapitän zu spielen.« Schon während der Dreharbeiten zu »Schleppzug M17« kommt es zu ernsthaften Schwierigkeiten. Georges Geschäftspartner stellen sich als kriminelle Spekulanten und Schieber heraus und die Herstellung der Films scheint in Frage gestellt. George übernimmt die Regie und steckt eigenes Geld in die Produktion. Trotzdem zieht sich die Fertigstellung des Films in die Länge. Als der Film 1933 schließlich in die Kinos kommen sollte, hatten die Nationalsozialisten Macht und Kon-

Berta Drews und Heinrich George mit ihrem Sohn Jan und dem Freund Otto Dix, 1931

Standbild aus dem Film »Schleppzug M17«, 1932

Aus heutiger Sicht besteht der besondere Wert des Films vor allem in den unersetzbaren Aufnahmen von Berlin und Umgebung vor dem Krieg, ungewöhnlich dabei die Perspektive des Films – der Blick aus einem Spree-Kahn auf die Stadt.

Der Film wird als die einzige Regiearbeit von Heinrich George ausgegeben. Nachforschungen des Filmhistorikers Ulrich Kurowski haben ergeben, dass die Leistung von Werner Hochbaum, der von George zeitweise als Co-Regisseur angeheuert wurde, jedoch nicht im Vorspann erwähnt wird, sehr zum Gelingen des Films beiträgt. Hochbaum arbeitete in seinen Filmen vor allem mit dokumentarischen Mitteln. In »Schleppzug M17« sehen wir die Schifferfamilie Classen zweimal durch Berlin spazieren, einmal verfolgt von der »Dirne«, die gern an die Stelle von Frau Classen treten möchte – und zum Schluss des Films, als die wieder glücklich vereinte Familie vom Dom durch den Lustgarten, Unter den Linden entlang zum Potsdamer Platz durch die pulsierende Stadt schlendert. Diese Aufnahmen wurden spontan, teilweise mit der Handkamera und ohne große Absperrungen gedreht.

Spree am Bahnhof Friedrichstrasse

trolle im Land übernommen, bestimmten, was gut und schlecht war.

Die Filmkritik ist gespalten. Die »Lichtbildbühne« begrüßt »Schleppzug M17« als »deutschen Film« und lobt das »wundervoll, einheitliche Bildwerk, in dem reiche epische und lyrische Passagen einander ergänzen; viele, viele Menschen aus Fleisch und Blut, Menschen mit Trieben und Leidenschaften, Menschen, in denen das Gute und Böse gären, werden in ihm lebendig…« Doch die »Berliner Zeitung« kritisiert: »Der Beifall, der ihn rief, möge Heinrich George nicht täuschen: er hat sich hier zugleich in seiner Aufgabe übernommen und sich selbst künstlerisch unterschätzt. Die Regie, die er führt, ist typische Hauptdarsteller-Regie: Narzißmus. Ein einziges Heinrich-George-Album.« Allgemein vermisst die Kritik Klarheit in der Dramaturgie, spricht von einem »Kolportage-Gemälde«, einer »Episode von gestern« – doch die schauspielerische Leistung von George – dem Publikumsliebling der Deutschen – wird mit Beifall bedacht. Von der Filmprüfstelle erhält der Film nicht die erhoffte »künstlerische« Anerkennung – und wird an den Kinokassen kein Erfolg.

Standfoto auf der Schloßbrücke

Bild Seite 151: Standfoto vor dem Dom

Ulrich Kurowski schreibt: »In ›Schleppzug M17‹ zeigt George seine beste filmdarstellerische Leistung. Wenn er mit Berta Drews im Lustgarten spazierengeht, hat er sogar Charme, eine Leistung des ›Dokumentaristen‹ Hochbaum – weil George nicht immer wußte, ob er gerade gefilmt wurde. Deswegen jedes Fehlen von Repräsentation und Ausdruck.«

Jan George, nach seiner ersten Erinnerung an die Spree befragt, antwortet: »Wie man unschwer an meinem Dia-

lekt hören kann – ich bin mit Spreewasser getauft.« Das stimmt nur zum Teil – 1931 wurde der kleine Jan mit Wasser aus der Havel, genauer aus dem kleinen Wannsee getauft. Hier stoßen wir auf eine Ungerechtigkeit der Geschichte. Ab da, wo die Havel in Spandau in die Spree mündet, heißt die Spree Havel, obwohl sie zwei Drittel mehr Wasser in den neuen Fluss einbringt als der kleine Nebenfluss Havel. So wurde Jan George mit zwei Dritteln Spreewasser und einem Drittel Havelwasser getauft. Nach dem Krieg geht Jan George häufig am Berliner Dom, dem alten Drehort, mit seinem Fotoapparat auf Recherchetour für einen Bildband über das neue Leben in der Stadt. Die Museumsinsel, der alte Fischerkiez, Bahnhof Friedrichstraße sind einige seiner Motive. Ein alter Schleppkahn erinnert an den Film seines Vaters. »George hat den attraktiven Drehort am Dom bewusst gewählt. Er liebte Berlin – die Wasserstadt. Mir ist die Welt der Binnenschiffer fremd und doch ist sie heute nicht so sehr viel anders als damals. Wenn ich mit meinem Boot auf dem Wasser bin und die Kähne aus Polen und Holland ziehen an mir vorbei – hängt noch immer die Wäsche auf der Leine wie damals. Manche haben ein

Bild Seite 153:
Berta Drews
mit Jan und
Götz George
vor dem Fami-
lienporträt von
Max Beckmann

kleines Auto dabei – das gab's damals noch nicht. Ich grüße den Kapitän, das finde ich schön.«

Im Film »Schleppzug M17« duscht Heinrich George seinen Filmsohn liebevoll mit der Gießkanne und putzt sich die Zähne mit Spreewasser, das damals vermutlich noch Trinkwasserqualität hatte. »Ja, es gab Krebse im Fluss, die haben mich gebissen. Aber solche Badeszenen habe ich mit meinem Vater nicht erlebt«, berichtet Jan George über seine Kindheit. »Götz und ich sind mit Kindermädchen und Angestellten aufgewachsen. Das

Familienleben war auf das Sonntägliche begrenzt. Häufig war unser Vater auf Tourneen und Lesungen, hatte Drehverpflichtungen.«

Auf der Fahrt von »Schleppzug M17« nach Berlin vorbei an den Symbolen wachsender Industrie, Fabriken, Schloten, Hochspannungsmasten, Brücken, singt Kapitän George mit kräftiger Stimme das Lied vom glücklichen Schifferleben: »Ich fahr auf meinem stolzen Kahn dahin, mit gutem Strom und einem frohen Sinn. Das Schifferleben ist so schön, man kriegt dabei die ganze Welt zu sehen. Bald bin ich hier und morgen dort und abends bin ich sicher nicht an Bord. Ein strammes Mädchen und ein steifer Grog, was braucht ein blauer Schifferrock? So lang ich draußen bin, zieht es mich nach Hause hin, ob Süd, ob Nord, ob West, ob Ost – Nordwest, zu Hause bleibt es doch am best …«

»Er sang nicht wohltönend«, kommentiert Jan George, »er sang, wie eben ein Schiffer singt. In all seinen Rollen wollte er authentisch sein. Wenn er Wallenstein war, war er Wallenstein, als Schiffer war er ganz der Schiffer. Das ist das Geheimnis seines Erfolges – er lebte seine Rollen.«

Ein Jahr nachdem »Schleppzug M17« abgedreht ist, kommen die Nationalsozialisten an die Macht und beginnen sofort auch im »Filmwesen aufzuräumen«. Die »Arisierung« wird konsequent durchgesetzt und in »deutschen Filmen« spielen fortan nur noch »deutsche Darsteller«. Viele verlassen das Land: Fritz Lang, Erich Engel, Ludwig Berger. – Der größte Teil bleibt: Emil Jannings, Werner Krauss, Paul Wegener, Gustaf Gründgens, Heinz Rühmann, Hans Albers und Heinrich George. Die Filmproduktionsfirmen stellen sich auf die Lage ein und begrüßen, wie Henny Porten in einem Interview, »die neue Zeit mit ihrem tiefen vaterländischen Bewußtsein und dem harten Willen, das wieder gutzumachen, was in den vergangenen Tagen gesündigt wurde: nämlich die Pflege des nationalen Gedankens.«

Mit der Produktion des Streifens »Hitlerjunge Quex – Ein Film vom Opfergeist der deutschen Jugend« zeigt die Ufa schnell Profil. Nach Bekanntgabe des Vorhabens äußert sich der »Film-Kurier« lobend über den »von echtem, nationalsozialistischem Geist getragenen Stoff«. Heinrich George und Berta Drews spielen, wie in »Schleppzug M17«, ein Elternpaar – hier im proletarischen Milieu –, dessen Sohn nicht zur kommunistischen »Internationalen« will, sondern den es zur »Fahne« der Hitlerjugend zieht. Der Film »Hitlerjunge Quex«, einer der ersten Propagandaspielfilme des »Dritten Reiches« ist eine »raffinierte Reaktion auf den sozialistischen Stadt-Film, ist in gewisser Weise das ideologisch umgedrehte Remake von ... ›Kuhle Wampe‹. Dessen Alternativ-Titel ›Wem gehört die Welt?‹ beantwortet Steinhoffs Hitlerjunge-Film mit der Gleichsetzung von ›Stadt‹ (Berlin), ›Provinz‹ und ›Deutschland‹ und der Unterstellung dieses Raumes unter das Motto des ›gemeinsamen Kampfes‹«, schreibt Guntram Vogt in »Die Stadt im Kino«.

Der Film zeigt keine Bilder von der Spree, aber der Fluss bildet als Identifikationssymbol Dreh- und Angelpunkt der entscheidenden Dialoge. Sohn Heini ist verletzt, liegt im Krankenhaus. Wie in einem Western kommt es zum ideologischen Showdown zwischen Vater, Sohn und dem Gruppenführer der Hitlerjugend – auf einer weißen Bank im Park des Krankenhauses:

»G: Der Arzt sagt, du kannst bald wieder raus.

S: Wo soll ich denn hin?

V: Och – Frage! Zu deinem Vater natürlich, wo du hingehörst.

G: Das eben ist die Frage. Wo denn gehört der Junge hin? (…)

V: (…) Wo ich hinjehöre, da jehört auch der Jung hin. (…)

G: Zu Ihren Klassengenossen, zur Internationalen woll'n Se sagen?

V: Jawoll, zur Internationalen.

G: Wo sind Sie denn geboren?

V: Na, in Berlin.

G: Wo liegt'n das?

V: Pff! – An'ne *Spree!*

G: An der Spree, jawoll . Aber wo? In welchem Land …?

V: Nu Mensch – in Deutschland natürlich!

G: In Deutschland – jawoll – in unserem Deutschland. – Das überlegen Sie sich mal!«

Wenig später trifft der Vater seinen proletarischen Freund in der Kneipe beim Bier und übernimmt im Gespräch die Argumentation des jungen Nationalsozialisten.

Der Film mit dem Prädikat »besonders wertvoll« wird ein enormer, auch finanzieller Erfolg für die Ufa – im neuen Deutschland. Zur Premiere im festlich geschmückten München kommt Adolf Hitler persönlich und mit ihm die lokale Parteiprominenz. Auch aus dem Ausland, mit den »großen Maschinen der Lufthansa«, kommen die Vertreter der Weltpresse in den »mit den Farben des Reiches« festlich geschmückten 2000 Plätze fassenden »Phöbus-Palast«. Heinrich George und Berta Drews sind nicht dabei. Doch die Deutschen sehen im Film ihren Helden George und werden »nachdenklich« … Wenn er sich so für die »Bewegung« engagiert, vielleicht sollten wir dann auch mitmachen?

Jan George sieht den Film »als junger Pimpf« etwa 1941 im Lichtspielhaus »Lumina« in Berlin-Schlachtensee, während einer der vielen Sonntagsmatinees, die zu dieser Zeit für die deutsche Jugend obligatorisch sind. In den ersten fünf Monaten sehen den Film eine Million Zuschauer in Deutschland. »Ich fand den Film spannend. Ein historischer Rückblick auf die Klassenkämpfe vor der Machtübernahme der Nazis. Der Film beruht auf einer wahren Begebenheit. Der Pimpf Herbert Norkus wurde am 25. Januar 1932 beim Verteilen von Flugblättern überfallen und durch Messerstiche getötet. Nördlich der Gotzkowsky-Brücke, die über die Spree führt, beginnt der Beusselkiez, im Volksmund »Beusselmoskau« genannt. Die bürgerlichen Blätter verurteilten einstimmig die Tat, der ›Vorwärts‹ titelte ›Hinterhältige Mordtat der Kommunisten in Moabit‹. Im ›Berliner Lokalanzeiger‹ hieß es ›Gymnasiast in Moabit von Kommunisten ermordet‹. Die ›Roten‹ leugneten die Tat. ›Die Nazis haben geschossen‹, hieß es in der ›Roten Fahne‹ vom 26. Januar 1932.

Die Zeit im ›Jungvolk« hat mich nie begeistert. An einem Zeltlager, wie es im Film gezeigt wird, habe ich nie teilgenommen. Die Eltern haben dafür Verständnis gehabt und mir eine Entschuldigung ausgestellt. Fehlen war eigentlich nicht erlaubt und konnte mit Jugendhaft bestraft werden.

In den Ferien war unsere Familie immer an der Nordsee, auf Sylt, und später an der Ostsee, in Sohrenbohm, einem kleinen Ort bei Kolberg – das ist heute polnisch. Auf Sylt wurde es voll – zu viel Prominenz. George liebte im Urlaub die Ruhe. 1943 hat uns der Vater wegen der Bombenangriffe nicht mehr mit nach Berlin zurückgenommen, sondern aufs sichere Land nach Schönberg in Mecklenburg geschickt. Zuerst mit der Mutter, später war ein Kindermädchen bei uns. In Berlin war schon das Ende angesagt, die Innenstadt schwer zerbombt – das Schillertheater, das Vater leitete, abgebrannt. Auch in Schönberg musste ich zu den Pimpfen. Ich hatte dazu noch immer keine Lust, beim Marschieren und Singen habe ich die ganz schön aus dem Tritt gebracht. Im Gleichschritt unter der Fahne zu marschieren, war nichts für mich.«

Im Krieg hat Jan George seinen Vater noch auf der Bühne erlebt, bevor dieser 1946 in russischer Haft im Speziallager, dem ehemaligen KZ Oranienburg, starb.

»Im Alter rückt man näher an die Eltern heran«, sagt Jan George, der das »George-Archiv« verwaltet. Nach der Wende wurden verschiedene Projekte über den Vater realisiert, Fernseh- und Hörspiele, mehrere Biografien. Die Familie konnte erstmals die Unterlagen aus den russischen Archiven einsehen, forschte nach dem Grab und ließ Heinrich George umbetten.

Im Elternhaus hängen während der gesamten Nazizeit alle Gemälde, die Heinrich George gesammelt hat, viele von »entarteten Malern« wie Max Beckmann und Otto Dix.

Himmelslust – »ein Ort, an dem ich zu Hause bin. Hier bin ich angekommen, werde getröstet. Es gibt keine Tränen mehr, nur noch Wonne – Freude, Lust, Fröhlichkeit, Genuss – das Gefühl, hier bin ich geborgen – all das ist für mich Himmelslust«, schwärmt die Jazzsängerin Sarah Kaiser. Das Wort Himmelslust stammt aus dem Wortschatz von Paul Gerhardt, dem protestantischen Liederfürsten. 1607 in Gräfenhainichen, Sachsen geboren, verbrachte er neben Aufenthalten in Wittenberg und Mittenwalde die längste Zeit seines Lebens in der Nähe der Spree. Er predigte in der Nikolaikirche, ganz in der Nähe des Mühlendamms, des Geburtsortes von Berlin, und starb neunundsechzigjährig in Lübben, Spreewald. Dort erinnert eine lebensgroße Bronzestatue an ihn – offener Mantel, ausgebreitete Hände, in der Linken eine Bibel, zu seinen Füßen ein Bund Ähren und eine Kanone. Sein Leben bestimmten die Lehren des Reformators Martin Luther und der Dreißigjährige Krieg; Krankheit, Hunger und Tod standen sein Glaube an Gott und seine tiefe Naturverbundenheit gegenüber – »güldene Sonne voll Freud und Wonne«.

»Ich erinnere mich an die Spree in Spandau zu meiner Teenagerzeit. Auf dem Weg nach Pichelsdorf zu Schulfreunden sah ich den Fluss vom Bus aus. Im Tiergarten, an der schwangeren Auster, dem Haus der Kulturen der Welt, ging ich zu Jazz- und Weltmusik-Konzerten, machten wir Spaziergänge oder saßen am Ufer der Spree«, erinnert sich Sarah Kaiser an den Fluss ihrer Heimatstadt. »Zum Stadtpanorama gehört die Spree, sie war immer ein Teil von meinem Berlin.«

Jazzgesang hat Sarah Kaiser in London, USA und Berlin studiert. Auf ihrer ersten CD, »Gast auf Erden«, singt sie Lieder von Paul Gerhardt, neu – jazzig arrangiert. »Nachdem ich länger in England und den USA gewesen war, nahm ich Berlin bewusster wahr. Ich habe gelernt, die Spree zu schätzen. In diesem Sommer habe ich das erste Mal eine Spreefahrt gemacht – die kleine Tour durch das Regierungsviertel. Es war spannend, Berlin von der Spree aus zu sehen. Die alten und neuen Orte – Kanzleramt, Museumsinsel, die Strandbars. Das viele Grün, viel Wasser, ein schöner Fluss. Freunde von mir

wohnen an der Rummelsburger Bucht, in einem neuen Wohnprojekt für Familien direkt am Wasser – mit Blick auf die Insel Stralau.«

An der Hochschule für Musik Hanns-Eisler, in einem Projekt mit Christian Steyer, entdeckte Sarah Kaiser ihre Liebe zu Paul Gerhardts Texten – im Jazzchor wurden alte deutsche Weihnachtslieder geprobt. Bei dem Lied »Ich steh an Deiner Krippen hier…« wurde sie hellhörig – stöberte bald im eigenen Gesangbuch und stieß dabei auf Paul Gerhardts »Gib dich zufrieden«. Fand eigene Töne dafür. Und wann immer sie dieses Lied nun bei ihren Konzerten singt, lassen sich die Zuhörer verzaubern, spüren die Botschaft des Dichters. »Paul Gerhardt war ein gläubiger Christ. Seine intensive Beziehung zu Gott drückt sich in seinen Liedern aus. Darin finde ich mich wieder, es ist meine Situation, mein Leben. Er schrieb sehr persönlich, hin zum Ich und Du. Du Gott! Du meine Seele! Befiehl Du meine Wege … Groß war seine Hoffnung auf das Leben nach dem Tod. Umgeben von Krieg und Not lebte er voller Zuversicht und Vertrauen. Er war Prediger, seine Lieder sind kleine Predigten.«

Wenn Sarah Kaiser über Paul Gerhardt spricht, ist in ihren Augen die freudige, entschiedene, selbstbewusste

Zitadelle Spandau

Sarah Kaiser: Paul Gerhardt singen   155

Die St. Nicolai Kirche welche über 400 Jahr gestanden

Nicolai-Kirche, Berlin, 1740

Klarheit zu spüren, die sich in ihrer Stimme wiederfindet, wenn sie seine Lieder singt. Himmelssaal, »das ist wie leuchtend blauer Samt«. Sie ist fasziniert von Paul Gerhardts Bildsprache und seinem poetischen Realismus. »Er sah das Leben mit dem Auge Gottes, sterblich und ewig, voller Schönheit und Tragik. Er hat seine Welt beobachtet – besonders die Natur. Er diente und lobpries.« Paul Gerhardt spricht »dichterisch kunstfertig« in der Sprache seiner Zeit und ist gleichzeitig zeitlos, modern, aktuell, »unauffällig gegenwärtig«. Sein Weltruhm basiert auf einem schmalen Werk von 138 deutschen Liedern und Gedichten, dreißig davon zieren das aktuelle evangelische Gesangbuch, gehören seit 350 Jahren zu den »Top-Ten« der Kirchenmusik. Johann Sebastian Bach vertonte diese Verse zu Kantaten und Oratorien, das »Weihnachtsoratorium«, die »Matthäuspassion« – neben Grimms Märchen gehören Paul Gerhardts Texte zu den bekanntesten in Deutschland. »Es bedarf einiger Phantasie, um sich das Berlin der Gerhardt-Zeit vorzustellen«, schreibt der Musikwissenschafter, Theologe und Hymnenforscher Christian Bunners in seinem Buch »Auf Paul Gerhardts Spuren«. »Der Ort war eine Doppelstadt.

Glasfenster in der Paul-Gerhardt-Kirche zu Lübben

Westlich der Spree, also auf der Seite, wo der Berliner Dom steht, lag Cölln mit dem kurfürstlichen Schloß, die heutige Straße ›Unter den Linden‹ war noch eine unbebaute Allee, die aus der Stadt herausführte. Berlin auf der Gegenseite erstreckte sich etwa in dem Bereich zwischen Spree und heutigem Alexanderplatz. Nikolaikirche und Marienkirche sind heute fast die einzigen auffallenden baulichen Reste aus früheren Jahrtausenden, wobei Turmgestaltungen und Innenausstattungen der Kirchen weithin den Jahrhunderten nach Gerhardts Zeit zuzuordnen sind. Als Gerhardt (vom Studium aus Wittenberge) nach Berlin kam, glich die Doppelstadt noch mehr einem Landstädtchen. Mit dem kurfürstlichen Hof und seinem adligen Umfeld, den verschieden gestaffelten bürgerlichen Schichten sowie Armen und Bettlern war die Bevölkerung freilich vielfältig zusammengesetzt. Die Folgen des Dreißigjährigen Kriegs waren überall hart zu spüren … Kein Wunder, daß in dieser schwierigen Zeit die Trostlieder Gerhardts… starke Resonanz fanden.«

Trost bei Paul Gerhardt fand auch Theodor Fontane, der während des Deutsch-Französischen Kriegs 1870/71 als preußischer Kriegsberichterstatter arbeitete. Er war als Spion verhaftet worden und musste um sein Leben fürchten. »Befiehl du deine Wege«, eines der bekanntesten Gerhardt-Lieder aus dem Jahr 1653, bewertete Fontane höher als Schillers Ode »An die Freude«.

Sarah Kaiser ist zweimal getauft. »Mit vierzehn, weil mein Vater es gerne wollte – es gab Geschenke, und ich wollte getauft in mein Austauschjahr in die frommen USA gehen. Wahrscheinlich wurde ich mit Wasser aus dem Hahn getauft – Spreewasser. Mit zwanzig auf eigenen Wunsch, mit dem Wissen, was dahinter steckt – in einem kleinen See in der Nähe von Mittenwalde.«

Durch ihre Aufenthalte in England und den USA kennt sie die Geschichte und Lebendigkeit des Jazz und Gospel und singt die Klassiker, als ob sie Teil ihrer eigenen Biographie wären. Sie dichtet in englischer und deutscher Sprache, komponiert eigene Stücke, erzählt Lebensgeschichten, berichtet wie Paul Gerhardt von Lebenswahrheiten – versteht sich wie dieser als »Gast auf Erden«.

*Die Museumsinsel wird umspült von der Spree. Was ist Ihre er-
ste Erinnerung an den Fluss?*

Meine erste Begegnung mit der Museumsinsel, diesem
verwunschenen Eiland, fand vor dem Fall der Mauer
statt. 1986 reiste ich auf den Spuren von Franz Marc von
München nach Berlin. Ich hatte Fotos jener wunderba-
ren Postkarten von Franz Marc an Else Lasker-Schüler
dabei, die in der Nationalgalerie auf der Museumsinsel
verwahrt wurden, und war nun bemüht, diese als Leih-
gaben für München zu erhalten. In Berlin traf ich einen
Kollegen, der die Wege kannte, die in solch einem Fall
zu begehen waren. Er führte mich vom Bahnhof Friedrichstraße hinter dem Gorki-Theater vorbei, wo wie in
einem russischen Bühnenbild alle Straßenbahnen in einem kleinen Birkenwäldchen aufgereiht stille standen.
Da bewegt sich nichts mehr, dachte ich … und plötzlich
tauchte jenseits des Flusses die Akropolis der Museumsinsel wie Atlantis auf. Verwittert, unendlich grau, unendlich erhaben – wie aus einer anderen Zeit. Eine magi-
sche Erscheinung – als Staatliche Museen Ost doppelt
entrückt.

Den Fall der Mauer habe ich auf einer Taxifahrt in Göttingen erlebt. Diesen Moment kennzeichnet das berühmte Wort »Wahnsinn«. Am nächsten Tag sind wir
durchs Brandenburger Tor gelaufen, um die Museumsinsel zu sehen, wie sie da im Fluss liegt. Es gibt hinreißende Ansichten – ganz vom Wasser bestimmt. Wenn ich die
Nationalgalerie vom Monbijoupark aus sehe, wie sie
sich als aufgesockelter Tempel über die Kolonnaden erhebt, erscheint sie mir wie die Kommandobrücke eines
Schiffes.

In meinem abwechslungsreichen Berufsleben, das mich
von Hamburg über Nürnberg nach München und
schließlich nach Berlin geführt hat, bewohnte ich einmal
für vier Monate ein Zimmer im Plattenbau des Hum-
boldtgästehauses in der Ziegelstraße an der Spree und

schaute von dort auf die Rundungen des Bode-Mu-
seums. Mein Blick auf dieses höchst ästhetische Gebilde,
in dem Wilhelm von Bode seinen Traum von der
Synästhesie aller Künste verwirklicht hat, weckte in mir
stets die Erinnerung an Thomas Manns 1902 erschiene-
ne Novelle »Tod in Venedig«. Das Bode-Museum scheint

*Spree mit
Friedrichbrücke,
1906*

auf dem Wasser zu schwimmen mit seinen herrlichen
hoch aufgerichteten steinernen Brückenkandelabern –
das ist wie Venedig. Wenn man vom Leben genug hat,
zieht man sich auf die Insel zurück, ein Leben der Schönheit im Ambiente der Kunst. Bode wollte eine ästhetische Gegenwelt zum Kaiserreich schaffen – frei von
Zwängen und Nützlichkeiten. Das Wasser diente als Medium der Verzauberung und der Entrückung – man lebt
in einer anderen Geschwindigkeit. Im Inselgewand verkörpert sich eine andere Welt.

Wie prägt die Insellage die Museumskultur?

Wenn ich von Unter den Linden auf den Schinkelbau
des Alten Museums zugehe und dahinter die Alte Nationalgalerie erblicke, fühle ich mich wie auf dem Fest-
land. Dass ich auf einer Insel bin, merke ich erst, wenn
ich meinen Horizont weite und über die Gehwege hin-
ausschaue und überall, links wie rechts, Wasser sehe. Sol-

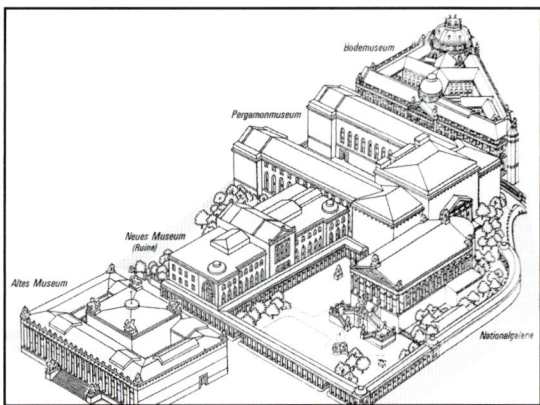

*Bode Museum
Postkarte,
um 1911*

*Pfahlgründung
des Südflügels
des Pergamon-
museums,
1912*

*Die Berliner
Museumsinsel,
Perspektivische
Darstellung,
1985*

che Destabilisierung beeinflusst den Besucher sicherlich. Wenn er durch die Kolonnaden vor der Alten National-galerie am Wasser entlangläuft, erkennt er das Besondere dieses Bereichs. Auch dessen Inbesitznahme durch das Museumsinselfestival trägt dazu bei. Plötzlich ahnen Sie den speziellen Zauber. Kommen Sie am späten Abend von der Monbijou-Seite über die Friedrichbrücke an dem Saxophonspieler vorbei, spüren Sie, dass Sie ein Ei-land betreten, wo Sie die Zwecke und das bloß Nützli-che hinter sich lassen.

Wieviel Prozent Ihrer Tätigkeit verbringen Sie auf der Insel?
Das addiert sich. Die Alte Nationalgalerie war einst so etwas wie mein Stammhaus. Von 1992 bis 1997 war ich dort Direktor. Meine spontane Zuwendung zu Ihrem

Vorhaben begründet sich durch die spezielle Wasserer-fahrung mit der Spree an diesem einstigen Arbeitsplatz. Mein Büro befand sich in den Kolonnaden, am Kopf-bau, wo die Fenster bis zum Boden reichen. Ich hatte das Gefühl, die großen Kähne führen mir über den Schreib-tisch. Sie kamen in einer Linie und mussten einen Dreh machen. Hätten sie den nicht gemacht, wären sie alle auf meinem Schreibtisch gelandet. Diese Nähe zu einem anderen Element, auf dem die Menschen ganz anders wohnen und arbeiten, diesen flüssigen Austausch von Gütern fand ich charmant. Aufregend die Schlepper mit dem unaussprechlichen Wort Wrozlaw am Heck, die vor meinem Schreibtisch den Schleppern mit der Ortsanga-be Hamburg begegneten.

Als Generaldirektor habe ich die gesamte Berliner Mu-seumslandschaft im Blick. Die Museumsinsel ist unser größtes Projekt, doch mit allen Museumsquartieren lie-gen wir am Wasser. Die Charlottenburger Museen be-finden sich an der Spree, die Neue Nationalgalerie liegt am Landwehrkanal, der Hamburger Bahnhof am Hum-boldthafen. Die ganze Stadt ist durchwässert. Unser Ziel ist, eine Wasserfahrt von Museum zu Museum zu orga-nisieren – bis nach Köpenick zu unserem gerade eröff-neten Kunstgewerbe-Schloss an der Spree. Ihre Lage am Wasser, das ist das Einzigartige an der Museumswelt in Berlin. Zu anderen Museen assoziiere ich selten Wasser. In Berlin ist es konstitutiv – das andere Element.

Sie sprechen von der Museumsinsel als Museumscollage, Sie be-nutzen die Begriffe Tempel, Schloss, Pantheon, Aula. Wie wäre es mit dem Zusatz Hafen – Kunsthafen?

Nationalgalerie mit Kolonnaden

Blick von der Friedrichbrücke auf die Neue Synagoge

Kupfergraben mit Zeughaus

Das ist nicht meine Assoziation, eher denke ich an eine Museumsanlegestelle. Wir sprechen sehr ernsthaft von einem Museumsschiff, das die Museen verbindet. Was mich zudem immer sehr verwundert hat, ist diese Nähe zwischen dem Kunstbezirk und den Schinkelschen Packhöfen am Kupfergraben. Mein Respekt gilt Schinkels pragmatischer Art: Der Bürger emanzipiert sich im Museum von seiner Obrigkeit, dem König, der im Schloss gegenüber wohnt, und geht auf der Insel auch seiner Tätigkeit als Kaufmann nach. Was in der Kunst ausgegeben wird, muss im wirklichen Leben erst mal verdient werden – so das Selbstverständnis des bürgerlichen Mäzens, der sein Geld im Handel und Wandel macht. Der erste Sammler der Nationalgalerie, Joachim Heinrich Wilhelm Wagener, war Spediteur, er hatte eine große Speditionsfirma und ein Bankgeschäft. Dieser Handelsgeist Berlins hat auf der Museumsinsel lange angehalten. Bis zum Bau des Pergamonmuseums gab es immer noch Packhöfe, und das Haus des Generaldirektors vor dem Neuen Museum war bis zu seiner Zerstörung im Zweiten Weltkrieg das einstige Haus des ehemaligen Packhofvorstehers. Sie sehen in der Museumsinsel eine Visitenkarte für Deutschland, präsentieren dort Kultur aus 6000 Jahren. Ich zitiere: »Wer die Museumsinsel betritt, betritt eine Welt in einem anderen Zeitmaß.«

Die Spree existiert seit 15.000 Jahren. Was bedeutet für Sie Zeit?

Auf der Museumsinsel sind Sie der Zeit enthoben. Wie eine Arche Noah, eine große Barke, rettet sie die Dinge vor der Zerstörung und Zerstückelung, die die Zeit ihnen antut. Und wiederum, was bedeutet Zeit? In Berlin sind im Gegensatz zu Hamburg und München die Spuren und Wunden der Zeit sichtbar – Berlin ist wie ein einziges großes, offenes Geschichtsmuseum.

In München müssen Sie heute noch sichtbare Einschüsse aus dem Zweiten Weltkrieg suchen, alles ist dort geheilt, während auf der Rückseite des Pergamonmuseums unverändert halbe Säulen weggeschossen sind. Als Nonplusultra dieser Realität steht das Neue Museum als komplette Kriegsruine noch immer vor uns – die Archäologie der Archäologie. Gedacht war es als archäologisches Museum, das – so zeigt es der umlaufende Fries – die vor dem Untergang Pompejis geretteten Altertümer beherbergen sollte, und jetzt erinnert es selber an den Untergang Pompejis. Nirgendwo kann man besser über die Zeit meditieren als im Museum: Was bleibt im

Laufe der Zeit? Die Museumsinsel empfinde ich als einen Ort des Nachdenkens über Wandel und Dauer, sie schwebt über der Zeit. Die Museen wissen, mit uns wird man ewig. Museen und ihre Sammler versuchen, zu verewigen. Man könnte glauben, die Kunst überspringt die Zeit. Die ganze Anstrengung unserer Restaurierung dient diesem Ziel. Zugleich merkt man an der Hinfälligkeit auf der Museumsinsel, wie die Zeit zugreift. Wir versuchen die Insel behutsam an die Zeit zu adaptieren – mit Eingangsgebäuden, mit der neuen Infrastruktur. Wir versuchen sie mit eleganter Vernunft auszurüsten für und gegen die Wünsche der Zeit, um sie zukunftsfähig zu machen für die Fülle ihrer zukünftigen Besucher.

Der Generaldirektor rüstet auf. Wie ist das zu verstehen?

Begriffe wie »konkurrierende Besucherströme« hauen ins Kontor, jeder Kulturkritiker findet da treffliche Nahrung. Es ist aber nichts dagegen zu sagen, möglichst vielen Menschen einen angenehmen Aufenthalt auf der Museumsinsel zu ermöglichen. Sind es weniger, ist es auch okay. Die Menschen sollten sich nicht bedrängt fühlen. Wir stellen uns eine archäologische Promenade

Blick aus der Nationalgalerie auf die Spree

vor. Das ist kritisiert worden, weil es entweder zu gemächlich an einen Kurort erinnert oder allzu touristisch an das Durchschleusen endloser Besuchermassen. Beides ist falsch. Wir denken vielmehr weit eher an eine Passage durch die Zeiten, man schaut sich alles an, denkt darüber nach, wird zu nichts genötigt und hat doch bedeutende Eindrücke auf diesen Wegen zwischen dem Museumstempel inmitten der Zeugnisse der Vergangenheit oder auch unserer Gegenwart. Dieser Komfort des anschaulichen Nachdenkens beim Gehen, dieses angenehme Promenieren muss gut organisiert sein.

In den dreißiger Jahren waren die Berliner Museen zuweilen schlecht besucht. Der Archäologe Ludwig Curtius bemerkte dazu, man habe seine Garderobe in Schinkels Altem Museum abgegeben, dann die Museen trockenen Fußes durchquert, um seine Garderobe im Kaiser Friedrich Museum, dem heutigen Bode-Museum, wieder ausgehändigt zu bekommen. Sie sei ihm diskret nachgetragen worden, da außer ihm nur noch drei, vier andere Personen die Museen besucht hätten. Heute teilen Sie das Vergnügen mit vielen. Gerade weil die großen Museen international so florieren, ist es schwierig, auch für die Museumsinsel exakte Zukunftsprognosen anzugeben. Das Ausstellungsgeschäft ist oft irrational. Wir haben nicht gewusst, dass »MoMA in Berlin« so gut funktionieren würde. Es ist wie in der Landwirtschaft: Wenn Sie morgens auf dem Markt Ihr Gemüse anbieten, sind Sie es an einem Tag um elf Uhr los, am anderen Tag haben Sie um 18 Uhr immer noch den Feldsalat und er ist ihnen zerfallen. Sie wissen nicht, woran es liegt. Museen kann man nicht stromlinienförmig organisieren. Aber man kann fürsorglich zu ihnen sein und für ihre auskömmliche Zukunft vorsorgen.

Nichts gegen Ströme. Aus dem Zweistromland kommt das Ischtar-Tor an die Spree. Sie bezeichnen es als das größte Architekturpuzzle Berlins. Was empfinden Sie, wenn Sie es betrachten – durchschreiten?

Hochachtung vor der Leistung der Wissenschaftler der Staatlichen Museen, die diesen Komplex als eines ihrer Hauptwerke selbst gefunden und zusammengesetzt haben. Sie haben es durch archäologische Gelehrsamkeit und Kunstsinn neu geschaffen, nicht auf dem Kunstmarkt gekauft. Der Archäologe Robert Koldewey bereiste auf der Suche nach neuen Ausgrabungsorten Ende des 19. Jahrhunderts mit seinem deutschen Expeditionsteam den Orient. Er stolperte über einige glasierte Ziegelbrocken und dachte sich: Da ist noch mehr unter dem Sand verborgen. So war es auch. Und nun kommen wir zurück zum Wasser. Um Mineralien herauszuwaschen, wurden die 2.500 Jahre alten Fundstücke im Untergeschoss des Pergamonmuseums über lange Zeit gewässert. Wie ein Puzzle wurde der Prachtbau zusammengelegt, von den großen über die kleinen bis zu den ganz kleinen Bestandteilen. Hilfreich bei dieser Rekonstruktion war ein sogenanntes Versatzmarkensystem, nach dem die Babylonier alle Ziegel markiert hatten.

Ein weiteres legendäres Beispiel für die Wiedersichtbarmachung eines Kunstwerkes ist der Pergamon-Altar. Die Steine dieses einzigartigen Sakralbauwerkes waren bereits auf dem Weg in die Gipsmühle, in den Kalkofen, als sie entdeckt wurden. Sechs Jahre organisierten die Archäologen Carl Humann und Wilhelm Dörpfeld eine weitere Expedition, um den Relieffries auszugraben. Der Pergamon Altar wurde in gewisser Weise neu erfunden. Ich finde es großartig, dass die Staatlichen Museen als wissenschaftliche Einrichtungen diese Meisterwerke der Welt wieder geschenkt haben. Ohne die Berliner Museen

gäbe es den Pergamonaltar nicht mehr! Die Berliner Museumsinszenierungen der Archäologie schaffen einen faszinierenden Gesamteindruck.

In der Mischung seiner Materialien bildet auch das Bode-Museum ein einziges Bild. Seine reichen Sammlungen hatten es dem irischen Schriftsteller Samuel Beckett besonders angetan, als dieser ab Dezember 1936 fünf Wochen lang die Museumsinsel besuchte. Angeregt von Bodes mit orientalischen Teppichen eingerichteten Stilräumen der Renaissance, begann Beckett erstmals in Berlin neben der europäischen Kunst auch die außereuropäischen Sammlungen zu studieren. Auf der Museumsinsel wurde Beckett zum Flaneur zwischen den Künsten der unterschiedlichen Kulturen und damit zum idealen Besucher der Museumsinsel. Die Einheit ihrer verschiedenen Häuser macht die Museumsinsel zu einer Stadt in der Stadt, ihre Museumstempel bilden die Stadtkrone Berlins. In der Alten Nationalgalerie entdeckte Beckett, der als Kunsthistoriker die deutsche Kunst des 19. Jahrhunderts eigentlich wenig schätzte, Caspar David Friedrichs »Mann und Frau betrachten den Mond«. Von Berlin reiste Beckett nach Dresden, dort begegnete der spätere Nobelpreisträger dem Motiv wieder: »Zwei Männer betrachten den Mond«. Dieses Bild lieferte ihm die Anregung zu »Warten auf Godot«. Das geht aus einer

Randnotiz in Becketts Regiebuch zur Inszenierung des Stückes am Schillertheater hervor. Sie sehen, jetzt sind wir beim Mond.

Aktuell zeigen Sie eine Ausstellung zum Thema Wolken. Denken Sie beim Blick in den Himmel über der Museumsinsel darüber nach, woher das Wasser in den Wolken kommt und wohin es geht?

Im Motiv der Wolke sehe ich einen Sprung aus der Zeit. Mit dem Bild »Mönch am Meer« von Caspar David Friedrich, das zu zwei Dritteln Wolken darstellt, beginnt die Vorgeschichte der abstrakten Malerei. Wie kann man etwas malen, das sich dem Körperlichen entzieht? Wolken kann man nicht datieren. Woran wollen Sie sehen, dass es sechs Uhr dreißig ist – oder 1980? Die Wolke ist die Wolke, völlig im Fluss, nicht fixierbar, ephemer und spirituell und doch da.

Beim Kreislauf des Wassers muss ich an die Flutkatastrophe in Dresden denken. Ich habe mich damals sehr besorgt gefragt: Kann uns auf der Museumsinsel das auch passieren? Wie sicher sind wir? Wir leben im Vertrauen auf versierte Museumsinsel-Kollegen, die der Überzeugung sind, bei dem Grundwasserstand in Berlin könne nichts passieren. In den Depots auf der Insel steht nichts auf dem Boden, sondern auf Holzböcken, so dass die ersten zehn Zentimeter nicht bedroht sind und man bei

Hochwasser schnell alles retten kann. Die Gefahr kommt bei diesen alten Gebäuden eher von oben. Wenn die Regenrinnen nicht funktionieren, kann das Wasser nach innen laufen. Das war vor der Generalsanierung einmal in der Alten Nationalgalerie der Fall, wir mussten tüchtig schöpfen. Im Sinne der Museumstechnik gilt: Vermeide, Wasser über dir zu haben! Beim Umbau der Häuser versuchen wir die Technik so zu organisieren, dass die Wasserbehälter unserer Klimaanlagen unterhalb der Ausstellungsräume installiert werden.

Hier auf der Insel befinden wir uns auf dem unsicheren Grund eines ursprünglichen sumpfigen Wiesengeländes. Die Gebäude ruhen auf Pfahlteppichen aus vielen tausend dicht nebeneinander stehenden Holz- und Stahlrohrpfählen. Einerseits haben Sie das Gefühl, die Museen sind die Arche Noah, andererseits muss man aufpassen. Die beste Vorsorge sind die Kollegen unseres Baureferates, der Hausverwaltungen und die Wächter rund um die Uhr auf der Museumsinsel.

Die Spree wirkt in Berlin nicht nur freudvoll. Preußisch korsettiert schiebt sie sich am Pergamonmuseum vorbei. Als Naturelement hat mich die Spree auf der Museumsinsel nie beunruhigt, ich habe sie eher als urbanes Phänomen registriert. Kennzeichnend für eine wirkliche Großstadt erscheint mir stets die Mischung der Verkehrsmittel. Hoch über den Straßen fährt die Stadtbahn, die Menschen spazieren im Monbijoupark, Schiffe fahren zwischen Breslau und Hamburg, Drückerkähne mit großem Geräusch – und dann der Zug von Paris nach Moskau auf der Stadtbahntrasse mitten durch die Museumstempel hindurch. In diesen Vermischungen liegt eine aufregende Kraft. Bizarr auch das Nachtleben an der Spree. Wie Motten an einer Lampe drängen sich die Menschen in der »Strandbar«, einem kleinen Uferabschnitt mit aufgeschüttetem Sand direkt gegenüber dem Bodemuseum – offensichtlich eine Modeerscheinung wie »Paris Plage« an der Seine. Selbst nach 23 Uhr sitzen Berliner rund um die Museumsinsel zudem an ihrem Angelplatz, den sie zum Teil schon seit vierzig Jahren frequentieren. In dieser Stadtlandschaft sorgt das Wasser für die Anwohner, man lebt in einer Nutzgemeinschaft.

Gibt es ein Bild, das Sie im Zusammenhang mit der Spreeinsel besonders schätzen?

Eduard Gaertners »Ansicht der Rückfront der Häuser an der Schloßfreiheit« von 1855. Über dieses Gemälde habe ich mit Leidenschaft und Inbrunst publiziert, als ich noch ein wenig Zeit hatte. Das Bild wurde 1993 in einer Rettungsaktion vom »Verein der Freunde der Na-

Bundeskanzleramt, westlicher Teil des Spreebogens

*Spreebogen,
Luftaufnahme,
1915*

tionalgalerie« gegen große Konkurrenz für Berlin angekauft, zu einem Zeitpunkt, als in der Stadt heftig über
die Neugestaltung des Schlossplatzes diskutiert wurde.
Diese Berliner Ansicht stellt eine politische Landschaft
dar. Im Zentrum des Bildes entfalten die Häuser auf der
Rückseite der so genannten Schlossfreiheit mit ihren
malerischen Rückfronten – im vollen Sonnenschein unter Markisen und auf Terrassen mit Topfpflanzen und
aufgehängter Wäsche – Idyllen bürgerlicher Behaglich-
keit. Ein Arkadien, in dem jeder nach seiner eigenen Fas-
son selig werden kann. Vom Schloss selbst als dem politischen Zentrum der Macht in Preußen sieht man nur
die die Häuserreihe überragende Kuppel. Auf gleicher
Höhe mit der Kuppel befindet sich im Vordergrund die
preußische Fahne am Mast eines Schiffes auf der Spree.
Es scheint, als habe Gaertner hier den alten Topos der
Gegenüberstellung von »Hütte und Palast« aufgenommen. Während die Devise der Französischen Revolution
»Krieg den Palästen und Friede den Hütten« verhieß, erscheint Gaertners Botschaft versöhnlicher und differen-

zierter zugleich. In den sonnenbeschienenen Häusern
zeigt er das Glück der Hütten im Schatten der Paläste
und gibt damit ein Dokument des selbstbewussten Berliner Bürgertums. Enthalten ist der mahnende Umkehr-
schluss: Nur wo die Bürger ihr individuelles Glück finden, kann das Staatswesen gedeihen. Das Wohlergehen
des Staates ist auf die Unterstützung seiner Bürger ganz
entscheidend angewiesen. Wie weitgehend der Staat seine Bürger braucht, deutet sich in Schinkels Skulptur auf
der Schlossbrücke an, die Gaertner mit einem Kunstgriff
links vorne ins Bild rückt – ein Hinweis auf die Befrei-
ungskriege. Gaertners Darstellung der »Schloßfreiheit«
ist somit als politische Landschaft zugleich die Darstellung der geistigen Mitte Berlins. Es ist ein Meisterwerk
jenes Berliner Realismus, der die Vielfalt des Bestehen-
den verklärt, wohlwissend, dass das Maximum an Ver-
schiedenartigkeit stets bedroht ist von der Uniformie-
rung durch das Gleiche.
Angesichts dieser politischen Botschaft erstaunt es nicht,
dass ein weiser Regent wie Wilhelm I. sich 1879 zutiefst

betrübt zeigte, als ihm von Seiten der Stadt Berlin der Wunsch angetragen wurde, die Häuser der »Schloßfreiheit« abbrechen zu lassen. Das wollte er seinen Bürgern, die dort lange gelebt hatten, nicht antun. Erst Kaiser Wilhelm II. ließ 1892 bis 1895 diese Häuser an der »Schloßfreiheit« abreißen, um dort das pompöse Nationaldenkmal für seinen Großvater Wilhelm I. zu errichten.

Die Kleinteiligkeit in der Bebauung, das Prinzip Collage als anschaulicher Ausdruck bürgerlicher Liberalität und ihrer Geistigkeit, hatte Berlins Mitte ein menschliches Maß gegeben. Die architektonische Monokultur des freigestellten Schlosses hatte das architektonische Stückwerk verdrängt, die geistige Vielfalt war durch die Staatsmacht bereinigt worden. Will man das Schloss wieder aufbauen, darf man die Bebauung der »Schloßfreiheit« nicht außer Acht lassen, damit die Mitte nicht nur Ausdruck staatlicher Repräsentation ist, sondern auch Menschlichkeit und die geistige Heterogenität ihrer Bürger zur Anschauung bringt.

Wenn Sie vorm Bodemuseum am Bug des Dampfers Museumsinsel stehen, fühlen Sie sich da als Kapitän? Denken Sie an Hamburg, wo die Spree als Teil der Elbe in die Nordsee fließt?

Kapitän – diese Metapher ist vielleicht zu direkt. Natürlich bewegen wir alle bei den Staatlichen Museen zu Berlin ein großes Teil, das gesteuert werden muss. In meinem einstigen Arbeitszimmer am Ende der Kolonnaden um die Alte Nationalgalerie habe ich es tatsächlich genossen, wie auf der Kommandobrücke zu sitzen. Wenn man einen Blazer anzog, wurde es dort immer sehr hanseatisch. Ja, die Elbe. In der »Strandperle« habe ich gerne gesessen mit einem Bier in der Hand und zugesehen, wie die großen Schiffe hinaus- und hereinfuhren. Es ist nun wirklich eine andere Dimension als in Berlin, wenn auf der Elbe ein dreißig Meter hohes Haus an Ihnen vorbeifährt. Das ist umwerfend, vor allem für jemanden, der wie ich aus dem tiefen Schwarzwald stammt. Die großstädtische Struktur, das Bild der großen, ruhelosen Stadt, das ist für mich inzwischen bevorzugt Berlin, doch unschlagbar an Hamburg bleibt der riesige, lebendige, weltoffene Hafen. Wie sehr jedoch auch Berlin insgesamt vom Wasser geprägt ist, erlebe ich, wenn ich meist beim Anflug unter mir die Seen, Flüsse und Kanäle in Berlin-Brandenburg liegen sehe. Das ist wunderbar!

Einmündung der Spree in die Havel, 1931

Dank an

Thomas Adler, Sandra Brechtel, Alfa Conradt, Gloria Custanze, Heino Deckert, Dirk Dotzert, Jürgen Fabritius, Prof. Uwe Grünewald, Günter Gollasch, Sarah Haffner, Petra Hartfeil (†), Ralf Henning, Prof. Dr. Dietrich Jahn, Dr. Günter Jordan, Prof. Klaus Keil, Nina Leiphold, Heinz Florian Oertel, Heinz Pflanz, Martin Rupprecht, Prof. Thomas Schadt, Marianne Srock, Daniela Schulz, Larisa Trueby / X-Filme, Hans-Joachim Uhlemann, Carola Vernimmen, Tamsin Walker, Sabrina Zinke.

Literatur

Almsick von, F. (2004): Aufgetaucht

Bader, E. R. (1996): Zauber im Tal der Spree

Bassewitz von, G., Bunners. C., (1997): Auf Paul Gerhardts Spuren

Berlin Museum (1987): Stadtbilder

Biegert, C., Gilders, M. A., Wolfe, A. (2003): Wasser – Welten zwischen Himmel und Erde

Demps, L., Geist, J., Rausch-Ambach, H. (2001): Vom Mühlendamm zum Schlossplatz

Domowina-Verlag Bautzen (Hrsg.) (1972): Sagen aus Heide und Spreewald

Drommer, G. (2001): Erwin Strittmatter – Eine Biographie – Des Lebens Spiel

Fremdenverkehrsverband Spreewald e.V. (Hrsg.) (1995): Kulturführer Spreewald

Fontane, T. (1881) (erschienen 1984): Wanderungen durch die Mark Brandenburg

Gelbrecht, J., Köhler, J., Pusch, M. (2002): Die Spree – Zustand, Probleme, Entwicklungsmöglichkeiten

Götze, H. (1993). Spree – Von den Quellen in der Oberlausitz bis zur Mündung in Spandau

Hartmetz, R., Kläber, T., Metzner, C. F. J., Spitzer, A., Wieland von, K. (2004): Fürstliche Bilder

Haufe, H. (1990): Entdeckungsreisen in Australien

Heerwagen, D., Wolff, K. (1997): Entdeckungen links und rechts der Spree

Königslöw von, J. (1995): Flüsse Mitteleuropas

Lammel, B., Ringhand, H. (Hrsg.), Vollrath, H. (1990): Wiedersehen am Strand der Spree

Landratsamt Beeskow (Hrsg.): Beeskow – Land der Stillen Reize

Leichhardt, L. (1983): Die erste Durchquerung Australiens

Marx, B.: Auf den Spuren Leichhardt's in Australien

Ministerium für Ernährung, Landwirtschaft und Forsten (Hrsg.) (1998): Cucumis sativus – Geschichten um die brandenburgische Gurke

Naturwissenschaftlicher Verein der Niederlausitz e.V. (Hrsg.) (1998): Natur und Landschaft in der Niederlausitz »Ludwig Leichhardt«

Ohff, H. (2003): Der grüne Fürst

Rauprecht, E. (2002): Geschichte von Burg im Spreewald

Reichhardt, H. J. (1988): Raus aus den Trümmern

Reichhardt, H. J.: Zwischen Oberspree und Unterhavel

Schanz, P. (2003): 87 Tage Blau

Schneider, R. (1997): Spree Spaziergänge

Schulz, O. (2002): Die Spree - Von den Quellen bis zur Mündung

Steffen, E., Steffen, H., Steffen, M. (1991): Leben im Spreewald

Tosonowski, G. (1994): Spreewaldfahrten

Hellweg U., Oltmanns J. (Hrsg.) (2000): Wasser in der Stadt

Bildquellen

Thomas Schadt: 7.

Rudolf Hartmetz: 13, 19, 21, 23, 26, 93, 91.

Frieder Heinrich: 15 (3), 18 (2).

Heimat- und Humboldtmuseum Eibau: S. 14 (Fotografen: links: Christian Backasch, rechts: Hirsch).

Susanne Hose: 26.

Sorbisches Institut (Serbski Institut): 26, 27 (3), 29.

Ute Fritzsch: 30 (2), 32 (2).

Carsten Handrick: 37 (2), 39 (2).

Erwin Strittmatter Gedenkstätte: 40, 41.

IBA Fürst-Pückler-Land: 43, 46 (3), 47 (links: EckeDesign, rechts: Robert Herrmann) 48, 49, 50.

Rolf Kuhn: 45.

Manfred Werban: 58, 59, 63.

Gurkenmuseum Lehde: 64, 6 6(7), 67 (2),

Archiv Spreewaldhof: 69 (2), 70 (3).

Steffen, Heinrich: 61 (2)

Karin Büttner-Janz: 71 (2), 72 (2).

Wolfgang Richter: 75, 77, 79 (4).

Ludwig Leichhardt Museum: 88 (2), 89.

Bernd Marx: 90, 91 (2), 92.

Ruderclub Beeskow: 97 (3), 98.

Jochen Schümann: 105 (2), 106, 107 (2).

Martin Pusch: 73, 74 (2).

Joachim Lehmann: 110 oben.

Eckehardt Scheffler: 110 unten.

Falk Wieland, www.unterwasserfoto-und-story.de.: 111 (3).

Falk Walter: 121, 122 (2), 123, 125 (3).

Ralf Steeg: 126, 127 (links: 3D-Collage/Maja Neumann, berlinbeach.

Tom Tykwer: 131, 134.

X-Filme: 132, 133.

George-Archiv: 149(2), 150, 151, 152(2), 153.

Jan George: 150.

Gottfried Erler: 143.

Staatliche Museen Stiftung Preußischer Kulturbesitz: 158 (3), 160 (Fotograf: Kilger, Andres), 161 (Fotograf: Kilger, Andres), 162

Bundesarchiv Koblenz: 33, 34(2), 53, 54, 59, 60, 67, 71, 73, 105, 107, 128, 140, 141.

Landesarchiv Berlin, Fotosammlung: 114, 115(2), 116, 117, 124(2), 126, 128, 129, 142, 145, 157.

Stadtmuseum Berlin: 141, 145.

Gerd Conradt: 2, 8, 15 (3), 17 (4), 18 (2), 35, 37, 39, 42, 47 (3), 50 (2), 51, 55, 58, 63, 81, 85, 86, 95 (3), 96, 99(2), 100(2), 101, 102, 109, 113 (2), 118, 119, 124, 131, 149, 155, 156.

Hedwig Korte: 11, 21, 24, 25(2), 30, 31, 33, 40, 45, 59, 65, 77, 83, 85, 91, 92, 95, 105, 109, 114, 121, 131, 140, 143, 155, 157.

Transit Verlag: 78, 80, 135, 159 (3), 163.

Gerd Conradt, geboren 1941 in Schwiebus (Mark Brandenburg),1966-68 Studium an der Deutschen Film- und Fernsehakademie Berlin, seit 1982 freiberuflich tätig als Regisseur, Autor, Kameramann, Produzent, Dozent. Zahlreiche Filme, u.a.: »Fernsehgrüße von West nach Ost«, »BlaubeerWald«, 1990. »Hold Me, Love Me – Irene Moessinger und das Tempodrom«, 1995. »Menschen und Steine«, 1998. »Starbuck – Holger Meins«, 2002. Buch: »Starbuck – Holger Meins, ein Porträt als Zeitbild«, 2001.